DE BOURASSA À BOURASSA

Traduit par Jean-Pierre Fournier

à Brian.

on va appeler
le prochain livre
" De Mulroney à Bourassa "

ou " De Chez Son Père
à 24 Sussex "

8. 10. 85

PRIMEUR
SAND

Dépôt légal:
4ᵉ trimestre 1985

ISBN 2-89357-004-6

Données de catalogage avant publication (Canada)

MacDonald, L. Ian

De Bourassa à Bourassa

Traduction de: From Bourassa to Bourassa

2-89357-004-6

1. Bourassa, Robert, 1933-   . 2. Parti libéral du
Québec. 3. Québec (Province) — Politique et gouvernement —
1976-   . Canada — Politique et gouvernement — 1963-
II. Titre.

FC2925.2.M3214 1985   971.4'04   C85-094190-3
F1053.2.M3214 1985

À Andrée
pour tout

« Une semaine est un long moment en politique. Une année est une éternité. »

Robert Bourassa, citant Harold Wilson.

Table des matières

Avant-propos

La période de 1976 à 1985 en fut une particulièrement agitée dans l'histoire du Parti libéral du Québec et du Canada (section Québec). Le parti passa par deux crises de leadership, la province par deux élections majeures et le pays tout entier par l'épisode du référendum.

En cours de route, il y eut toutes sortes de trépidations et de soubresauts. Robert Bourassa, évincé de la vie publique en 1976, revint sept ans plus tard pour remplacer celui qui lui avait succédé. Et Claude Ryan, acclamé comme le sauveur de la cause fédéraliste en 1977, se retrouva tout fin seul après sa défaite à l'élection provinciale de 1981. Parmi ceux qui observaient ces événements, d'une manière qui n'était pas tout à fait désintéressée, se trouvaient les «cousins», les libéraux fédéraux de Pierre Trudeau, à Ottawa. M. Trudeau, de retour au pouvoir en 1980, prit une part importante à la campagne référendaire. Il ravit ensuite les résultats, exigeant pour rançon le rapatriement de la constitution. M. Ryan fut toujours d'avis que le geste inopiné de M. Trudeau justifia M. Lévesque de différer l'élection provinciale et lui coûta la victoire. La défaite de M. Bourassa à l'élection de 1976 avait engendré Claude Ryan, l'homme politique. La défaite de M. Ryan en 1981 permit à M. Bourassa d'effectuer l'une des remontées les plus remarquables dans les annales de la politique.

De Bourassa à Bourassa est le récit des tribulations du Parti libéral durant l'interrègne de M. Ryan et durant la campagne du référendum, qui furent pour les journalistes et les Québécois qui les vécurent des événements extraordinaires.

Beaucoup de gens méritent des remerciements pour ce livre. Une centaine de personnes ont généreusement donné de leur temps pour m'accorder des entrevues. Claude Ryan, qui n'est pas facile à retenir pour une conversation, m'a finalement accordé deux longs entretiens en 1980. Jacques Hudon, Michèle Bazin et Josette Poliquin ont toute ma gratitude pour m'avoir ouvert la porte de son bureau.

Robert Bourassa m'a offert spontanément toute sa collaboration, et elle fut sans limite. J'ai eu avec lui de nombreux et longs entretiens de 1980 à 1985, dans le salon de sa résidence de Montréal, dans un restaurant de Floride, même à bord du train nous amenant de Québec à Montréal. Raymond Garneau n'a pas non plus marchandé son temps. Au quartier général du Parti libéral du Québec, rue Gilford, à Montréal, Pierre Bibeau m'a rendu de précieux services.

À Ottawa, Jean Chrétien m'a accordé deux longues entrevues et son chef de cabinet, Eddie Goldenberg, m'a ouvert toutes les portes de la ville. Au bureau du premier ministre, je suis redevable à André Burelle, l'auteur des remarquables discours de Pierre Trudeau dans la campagne référendaire, et à Patrick Gossage, l'ancien secrétaire de presse du premier ministre.

À Montréal, l'éditeur de la *Gazette*, Mark Harrison, m'a encouragé sans relâche et m'a permis de faire librement la navette entre les deux capitales, Ottawa et Québec. Parmi mes collègues, un ami très cher, Robert McKenzie, du *Star* de Toronto, a relu le manuscrit et m'a prodigué de sages conseils. Bill Fox, ex-correspondant du *Star* de Toronto à Ottawa et à Washington, a aussi relu une partie du manuscrit.

Je dois aussi des remerciements à Agnes McFarlane et au personnel incomparable des archives de la *Gazette*, ainsi qu'à Michel Roy qui, lorsqu'il était rédacteur en chef du *Devoir*, m'a donné accès aux articles de Claude Ryan.

Parmi ceux qui m'ont aidé à trier et à sélectionner la matière des interviews, je dois remercier June Thomson, Alison Burns et Nancy Southam, qui se sont chargées de la retranscription, sans doute la tâche la plus ingrate et la plus fastidieuse d'un ouvrage comme celui-ci. Pour la coordination des interviews, personne au monde n'a plus de talent que la standardiste en chef de la *Gazette*, Millie Thompson, qui, entre autres exploits, a retracé un collègue dans un bar de Vienne parce qu'elle avait eu la présence d'esprit de demander au portier de l'hôtel dans une conversation transatlantique de lui désigner les meilleures buvettes de la ville.

Toutes les citations contenues dans ce livre, sauf attribution contraire, proviennent d'interviews accordées à l'auteur.

Les informations contenues dans le chapitre huit sur les origines du mouvement de l'Action catholique dans le Québec proviennent d'un document de recherche établi pour ce projet par Sandra Wheaton Dudley. Elle mérite tous mes remerciements pour ce travail.

Pour la mise en forme du manuscrit, je dois des remerciements à Johanne Simetin et à Robert Roll, de la maison Perspectra, de Montréal, qui n'eurent jamais d'hésitation à mettre l'un de leurs appareils Micom à ma disposition pour l'impression et la révision des chapitres de l'ouvrage.

À Toronto, mon ami avocat Sam Wakim, qui avait foi dans cet ouvrage, n'a ménagé ni son temps ni ses efforts pour lui trouver un éditeur. Sa foi dans le projet n'a jamais fléchi au cours des années. C'est grâce à lui que j'ai fait la connaissance de Lorene Wilson, qui a permis à la version française du manuscrit d'être publiée aux Éditions Primeur, de Montréal, où Michel de la Chenelière y a manifesté un intérêt particulier. Je suis surtout reconnaissant à Jean-Pierre Fournier en sa qualité de traducteur.

Finalement, je dois des remerciements à Jean-François et à Simon, qui ont accepté de me laisser tranquille à la maison pendant le branle-bas de la rédaction. Par-dessus tout, je suis redevable à Andrée Dontigny, qui, par ses encouragements, sa bonne humeur et son amour illimité, m'a permis de franchir les étapes les plus difficiles de la recherche et de la rédaction de cet ouvrage. Ce livre est aussi le sien.

L. Ian MacDonald
Montréal, septembre 1980-août 1985

Le 29 octobre 1973 : Robert et Andrée Bourassa arrivent au quartier général du parti libéral, à Montréal, pour célébrer la plus grande victoire dans les annales de la politique québécoise. En fait, il s'agissait du triomphe avant la fin... (Photo du Montreal Star)

1
«Un changement peut être dans l'ordre des choses.»

Avec la tombée de la nuit cette fin d'après-midi de novembre, on se préparait à mettre *Le Devoir* au lit comme on dit dans les salles de rédaction. Claude Ryan gardait toujours son éditorial pour la fin. Il le rédigea vite suivant son habitude. Il confia plus tard que c'est tandis qu'il l'écrivait que lui vint la conclusion. Ce qui frappait chez lui, c'était sa capacité d'écrire les éditoriaux les plus ardus, les plus réfléchis à la vitesse d'une dactylo. En un peu plus d'une heure, il pouvait pondre un article de 1500 mots couvrant la moitié d'une page sur trois colonnes dans le journal du lendemain.

Résumer une situation, c'était pour le directeur du *Devoir* la partie facile de son travail. Les consultations auxquelles il se livrait avant d'établir la politique du journal pouvaient être tortueuses mais, une fois la décision arrêtée, l'éditorial coulait de source. Celui-là ne plaisait pas forcément à tout le monde, mais il était clair. De plus, personne n'avait à s'interroger sur la position du journal, qui exerçait dans les milieux politiques une influence bien plus grande que ne le laissait soupçonner son tirage.

Le Devoir avait une vocation, tout comme son directeur. Claude Ryan était le quatrième à occuper cette fonction, depuis la fondation du journal en 1910, et il était de la même lignée que le fondateur, Henri Bourassa.

Ce jour-là, trois jours avant les élections provinciales du 15 novembre 1976, Ryan allait enfin se prononcer: il appuyait, avec cependant bien des réserves, le Parti québécois. Il l'avait déjà donné à entendre dans son éditorial du matin: «Au Québec, après 12 ans de gouvernement libéral depuis 1960, un changement peut être dans l'ordre des choses si l'objectif de l'indépendance peut vraiment et de façon satisfaisante être mis entre parenthèses.»

Mais il n'avait pas pris franchement position. Son éditorial était en deux parties et, selon son habitude, il gardait le dessert pour la fin. On se demandait aujourd'hui s'il irait jusqu'au bout de son raisonnement. Certes, Claude Ryan était nationaliste mais dans le cadre de la Confédération canadienne, conformément à la tradition du journal: à la fois fleur de lys et feuille d'érable. Ce n'était pas une question qu'il traitait à la légère.

Il prenait d'ailleurs tout au sérieux et d'abord *Le Devoir*, entreprise précaire qu'il administrait prudemment. Lorsque le quotidien emménagea dans le vieil immeuble de la rue Saint-Sacrement, le décorateur lui demanda comment il voulait décorer son bureau. «En blanc», répondit-il simplement.

C'est dans cette pièce spacieuse, mais chichement meublée, ressemblant davantage au bureau d'un principal d'école qu'à celui d'un éditeur, que Claude Ryan s'apprêtait à conclure son éditorial quand Yves, son frère cadet, apparut à la porte.

«Je te dérange?

— Non. Assieds-toi, dit Claude Ryan en lui faisant signe d'entrer. Je tape mon article et j'aimerais que tu y jettes un coup d'oeil.»

Les deux frères étaient souvent des mois sans se voir, tout occupés qu'ils étaient à leurs affaires. Yves, maire de Montréal-Nord, était dans les parages ce jour-là et décida de profiter de l'occasion pour lui rendre visite, d'autant qu'il était intrigué par l'éditorial du matin.

«T'as inquiété pas mal de monde, dis donc. Tu prends de gros risques.»

Claude Ryan avoua que le risque était calculé et que, de toute manière, il serait prudent et assez ambigu pour protéger ses arrières. Le Parti québécois méritait qu'on l'appuie, lui semblait-il, parce qu'il promettait essentiellement un bon gouvernement et subordonnait son option indépendantiste au verdict d'un référendum. Le gouvernement Bourassa était manifestement discrédité et René Lévesque proposait un saut dans l'inconnu.

«Entre ces deux risques, dit Claude Ryan, il faut choisir celui qui ouvre davantage sur l'avenir.»

Il prit soin toutefois de ménager sa propre ouverture sur l'avenir. Au beau milieu de l'éditorial se trouvait un paragraphe que personne ne remarqua mais qui lui fut plus tard cité des centaines de fois dans des douzaines de contextes. «Dans les circonscriptions où le Parti libéral ou d'autres partis d'inscription fédéraliste présentent des candidats de valeur supérieure à ceux du P.Q., écrivit-il, un électeur de conviction fédéraliste ne devrait pas éprouver d'hésitation à les appuyer.»

Claude Ryan pensait en particulier à son comté d'Outremont

et il faillit le nommer. Mais il se ravisa, jugeant plus sage de ne pas préciser.

À mesure qu'il lisait l'éditorial, Yves se sentit rassuré par le ton et la manière avec laquelle le directeur du *Devoir* couvrait effectivement ses arrières. «Il ne prend pas le chemin le plus court, mais il arrive toujours au but», dit-il plus tard à propos de son aîné.

Malgré sa profession d'appui au Parti québécois, Claude Ryan emprunta personnellement la sortie qu'il s'était ménagée. Le lundi 15 novembre, il vota en faveur du candidat libéral André Raynauld, président du Conseil économique du Canada et son vieil ami puisque, comme tant d'autres membres de l'élite politique du Québec, il avait milité avec lui dans les rangs de l'Action catholique, une trentaine d'années auparavant.

C'est un secret qu'il n'éventa jamais et aucun journaliste ne pensa ou n'osa le lui demander.

Robert Bourassa se faisait toujours livrer la première édition du *Devoir*. Lorsque le journal parut ce vendredi soir, il enregistrait des messages de dernière heure dans une station de télévision de langue anglaise.

«Ryan recommande de voter pour le P.Q., lui dit l'un de ses collaborateurs, Jean-Pierre Ouellet.

— C'est son problème», riposta Robert Bourassa, sarcastique.

D'ailleurs, ce dernier avait bien d'autres choses en tête, ce soir-là. Il essayait désespérément de ramener au bercail libéral la classe moyenne francophone et la minorité anglophone qui donnaient, avant l'élection, des signes de défection massive et qui ne semblaient toujours pas réconciliées avec son gouvernement, trois jours avant le scrutin.

À la fois si mécontente de son gouvernement et si hostile à lui en particulier — un de ses députés proclamait qu'il était l'homme le plus détesté de la province —, la population n'était pas près de prêter l'oreille à ses cris d'alarme à propos du danger séparatiste, comme elle l'avait fait lors des deux élections précédentes. En outre, ayant entendu tout l'été les récriminations du Canada anglais contre l'usage du français dans les communications aériennes au-dessus du territoire du Québec, les Québécois étaient plutôt sensibles aux charmes du Parti québécois. Les blessures n'étaient pas encore refermées, en septembre, que le public du Maple Leaf Gardens de Toronto huait les annonces bilingues au tournoi international de hockey pour la Coupe du Canada. Claude Ryan lui-même disait dans son éditorial que «pour le Canada anglais, l'élection d'un gouvernement péquiste aurait un effet de choc salutaire».

Si Robert Bourassa ne fut pas surpris de la position éditoriale de Claude Ryan, il dut en être déçu. Assidûment, depuis qu'il était à la tête du gouvernement, il avait recherché sa faveur. Le directeur du *Devoir* aimait que les hommes politiques le consultent, il en faisait presque une condition de son appui. Car il ne se contentait pas d'occuper une chaire éditoriale de premier plan, il prenait une part active au débat politique. Il s'encombrait peu des principes d'éthique qui commandent aux journalistes de garder leurs distances par rapport au sujet qu'ils traitent.

«Certains, écrivit-il un jour, perçoivent la presse comme une sorte de sanctuaire qui assiste aux événements et les perçoit sans jamais être associé à ceux qui les fabriquent ou les préparent.»

Il avait, lui, une notion, plus large du journalisme, comme celle «qu'ont incarnée aux États-Unis des hommes comme Walter Lippmann et James Reston et, au Canada, des hommes comme George Brown, John Dafoe et Henri Bourassa». La notion du pontife actif qui ne brille pas par sa modestie mais qui, dans le cas de Claude Ryan comme dans celui des autres bonzes qu'il citait, n'en était pas moins réelle. Claude Ryan avait du poids. Et il tolérait mal qu'on l'ignore. Robert Bourassa ne l'avait fait qu'une fois: en 1972, lorsqu'il remania son cabinet sans le consulter. Il en fut quitte pour un éditorial cinglant, «Le triomphe de la médiocrité».

Aussi longtemps qu'il fut premier ministre, il ne refit jamais cette erreur. Il attachait tellement d'importance à l'attitude du *Devoir* et de son directeur qu'avant de pressentir Yves Ryan comme candidat et membre de son cabinet à l'élection de 1973, il tint à s'enquérir si cela pouvait gêner Claude Ryan dans ses commentaires. Lorsque ce dernier lui dit qu'il devrait probablement quitter son poste de directeur du *Devoir*, Robert Bourassa s'excusa auprès d'Yves et lui dit qu'il serait très heureux de l'accueillir comme député mais non pas comme ministre. Le maire de Montréal-Nord déclina l'invitation, quand même un peu blessé que sa carrière fut limitée par les activités de son aîné. Mais, entre les frères Ryan, Robert Bourassa n'avait pas de mal à faire son choix.

«Claude Ryan m'était précieux, dit-il plus tard. C'était l'un des rares intellectuels qui nous appuyaient.»

En 1976, Robert Bourassa tenait encore à garder Claude Ryan de son côté. Bien que réélu depuis seulement trois ans avec une écrasante majorité — 102 des 110 sièges de l'Assemblée nationale —, il songeait déjà à décréter une élection. Le climat politique et social s'était dégradé depuis 1973. L'Union nationale, naguère moribonde, reprenait du poil de la bête. Les sondages lui concédaient un vote de protestation important dans les villes. Si Robert Bourassa ne renversait pas la tendance, il perdrait le pouvoir. Pour prévenir une coalition unioniste des vieux nationalistes et des citadins anglophones, Robert Bourassa misait sur une élection hâtive. C'est pour cette raison, confia-t-il au candidat d'Outremont André Raynauld, qu'il convia la population aux urnes à l'automne 1976. Publiquement, il invoqua un autre prétexte: il lui fallait, disait-il, un mandat clair pour négocier de nouveaux arrangements constitutionnels avec Ottawa. Le premier ministre Trudeau voulait procéder unilatéralement au « patriement » de la constitution, comme on disait dans le jargon de l'époque (on ne pouvait parler de « rapatriement », puisque la constitution n'avait jamais été domiciliée au Canada).

Le premier ministre britannique James Callaghan, de passage au Canada en septembre, informa Robert Bourassa que Westminster ne pourrait faire autrement que de consentir au « patriement » de la constitution. Au cours de son entretien avec M. Callaghan à l'Auberge du Lac-à-l'Épaule, où Jean Lesage avait décidé de déclencher des élections sur la nationalisation des compagnies d'électricité en 1962, Robert Bourassa se dit qu'il tenait le prétexte dont il avait besoin pour une élection.

« Québec avait toujours résisté au rapatriement unilatéral de la constitution, expliqua-t-il plus tard. Pour moi, c'était un facteur déterminant. Sinon, je n'aurais pas pu convoquer une élection. »

Au début d'octobre, lors d'un déjeuner privé dans son bureau du 17e étage de l'immeuble d'Hydro-Québec à Montréal, Robert Bourassa fit part à Claude Ryan de sa décision. Les arguments du premier ministre ne convainquirent pas le directeur du *Devoir* et il l'avertit qu'il perdrait les élections si elles avaient lieu à l'automne.

« Il ne m'a jamais rien dit de tel, proteste Robert Bourassa. Je m'en souviendrais. » Selon lui, Claude Ryan ne lui dit rien de plus que ce qu'il écrivit dans son éditorial du lendemain, c'est-à-dire que des élections hâtives « se justifiaient plus aisément aujourd'hui à cause du rythme extrêmement rapide du changement social et politique ».

Quoi qu'il en soit, Claude Ryan prédit dans son éditorial que le gouvernement perdrait l'élection. Non seulement les sondages mais ses propres sources, auxquelles il faisait davantage confiance, indiquaient qu'il était en difficulté, notait-il. Il rappela qu'il avait assisté la veille à un banquet en l'honneur du 75ᵉ anniversaire de l'une des grandes institutions financières du Québec et que plusieurs des convives, qui ne correspondaient pourtant pas au profil de l'électeur péquiste, lui avaient fait part de leur mécontentement du régime Bourassa et de leur intention de voter pour René Lévesque, advenant une élection.

Le style était du plus pur Ryan. Il aimait montrer qu'il était près de ses lecteurs, qu'il avait le pouls du public. Il ajoutait qu'il avait aussi assisté à un débat chez les Italiens de Montréal, en général d'ardents libéraux, et qu'on avait chaudement applaudi le participant péquiste et hué le nom de Robert Bourassa chaque fois qu'il était mentionné. Enfin, les anglophones, qui d'ordinaire faisaient bloc derrière les libéraux, avaient presque été frappés d'apoplexie en 1974 avec la loi 22, qui faisait du français la langue officielle du Québec et obligeait les enfants d'immigrants à subir un test de capacité pour être admis dans les écoles de langue anglaise. Claude Ryan faisait observer que les trois ministres anglophones étaient en difficulté dans leur circonscription et il se demandait comment Robert Bourassa pouvait renverser la situation en l'espace de quelques semaines.

Claude Ryan sentait déjà le vent et il pesait soigneusement ses options. Reste à voir, écrivit-il le lendemain de l'annonce des élections, si les électeurs préféreront réélire le gouvernement «plutôt que de dire oui à un saut dans l'inconnu».

Dès le début de la campagne, Claude Ryan donna à entendre qu'il inclinait vers le Parti québécois davantage qu'en 1970 et 1973. Il se disait rassuré par l'engagement solennel du Parti québécois de procéder à un référendum sur la question de l'indépendance. Il était attiré par son orientation social-démocrate qui, pensait-il, renforcerait singulièrement la démocratie au Québec. Et, comme il avait pu l'observer au cours de ses déplacements, la population était fort mécontente du gouvernement.

Le 15 novembre 1976: Trois générations de Bourassa surveillent les résultats des élections. Adrienne Bourassa ne sait pas encore que son fils, le premier ministre, est vaincu. Son petit-fils François, qui a mis son père au courant des premiers résultats en sortant d'une piscine, est très conscient de ce qui va se produire. (Photo de Gerry Davidson)

Enfin, Claude Ryan était aussi politicien. Il avait sa clientèle parmi l'intelligentsia et la bourgeoisie. Les intellectuels l'avaient déserté, depuis qu'il avait recommandé la réélection de Robert Bourassa en 1973, et il se peut qu'il ait jugé le moment opportun de les récupérer. C'est ce que pensa Gérald Leblanc, reporter politique au *Devoir* et indépendantiste avoué. « Au cours des dix-huit mois précédents, dit-il, Ryan s'était montré de plus en plus sévère à l'égard de Bourassa. Il estimait que Bourassa avait bien mal servi la cause du fédéralisme qui était aussi la sienne. »

Claude Ryan le dit lui-même par la suite: « J'étais de plus en plus frustré. J'estimais que le gouvernement Bourassa ne livrait pas la marchandise. Dans le domaine social, le premier ministre avait perdu tout crédit à tort ou à raison. Et on disait qu'il avait perdu beaucoup de son autorité sur le cabinet. J'avais du mal à le prendre au sérieux comme homme public. Après six ans de pouvoir, il patinait et refusait d'aborder franchement la situation. Je me disais que ce n'était pas le genre de leadership que méritaient les Québécois. Lévesque, d'autre part, donnait l'impression contraire. Il donnait l'impression d'un homme qui serait à la hauteur de la situation. Et comme le P.Q. mettait en veilleuse son option constitutionnelle, je crus le moment bien choisi pour suggérer à la population de l'appuyer. »

Ce n'est toutefois que le mardi 9 novembre, six jours avant l'élection, qu'il commença à penser que le Parti québécois pouvait l'emporter.

Ce matin-là, il alla avec Michel Roy, son rédacteur en chef, aux bureaux de *The Gazette*, rue Saint-Antoine, prendre connaissance des résultats d'un sondage d'opinion commandé par les deux quotidiens montréalais, *Le Soleil* de Québec et le *Star* de Toronto.

Maurice Pinard, sociologue de l'université McGill et directeur du sondage, expliqua longuement comment lui et son collègue, Richard Hamilton, interprétaient les chiffres recueillis la semaine précédente par l'Institut de cueillette de l'information (I.N.C.I.).

Le Parti québécois devançait le Parti libéral par la marge étonnante de 2 à 1 — 52 % contre 26 % — chez les électeurs qui avaient arrêté leur choix. La somme des électeurs qui se disaient fixés et de ceux qui exprimaient une préférence sans être décidés donnait à peu près la même proportion. Dans l'hypothèse la plus favorable aux libéraux, en supposant que les indécis votent en masse du côté du gouvernement comme ils l'avaient fait en 1973, le Parti québécois menait encore par 42 à 35.

Les chiffres étaient éloquents. À moins que le sondage ne soit erroné — hypothèse improbable, selon Maurice Pinard —, Robert Bourassa était perdu. Les deux tiers des répondants échantillonnés parmi les quatre millions de votants du Québec se disaient mécontents du gouvernement. « Bourassa pensait que la crainte du séparatisme pouvait le favoriser comme en 1973, dit Maurice Pinard, mais le P.Q. avait déjà franchi cet obstacle. Les résultats de 1973 n'avaient rien à voir au séparatisme mais au fait que la population était alors très satisfaite du gouvernement. »

Claude Ryan était impressionné. Il avait confiance en Maurice Pinard. Il connaissait son travail et savait que ses analyses étaient justes. Maurice Pinard était du reste fédéraliste. Avec Pierre Trudeau et Marc Lalonde, il faisait partie du groupe des sept qui avait rédigé le fameux Manifeste canadien en 1964. Il était aussi membre fondateur du Groupe de recherches sociales, rejeton des mouvements d'action catholique des années 50 dans lesquels Claude Ryan avait passé la moitié de sa vie adulte.

Claude Ryan n'en fut pas moins estomaqué. « Le sondage était bien plus accablant que je l'aurais cru à ce stade de la campagne, dit-il. Je ne pensais pas les Québécois aussi hostiles au gouvernement. »

Maurice Pinard hésitait à prédire le nombre de sièges que le Parti québécois allait remporter. Robert McConnell, adjoint de l'éditeur Ross Munro, de la *Gazette*, demanda s'il était plausible qu'il en remporte 70. Pinard répondit que oui. « Je dois dire qu'ils étaient tous très surpris, rappelle-t-il. Non pas tant des résultats du sondage que des pronostics de l'élection. »

Durant presque toute la réunion, Claude Ryan, impassible, causa avec l'éditorialiste en chef de la *Gazette*, Tim Creery. Michel Roy suggéra que les quatre quotidiens publient simultanément la seconde partie du sondage qui révélait que la majorité des répondants s'opposait à l'indépendance du Québec. L'assemblée acquiesça. Ross Munro et Claude Ryan se retirèrent dans une salle voisine pour discuter. Claude Ryan se souvient que l'éditeur de la *Gazette* était atterré par le sondage, « qu'il y croyait à peine ».

On se demanda longtemps si le sondage avait pu influencer Claude Ryan en faveur du Parti québécois. « J'ai le sentiment que ce fut un facteur important, dit Maurice Pinard. Mais c'est tout ce que je peux dire. » Michel Roy, le plus proche collaborateur de Claude Ryan durant 15 ans, pense que ça a joué un peu. « Il y avait des antécédents », dit-il. Il se rappelle qu'à Tokyo, des éditorialistes japonais lui avaient dit que les sondages les aidaient à se situer en temps d'élections. «Cela m'avait frappé, dit-il, car c'est un peu ce que j'observais chez Ryan.»

Fut-ce l'élément décisif? «Je ne pense vraiment pas, dit Claude Ryan, quatre ans plus tard. Si vous lisiez tous les articles que j'ai écrits le mois avant l'élection, vous verriez que la tendance était claire. Mais je n'ai arrêté ma position qu'au moment d'écrire la seconde partie de mon éditorial des 11 et 12 novembre.»

Certains journalistes du *Devoir* pensent comme Gérald Leblanc que le sondage de Maurice Pinard, loin de pousser Claude Ryan à appuyer le Parti québécois, le refroidit et qu'il hésita jusqu'à la dernière minute à se prononcer.

«Ce qu'il faut savoir à propos de Ryan, dit Michel Roy, c'est qu'il a des convictions fermes sur la question nationale et sur l'avenir constitutionnel du Canada et du Québec. Il s'opposait à l'option du P.Q. mais pensait en même temps qu'il fallait renverser le gouvernement. Il prenait le risque d'appuyer le P.Q. sur la promesse d'un bon gouvernement et non pas de l'indépendance.»

À la fermeture du scrutin le 15 novembre, Robert Bourassa commençait sa baignade quotidienne. Durant tout le temps qu'il fut au pouvoir, il trouva moyen de nager 400 à 500 mètres par jour. Pour des raisons indéterminées, il ne voulut jamais se joindre à un club privé. Il tenait à fréquenter les bains publics. Ce soir-là, il alla au Centre Notre-Dame, sur le Chemin de la Reine-Marie, dans l'ouest de Montréal. Ses adversaires disaient que c'était parce qu'il était obsédé par son image. Ses amis pensaient plutôt que c'était à cause de ses origines populaires. Il venait du comté de Mercier, dans le centre-est de Montréal, qu'il représentait à l'Assemblée nationale. Même si sa position y était précaire en 1976, il refusa obstinément de le quitter au profit de la forteresse libérale d'Outremont contre l'avis de tous les stratèges du parti. Il allait payer cette fierté de sa défaite.

Il s'y attendait. La veille, un adjoint lui avait fait part des résultats d'un sondage Gallup indiquant qu'il perdrait aux mains de Gérald Godin, poète et journaliste de gauche qui allait devenir ministre de l'Immigration dans le cabinet Lévesque et ambassadeur officieux auprès de la minorité anglophone. Robert Bourassa pensait qu'il avait une chance — «mince mais quand même» — de former un gouvernement minoritaire avec l'appui du chef de l'Union nationale, Rodrigue Biron.

Il ne tarda pas à déchanter. Lorsqu'il sortit de la piscine à dix-neuf heures trente, son fils de 17 ans, François, l'informa des pronostics et des premiers résultats: élection du Parti québécois;

six péquistes en avance pour un libéral.

Robert Bourassa savait que la tendance révélée par les premiers résultats n'est à peu près jamais renversée. «C'est fini!» dit-il à son fils. Le Parti québécois l'emporta finalement par la marge de 41 % à 34 % des suffrages exprimés, lui donnant 71 sièges contre 26 aux libéraux. Les prévisions de Maurice Pinard étaient rigoureusement exactes. Une demi-heure plus tard, alors qu'il rentrait, en Cadillac, à ses quartiers de l'hôtel Reine-Élisabeth, Robert Bourassa vit la population danser dans les rues.

Au *Devoir*, on célébrait aussi. «Dans la salle de rédaction, dit Claude Ryan, c'était la fête. Les journalistes étaient exubérants. Pas moi. J'étais content du résultat, mais pas plus.» Le chroniqueur policier, Jean-Pierre Charbonneau, fêtait encore plus que les autres. Il s'était présenté dans Verchères sous l'étiquette du Parti québécois et, à sa grande surprise, il avait été élu. «Je ne peux pas partager votre enthousiasme, lui dit Claude Ryan. Je n'ai pas appuyé le P.Q. pour les mêmes raisons que vous.»

Ce dernier passa presque toute la soirée dans la salle de rédaction. À Gérald Leblanc, défroqué acadien qui considérait maintenant le Québec comme sa patrie, il dit: «Vous ne le croirez pas, mais au fond je suis content que le P.Q. soit au pouvoir. Dans l'opposition, il a eu la partie facile. On le trouvait merveilleux. Nous allons voir maintenant ce qu'il peut faire.»

En vérité, Claude Ryan tenait l'élection du Parti québécois pour «l'événement politique le plus important à survenir au Québec depuis la Seconde Guerre mondiale».

Conférencier au déjeuner de la Chambre de commerce de Montréal, le lendemain, Claude Ryan dressa l'inventaire des tâches qui attendaient le nouveau gouvernement. Il dit qu'il ne manquerait pas de lui rappeler ses promesses. Les organisateurs du déjeuner n'avaient pu vendre que quelques centaines de billets avant l'élection, mais plus d'un millier de convives se pressèrent à la table, ce jour-là. Ils étaient suspendus aux lèvres de Claude Ryan. Déjà, on cherchait un guide, un messie.

Claude Ryan dit que le gouvernement défait se composait d'une bande d'enfants d'école et que le premier ministre sortant devrait démissionner sur-le-champ comme chef du Parti libéral. C'est un thème qu'il reprit dès le lendemain dans *Le Devoir*. Seul dans son bureau de Québec et encore mal remis des émotions de la veille, Robert Bourassa l'entendit à la radio. Voilà un sujet sur lequel je n'ai pas besoin de l'avis de Ryan, pensa-t-il. Il avait pris la décision de quitter la direction du parti à la fin de l'année. Le soir de l'élection, il avait confié à sa femme qu'il irait étudier et enseigner en Europe au moins un an.

La carrière de Robert Bourassa semblait finie. À 43 ans, âge tendre en politique, il avait joué et perdu. La carrière de Claude Ryan allait commencer. Robert Bourassa avait fait une erreur impardonnable et le parti allait se choisir un nouveau chef, capable de relever le défi que posait l'élection du Parti québécois.

Comme écrivait Claude Ryan le 13 novembre: «Défaire les libéraux, ce serait [...] les obliger à réviser en profondeur leur leadership et leur orientation en prévision des affrontements les plus exigeants qu'aura jamais connus le Québec.»

Ce que Claude Ryan ne pouvait pas prévoir, c'est jusqu'où le parti irait dans cette direction, jusqu'où il l'entraînerait et comme tout cela finirait mal pour lui.

2
L'art de sauver les meubles

C hargé de présider à la réorganisation du Parti libéral, Philippe Casgrain convoqua une série de réunions privées au club Saint-Denis. Il n'en était pas à sa première expérience du genre. Après la défaite de 1966, il avait invité les personnalités dominantes du parti à méditer dans cette citadelle de la bourgeoisie québécoise.

René Lévesque, évincé du parti l'année suivante à cause de son option constitutionnelle, avait participé à ces soirées. Robert Bourassa, ex-secrétaire de la Commission provinciale d'enquête sur la fiscalité, tout juste élu député et promis à une brillante carrière comme critique financier de l'opposition, y avait aussi assisté à l'occasion.

Le groupe, auquel se joignaient parfois d'autres députés et militants libéraux, parlait vaguement des orientations du parti sans aborder la question fondamentale : la succession de Jean Lesage.

La Révolution tranquille était de l'histoire ancienne. Son guide était épuisé. Son règne de six ans avait pris une allure impériale, au cours des derniers mois. Personne n'osait dire à Jean Lesage de se retirer. Il traîna près de quatre ans dans l'opposition, préparant le terrain pour celui qui pourrait rétablir la fortune du parti. Lorsqu'il partit en 1970, il le fit avec élégance. Il mit ses connaissances au service du gouvernement Bourassa, à titre de conseiller législatif (fort bien rémunéré d'ailleurs), et ne reparut jamais en public.

Sur la fin de sa vie, il se complut dans son rôle de doyen et on le traita avec le plus grand respect. Mais en 1966, il conservait beaucoup d'ascendant sur le parti, malgré sa défaite, et il ne souffrait pas d'être contrarié.

Au cours des rencontres de l'automne 1966 au club Saint-Denis, on ne faisait donc qu'effleurer la question de la direction. À l'époque comme maintenant, Philippe Casgrain n'était rien de plus qu'un membre en vue de l'*establishment* libéral : partenaire de l'étude légale Byers & Casgrain et mari de Claire Kirkland-Casgrain, première femme admise au Conseil des ministres du Québec.

D'ailleurs, Philippe Casgrain n'était pas du genre à graviter dans l'orbite du pouvoir et il refusait habituellement les « mandats » du gouvernement — comme on appelle élégamment les faveurs faites aux avocats amis du pouvoir dans le Québec — disant qu'ils n'en valaient pas la peine. Tout ce qu'il réclamait c'était de pouvoir, à l'occasion, passer un coup de fil en faveur d'un client.

Dix ans plus tard, Philippe Casgrain était de nouveau l'artisan de la reconstruction du parti. Le chef intérimaire, Gérard D. Lévesque, venait rarement à Montréal et y avait peu de relations. Il était donc naturel qu'il fasse appel à Casgrain pour préparer le congrès d'orientation, première étape sur le chemin du retour au pouvoir.

Affable, cultivé, bilingue, Philippe Casgrain connaissait tous les gens importants du parti à Montréal. Sans aucune ambition personnelle, il était tout désigné pour réconcilier les diverses fractions. Froidement réaliste et optimiste invétéré, il était l'homme de la circonstance.

Il ne travaillait cependant pas seul. Le groupe qu'il réunit au club Saint-Denis n'était qu'un des comités officieux qui se réunirent indépendamment pour développer un consensus autour d'un nouveau chef. Mais le groupe de Casgrain était le plus prestigieux et le plus influent.

D'abord, le chef intérimaire l'avait chargé d'organiser le congrès d'orientation qui précéderait le congrès de direction. Vieux routier des gouvernements Lesage et Bourassa, Gérard D. Lévesque ne se pressait pas de déférer aux militants qui réclamaient vivement un congrès de direction. Ayant passé 20 ans à l'Assemblée nationale, il connaissait les caprices de la politique québécoise. Il savait que les libéraux se trouvaient dans le creux de la vague et qu'il fallait attendre le ressac avant de choisir un nouveau chef. En convoquant un congrès d'orientation pour l'automne 1977, il différait d'un an le congrès de direction. Les membres du comité Casgrain partageaient tout à fait sa stratégie. Dans leur autopsie de la défaite du 15 novembre, ils reconnaissaient que le parti s'était livré en otage au chef précédent et qu'il était impératif de formuler une orientation qui engagerait le futur chef.

Le groupe du club Saint-Denis se distinguait aussi par sa composition. Quatre de ses huit membres avaient rang de ministre. Les autres étaient chefs de cabinet. Philippe Casgrain, Fernand Lalonde, Thérèse Lavoie-Roux et André Raynauld étaient les aînés.

Fernand Lalonde, solliciteur général dans le cabinet Bourassa, avait résisté à la vague péquiste. Les plus prestigieux des nouveaux élus étaient Mme Thérèse Lavoie-Roux, ex-présidente de la Commission des écoles catholiques de Montréal, et M. André Raynauld, président du Conseil économique du Canada. Ces personnalités donnaient au parti une caution intellectuelle dont il avait grand besoin.

Les cadets du groupe, dans la vingtaine ou la jeune trentaine, organiseraient le congrès de l'automne 1977. Jean-Pierre Ouellet, boursier Rhodes qui avait fait partie du personnel de Robert Bourassa avant de pratiquer le droit à Montréal, était l'intellectuel du groupe. José Dorais, ancien adjoint du ministre de la Justice, et Charles Bélanger, administrateur judiciaire et chef de cabinet du secrétaire d'État, Francis Fox, au retour des libéraux à Ottawa en 1980, s'occupaient de la cuisine de l'organisation. L'homme clé était Richard Mongeau, plus tard procureur de la Commission royale d'enquête (McDonald) sur la Gendarmerie royale. Mongeau, ex-chef de cabinet du ministre des Affaires sociales, Claude Forget, disposait d'un réseau impressionnant d'amis. En outre, il était en bons termes avec les fédéraux, grâce à son frère Jean-Pierre, directeur général de la section québécoise du Parti libéral du Canada.

Jean-Pierre Mongeau * représentait une nouvelle génération de conseillers politiques qui ne s'intéressaient pas à distribuer des faveurs. Peu doué pour l'administration, il était en revanche maître de l'intrigue politique. Attaché au bureau du premier ministre au début du régime Trudeau, il fut ensuite chef de cabinet de Marc Lalonde avant de rentrer à Montréal pour mettre sur pied le réseau d'intelligence du Parti libéral du Canada. Rien de ce qui se passait dans les autres formations politiques, notamment dans le gouvernement du Parti québécois, ne lui échappait.

La défaite du gouvernement Bourassa s'annonçait à peine que déjà sonnait le téléphone chez Jean-Pierre Mongeau. Les sections fédérale et provinciale du Parti libéral s'étaient séparées au milieu des années 60, de manière que chacune puisse déterminer librement sa politique constitutionnelle, mais elles restaient unies à la base. C'était l'un des atouts du parti : s'ils étaient écartés du pouvoir dans le Québec, les militants pouvaient toujours se tourner du côté de leurs « cousins » d'Ottawa qui, eux, étaient bien ancrés. « Si on lui coupe une jambe, dit Maurice Pinard, le parti peut quand même se tenir debout sur l'autre. »

* Conseiller du secrétaire d'État au retour des libéraux en 1980, Jean-Pierre Mongeau fut ensuite nommé au bureau du Conseil de la radio-télévision et des télécommunications canadiennes.

Cet axiome se vérifia après la victoire du Parti québécois. Jamais les militants libéraux n'eurent-ils tant besoin de réconfort et rarement furent-ils aussi vulnérables à l'emprise de leurs cousins d'Ottawa. Marc Lalonde, réputé pour son implacabilité en politique, eut du mal à résister à la tentation de mettre la main sur la section québécoise du parti. Jean-Pierre Mongeau se souvient d'une terrible prise de bec avec Marc Lalonde et l'organisateur en chef du Parti libéral du Canada dans le Québec, André Ouellet, qui voulaient profiter du désarroi des libéraux québécois pour prendre en main le parti et le congrès de direction.

Jean-Pierre Mongeau avoua qu'il tenta de les persuader d'aider le parti à se remettre sur pied, plutôt que de profiter de sa faiblesse pour s'en emparer. André Ouellet nie cet épisode. Il rappelle au contraire qu'il fut l'un des premiers à proposer que les libéraux québécois cherchent un chef en dehors des rangs fédéraux. « Je leur concédais de bonnes chances de gagner la prochaine élection s'ils élisaient un chef qui n'était ni ancien ministre ni ministre fédéral », dit-il. Il écartait donc d'emblée la candidature de son collègue du cabinet, le ministre des Finances Jean Chrétien.

Le groupe Casgrain et les autres repoussèrent la candidature de Jean Chrétien ou de tout autre ministre fédéral bien avant les médias, voire Jean Chrétien lui-même. « On en voulait aux fédéraux, rappelle Jean-Pierre Mongeau. Nous estimions qu'ils nous avaient coûté trois à quatre pour cent des suffrages. »

Les libéraux québécois étaient encore indignés du discours que Pierre Trudeau avait prononcé à Québec, en mars 1976, condamnant le loi 22 comme politiquement stupide. Plus tôt le même jour, alors qu'il se préparait à déjeuner avec Robert Bourassa, le premier ministre canadien avait répondu à un journaliste curieux de savoir quel serait le menu : « Tout le monde sait que M. Bourassa adore les hot-dogs », dit-il. Qualifié de « mangeur de hot-dogs » dans les journaux du lendemain, Robert Bourassa devint la risée du public.

Les libéraux provinciaux reprochaient aussi au gouvernement fédéral le règlement ni chair ni poisson du conflit des Gens de l'air sur l'usage du français dans la navigation commerciale aérienne au Québec, au cours de l'été 76. Le premier ministre Trudeau avait dit à la télévision qu'il s'agissait de la pire menace à l'unité canadienne depuis la crise de la conscription en 1942, mais son gouvernement ne trouva rien de mieux pour désamorcer la situation que de nommer une commission royale d'enquête. Le rapport de la commission ne fut connu qu'en 1979, trois ans après l'élection. Tous les points qu'avait marqués le gouvernement Bourassa auprès des nationalistes modérés avec la loi 22 furent annulés par la crise des Gens de l'air.

La décision fédérale d'abaisser les quotas de production de lait à l'été 76 fit peut-être encore plus de tort à Robert Bourassa. Elle irrita les producteurs de lait du Québec qui n'avaient en général pas d'autres revenus. Ils se rendirent à Ottawa lancer du lait au visage du ministre de l'Agriculture, Eugene Whelan, et se vengèrent sur Robert Bourassa, au scrutin de l'automne.

«La réduction des quotas nous coûta très cher dans les Cantons de l'Est, dit Jean-Pierre Ouellet. Partout où il y avait des vaches, on nous a massacrés.»

Les libéraux québécois savaient cependant que c'était eux et Bourassa qui étaient le plus à blâmer pour la défaite. Les anciens disciples de Robert Bourassa lui reprochaient d'avoir perdu l'initiative des événements, durant son second mandat. Le premier gouvernement Bourassa avait réalisé d'excellentes réformes, notamment la consolidation des services hospitaliers. Mais le second s'était laissé déborder par une série de grèves dans le secteur public, divers scandales mineurs et un gaspillage éhonté aux chantiers de la baie James et des Jeux Olympiques. Il voguait de crise en crise et le premier ministre semblait seul au gouvernail. Les autres ministres n'étaient pas très visibles. Le gouvernement était désorienté et son chef indécis, obsédé surtout par sa position dans les sondages d'opinion publique.

À mesure qu'ils faisaient l'autopsie de leur défaite, les libéraux québécois esquissaient le portrait-robot du chef qui devrait succéder à Robert Bourassa.

Il fallait d'abord un intellectuel apte à se mesurer au Parti québécois dans la bataille du référendum, puis un homme sans lien avec le passé et avec le régime discrédité de Bourassa et, enfin, un homme d'une intégrité indiscutable. «On était très chatouilleux sur cette question de moralité», dit Jean-Pierre Ouellet. Les libéraux québécois, rappelle Mongeau, cherchaient «un homme sans attache politique qui ne serait pas l'homme de paille d'Ottawa». Ils recherchaient surtout quelqu'un qui puisse gagner la bataille du référendum.

Avec de tels critères, l'*establishment* du parti écartait effectivement d'excellents candidats comme Jean Chrétien et l'ex-ministre des Finances, Raymond Garneau. Le premier était d'Ottawa et le second avait été associé au gouvernement Bourassa, malgré sa grande popularité chez les militants libéraux.

La conclusion : chercher en dehors du parti. Le nom du maire Jean Drapeau fut évoqué et aussitôt écarté à cause du scandale des Jeux Olympiques et de sa réputation d'autocrate. Parmi les candidats possibles, un nom ressortait : Claude Ryan. On le mentionna dès janvier 1977 dans les réunions du groupe Casgrain. Il s'écoula quelque temps avant qu'on en touche mot à l'intéressé, mais l'idée fut tout de suite bien reçue. Son appui au Parti québécois ne gênait pas sérieusement sa candidature. Comme lui dit Philippe Casgrain en riant au cours de leurs premiers entretiens, quelque temps plus tard : « Le pire qu'on puisse vous reprocher, c'est d'avoir fait la même erreur que des milliers d'autres. »

Cela témoignait de la capacité des libéraux de faire une croix sur le passé, pour ne rien dire de leur pragmatisme. Les libéraux québécois s'estimaient nés pour gouverner et leur instinct du pouvoir refit surface au cours de l'hiver 1977. La lutte serait longue et ardue, mais ils sentaient déjà la victoire. Ils eurent tôt fait d'interpréter leur défaite comme l'occasion de se renouveler et la victoire du Parti québécois comme un accident de parcours.

Ce n'est pas ce que pensait Claude Ryan. Ou s'il le pensait, il ne le dit pas. Dans un discours au Club canadien de Montréal en novembre et dans une chronique publiée le mois suivant dans le magazine *Maclean*, il soutint que la victoire du Parti québécois n'était ni un accident ni « le fruit erratique d'une génération spontanée ». Au contraire, dit-il, « elle traduit le retour au pouvoir d'une école de pensée qui a toujours joué un rôle clé dans notre vie collective... » La différence fondamentale entre René Lévesque et ses ancêtres nationalistes, Honoré Mercier et Maurice Duplessis, est que son parti « non seulement remet en question le système fédéraliste mais est bien décidé à le remplacer par une structure dans laquelle le seul et unique siège du pouvoir est à Québec ».

Ryan n'allait pas tarder à se disputer avec le nouveau régime, mais il lui témoigna d'abord de la bienveillance. Le lendemain de l'annonce du nouveau cabinet, il se livra à des commentaires dithyrambiques dans *Le Devoir* sur « la dignité impressionnante » de la cérémonie télévisée depuis l'ancienne chambre du Conseil législatif de l'Assemblée nationale. « Clair et incisif comme toujours, plus grave et plus calme qu'il l'est d'ordinaire, M. Lévesque a dominé comme il se devait cette première journée de son nouveau gouvernement », écrivit-il.

René Lévesque ou bien ne comprit pas le message ou n'en fut pas touché. Quoi qu'il en soit, il négligea de consulter Claude Ryan. Il n'en fallait pas plus pour s'en faire un ennemi. « J'étais accoutumé à ce que les gouvernements respectent mon journal, me respectent et tiennent compte de mes opinions», dit Claude Ryan.

«J'ai vite compris que le gouvernement Lévesque serait différent, qu'il voudrait garder ses distances et ignorer les éditoriaux, particulièrement les miens.»

Blessé, Claude Ryan réunit patiemment ses munitions et attendit le moment propice de monter à l'assaut du nouveau gouvernement.

L'attente fut brève. Le 25 janvier 1977, deux mois après son entrée en fonction, le premier ministre s'envola vers New York pour y rencontrer les membres de l'Economic Club, rendez-vous des grands manitous de Wall Street. Dans un discours bien tourné mais sans grand écho par la suite, René Lévesque, se référant abondamment à la Déclaration américaine d'indépendance, fit part clairement des intentions séparatistes de son parti. Comme on pouvait s'y attendre, le discours fut reçu froidement.

Claude Ryan, qui se trouvait dans l'assistance, réagit avec colère. «J'avais l'impression d'être trahi, rappelle-t-il. D'entendre le premier ministre, dans une telle circonstance, déclarer aussi franchement l'option indépendantiste de son parti, après nous avoir tant de fois donné l'assurance qu'elle serait mise en veilleuse, me mit hors de moi. Je me suis dit que je ne le laisserais pas passer, car ce qui m'a toujours inquiété chez nous, c'est que nous soyons entraînés dans une direction que nous ne voulons pas, simplement par apathie ou par inertie. Je me suis dit que je n'en serais pas complice. À titre de directeur du *Devoir*, j'estimais de mon devoir de réagir fermement quel que soit l'état de l'opinion publique.»

De retour à Montréal le lendemain, Claude Ryan fit sa première sortie contre le gouvernement. Dans un éditorial intitulé «Les causes d'un échec relatif», il reprocha au premier ministre d'avoir trompé son auditoire et d'avoir dit des choses qu'il n'avait eu ni la loyauté ni le courage de dire dans son pays. «Même si la personnalité vigoureuse et originale de M. Lévesque a créé une impression favorable chez ses hôtes américains, le message qu'il leur destinait aura contribué à perpétuer plutôt qu'à dissiper l'incertitude dans laquelle les ont placés les tensions nouvelles d'un pays auquel ils sont très attachés.» À propos de «la cinquième colonne anglo-canadienne» qui, selon René Lévesque, avait infiltré l'auditoire pour saboter sa mission, Claude Ryan reconnut que plusieurs des Canadiens dans l'assistance avaient réagi grossièrement. «Mais, ajoutait-il, laisser entendre, comme le faisait hier M. Lévesque,

que ces éléments auraient pu être responsables de l'accueil réservé
à ses propos, c'est déformer allègrement la réalité et prêter à ses
hôtes moins d'intelligence qu'ils n'en possèdent.»

Mais ce n'est qu'en avril, lorsque le ministre Camille Laurin
publia la Charte de la langue française, que Claude Ryan mit fin,
une fois pour toutes, à la lune de miel. «Si le projet Laurin est
adopté dans la forme actuelle, écrivit-il, le gouvernement Lévesque aura réussi à imposer au Québec l'un des carcans les plus étouf-
fants de son histoire en matière linguistique et administrative. Ce
qui choque d'abord dans le projet de loi, c'est la manière raide,
dogmatique, jalouse et autoritaire dont on prétend imposer l'usage
exclusif du français...»

Sa critique du projet Laurin fut implacable. «À partir de ce
moment, dit Michel Roy*, sa campagne éditoriale contre le P.Q.
n'eut pas de relâche et prit un ton qu'elle conserva jusqu'à son
départ du journal. Je le trouvais excessif, mais c'était la guerre.»

Claude Ryan se trouva d'abord bien seul. Le gouvernement
était populaire et ne faisait guère cas de ses critiques. «Je pense
que j'ai été l'adversaire le plus vigoureux et le plus tenace de ce
projet de loi, dit-il. Mais le gouvernement faisait comme si je
n'existais pas, comme si personne n'avait rien dit. Il se retran-
chait constamment derrière cette prétendue unanimité qu'il reven-
diquait pour son projet de loi. Dieu nous garde d'un tel
conformisme intellectuel! me disais-je.»

Claude Ryan regrettait que Radio-Canada ne l'invite pas à discuter la politique linguistique en ondes. C'est finalement au réseau
anglais de Radio-Canada, à l'émission *Decision*, qu'il eut l'occasion d'affronter le ministre Laurin au début de juin. Leur altercation resta mémorable. Le débat se prolongea longtemps après
l'émission. Claude Ryan avertit Camille Laurin qu'il irait en politique s'il n'adoucissait pas son projet de loi.«Et ça ne me plairait
pas du tout!» avoua-t-il.

Mais l'idée plaisait de plus en plus aux libéraux. À toutes fins
utiles, Claude Ryan était déjà chef de l'opposition. Les événements
des mois suivants ne feraient que le confirmer.

Claude Ryan ne se souvient plus très bien, mais il pense que
Pierre Mercier fut le premier à lui parler de la direction du Parti
libéral, en mai ou en juin. Ryan, plutôt frugal, déjeunait chez Murray's, près du journal, dans le Vieux-Montréal.

* Michel Roy devint, en 1982, rédacteur en chef de *La Presse*.

Avocat de compagnie logeant tout près de là, Pierre Mercier était, comme Philippe Casgrain, de ces membres de l'*establishment* libéral qui se manifestent après la défaite. Plus discret que Pierre Casgrain, il restait complètement dans l'ombre et n'était guère connu des journalistes. Il joua un rôle crucial auprès de Claude Ryan, le persuadant d'abord de se porter candidat à la direction, puis le secondant dans sa campagne.

Pierre Mercier était pour ainsi dire marié au Parti libéral. Son beau-père, Élie Beauregard, avait été président du Sénat à l'époque de Louis Saint-Laurent. C'était aussi le cas de Gilles Hébert, qui allait se charger avec lui du financement de la campagne de Claude Ryan. Avocat municipal, il était le fils de G.-René Hébert, marchand de bois et, pendant des années, trésorier du Parti libéral provincial à Montréal. Le père Hébert portait toujours sur lui un petit livre noir contenant tous les «bons» numéros de téléphone. Tel père, tel fils. Hébert et Mercier avaient tous deux étudié à l'Université de Montréal dans les années 50 et ils habitaient le quartier huppé d'Outremont. Discrètement, au printemps 1977, ils s'étaient mis à la recherche de candidats à la direction. Il leur était apparu, comme au groupe Casgrain, que Claude Ryan serait un candidat intéressant.

«C'était l'homme de la situation», dit Pierre Mercier. Mais à l'origine l'idée semblait si saugrenue même à ceux qui la défendaient qu'ils ne savaient pas très bien comment la présenter à Claude Ryan. Lorsqu'il aperçut le directeur du *Devoir* chez Murray's ce jour-là, Pierre Mercier lui demanda s'il pensait que son frère Yves pouvait être tenté de se porter candidat et s'il consentirait à lui en toucher un mot. Lorsqu'ils se revirent quelques jours plus tard, Claude Ryan lui dit qu'il ferait bien de trouver un autre intermédiaire s'il voulait entamer des pourparlers sérieux avec le maire de Montréal-Nord. «Je plaisantais l'autre jour, riposta Pierre Mercier. C'est vous qu'on a en tête. J'aimerais que vous y pensiez. Je suis sérieux.»

Au cours du printemps, on invita Claude Ryan à parler en de multiples occasions et il entendait souvent le même refrain chez les gens qu'il rencontrait. Le public était avide d'idées fraîches sur la constitution. Chaque fois qu'il était question de néofédéralisme et d'une troisième option, Claude Ryan était infailliblement invité à participer au débat et ses idées tranchaient sur les autres. On en vint bientôt à associer son visage au débat constitutionnel.

À un colloque des jeunes libéraux fédéraux à Montréal, Claude

Ryan se retrouva en face de Claude Forget, critique constitution-nel de l'opposition, de Gérald Beaudoin, doyen de l'école de droit de l'université d'Ottawa et plus tard membre de la Commission (Pépin-Robarts) sur l'unité canadienne, et de Jean-Paul L'Allier, ministre des Communications dans le cabinet Bourassa et porte-parole de l'aile nationaliste du Parti libéral.

Claude Ryan semblait mieux préparé. Il avait réfléchi davan-tage à la façon de remanier la Confédération canadienne.

Lucette Saint-Amant, assise au premier rang de l'auditoire, se tourna vers Jean-Pierre Goyer, l'ancien ministre fédéral, et lui dit: «Voilà notre nouveau chef! C'est lui.»

À elle seule, Lucette Saint-Amant pouvait lancer une campa-gne. Elle était venue à Montréal de Rouyn-Noranda 20 ans aupa-ravant pour participer à titre de publicitaire à la campagne qui avait porté Jean Lesage au pouvoir. Depuis, elle avait collaboré à cha-que campagne électorale. Jean Lesage l'estimait tellement qu'il l'avait fait revenir de Paris pour diriger la publicité de la campa-gne pour la nationalisation de l'électricité en 1962. C'est le ministre des Richesses naturelles, René Lévesque, qui l'avait accueillie à l'aéroport. En outre, elle connaissait assez bien Robert Bourassa pour l'avertir qu'il chômerait à Noël s'il convoquait une élection à l'automne 1976. Comme Casgrain, Mercier et Hébert, elle n'avait rien quémandé lorsque le parti était au pouvoir, elle avait ainsi les mains libres pour travailler à la reconstruction. C'était une femme extraordinaire, une organisatrice hors pair et un moulin à paroles, tout à fait sans gêne. Le débat terminé, elle vint se planter devant Claude Ryan et lui dit: «Tout le monde se demande qui sera le prochain chef. Eh bien! le voilà!»

Claude Ryan pouffa de rire comme chaque fois qu'on évo-quait l'idée devant lui. Pourtant, elle ne lui déplaisait pas. Bien-tôt, il se mit à en parler sérieusement avec ses collaborateurs et amis.

«À partir de l'été 77, rappelle Michel Roy, il ne se passa guère de jours qu'il ne m'en parle. Il ne pensait qu'à ça et ça le préoc-cupait. Des fois, il s'emballait et parlait de ce qu'il pourrait faire. D'autres fois, il était pessimiste et désespérait de changer le Parti libéral. Je perds mon temps avec cela, pensait-il. Vaut mieux res-ter dans le journalisme.»

Claude Ryan évoqua sa candidature avec au moins un per-sonnage politique important qui lui rendit visite au *Devoir*. En route pour un match de baseball en juin, Jean Chrétien et son adjoint, Eddie Goldenberg, en profitèrent pour aller le saluer. Ils s'entretinrent d'une variété de sujets avant d'en arriver à la question qui les touchait le plus à coeur : la direction du Parti libéral. « Je ne vois que trois candidats, dit soudain Claude Ryan, Claude Castonguay, vous et moi. » Jean Chrétien crut avoir mal entendu, mais Goldenberg lui dit que non. Lorsqu'on demanda à Claude Ryan plus tard s'il avait voulu plaisanter, il répondit : « Peut-être. »

Il n'y a pas de doute qu'à l'été 76, Jean Chrétien pesait ses chances de succéder à Robert Bourassa. À 43 ans, le « p'tit gars de Shawinigan » avait fait un bon bout de chemin en politique : premier francophone de l'histoire du Canada à occuper le portefeuille des Finances. Mais il ne pouvait espérer aller plus loin à Ottawa. Pierre Trudeau était au faîte de sa popularité et n'était pas pressé de se retirer. Même s'il partait, son ministre des Finances se heurterait à la tradition libérale de l'alternance d'anglophone et de francophone.

Jean Chrétien répétait que la tradition n'avait pas empêché huit anglophones de faire la lutte à Pierre Trudeau en 1968. Mais il savait bien que ses collègues québécois seraient les premiers à défendre le principe après le départ de Trudeau pour ne pas compromettre l'élection d'un francophone au tour suivant.

Jean Chrétien jaugeait donc sa candidature. Les journalistes et les intellectuels surtout lui reprochaient son appartenance fédérale. Bien sûr, Jean Lesage, le père de la Révolution tranquille, avait été ministre des Affaires indiennes dans le cabinet Saint-Laurent, mais 20 ans plus tôt, disait-on. De plus, Jean Chrétien était identifié à la politique centralisatrice de Pierre Trudeau. Ses discours sur « mes Rocheuses », bien accueillis dans l'Ouest, le faisaient paraître loufoque au Québec.

Il y avait néanmoins vacance à la direction du Parti libéral du Québec et Jean Chrétien était prêt à tenter sa chance pourvu qu'il n'ait pas de rival sérieux. Il avait plein d'acquis dans le milieu des affaires, notamment à Power Corporation, société de gestion de Paul Desmarais dont son ex-chef de cabinet John Rae était vice-président. Paul Desmarais était le genre d'homme qu'affectionnait Jean Chrétien : issu d'une petite ville, il avait réussi dans un milieu considéré comme la chasse gardée des anglophones. Ils étaient bons amis *.

S'il se portait candidat, Jean Chrétien pourrait compter sur l'appui moral et financier de Paul Desmarais et de ses amis de

---

* En mai 1981, le mariage de Jean Desmarais, fils de Paul, à France Chrétien, fille de Jean, souda leur amitié.

Montréal. D'autre part, après Pierre Trudeau, aucun ministre fédéral n'était plus populaire que Jean Chrétien parmi les anglophones et les minorités ethniques de Montréal, clientèle de base des libéraux. Il avait été le seul personnage politique important à se présenter au meeting organisé, au début de l'été, par les anglophones du West End pour contrer la vague nationaliste. Enfin, il comptait des appuis dans la députation libérale à l'Assemblée nationale, notamment Michel Gratton, député de Gatineau et fondateur du Mouvement Québec-Canada, et John Ciaccia, député de Mont-Royal et ex-sous-ministre adjoint des Affaires indiennes sous Chrétien.

Mais cela ne suffisait pas. Jean Chrétien savait pertinemment qu'aucun de ces éléments ne pesait lourd dans le Québec. L'*establishment* du parti ne se tournerait vers lui qu'en dernier ressort, si Ryan et Castonguay n'étaient pas sur les rangs. Claude Castonguay avait la réputation immense et peut-être surfaite d'être le seul intellectuel du premier gouvernement Bourassa. Il avait quitté la politique pour les affaires en 1973. Maintenant à la tête d'un consortium d'assurances, sa réputation était meilleure qu'avant son départ. Il n'était pas très éloquent — même Ryan le battait sur ce terrain — mais il était instruit, compétent et honnête, qualités que recherchaient les libéraux.

Claude Castonguay entretenait des rapports étroits avec Claude Ryan. Ainsi, il avait fait savoir qu'il ne serait candidat que si Claude Ryan ne l'était pas.

Il y avait aussi André Raynauld, qui venait d'Ottawa évidemment mais qui avait conservé une image d'indépendance à titre de président du Conseil économique. Il satisfaisait aux critères intellectuels et venait de l'extérieur du parti. L'*establishment* préférerait Claude Castonguay ou André Raynauld à Jean Chrétien.

Si ce dernier envisageait sérieusement de quitter Ottawa pour se porter candidat à la direction du parti, il ne pouvait s'aliéner *Le Devoir* et risquer d'encourir la disgrâce absolue des intellectuels et de l'*establishment*. Aussi se rendit-il une seconde fois chez Claude Ryan, en juin, pour lui dire qu'il serait prêt à faire le saut à certaines conditions. Selon Jean Chrétien, sa visite au confessionnal — comme on se plaisait à appeler le bureau de Claude Ryan au journal — était de nature personnelle et confidentielle. Mais Claude Ryan, étant journaliste et peut-être aussi désireux de mesurer la température de l'eau au cas où Jean Chrétien et lui s'y jetteraient ensemble, raconta tout à Michel Roy. Après avoir fait ses propres vérifications à Ottawa, Roy rédigea l'histoire et la publia à la une dans le journal du lendemain. Le ministre des Finances, compromis, se vit forcé d'émettre un communiqué niant qu'il ait eu l'intention de quitter Ottawa.

La voie était ainsi libre pour Claude Ryan. Il partit en vacances dans les Laurentides. Il avait besoin de réfléchir. Il passa une partie de son temps à relire la correspondance de Robert Baldwin et de Louis-Philippe Lafontaine, les grandes figures du gouvernement d'union de 1840. Peut-être se voyait-il dans la peau de ces personnages. Il répugnait encore à se porter candidat, mais les pressions s'intensifiaient de plus en plus.

D'une part, les membres du groupe Casgrain avaient décidé d'en faire la vedette du congrès d'orientation en novembre et de l'inviter à prononcer le discours principal. Michel Robert, désigné président du congrès sur la recommandation de Philippe Casgrain, le rencontra à déjeuner et lui transmit l'invitation avant qu'il ne parte en vacances, au début de juillet. Professeur de droit, surnommé «l'homme à la parole d'argent» au prétoire, Michel Robert était aussi considéré comme un candidat possible à la direction du parti. «Nous avons discuté dans le détail de sa participation au congrès, rappelle-t-il. À la fin, il se mit à m'interroger à propos de la direction. Je pense qu'il voulait savoir si je serais candidat. Je lui dis que ça ne m'intéressait pas et qu'il ferait un excellent candidat. Je pense que ça lui a plu. Avec le recul, il me semble que les cinq dernières minutes du déjeuner furent les plus importantes.»

Une fois réglée la participation de Claude Ryan au congrès d'orientation, Philippe Casgrain crut opportun de solliciter sa candidature publiquement. Le premier avis parut à la une de la *Gazette* à la mi-septembre. Claude Ryan fut aussitôt assiégé d'appels téléphoniques de militants qui promettaient de l'appuyer. Il se sentit obligé de faire part à ses lecteurs qu'il considérait poser sa candidature à la direction du Parti libéral du Québec.

Ainsi commença, ce qu'on appela plus tard, sa première période de réflexion.

3
« Irrévocable,
ce sacré mot ! »

Depuis 1964 que Claude Ryan était directeur du *Devoir*, il y avait eu peu d'élections où sa candidature n'avait été sollicitée. Le premier ministre Lester Pearson l'avait approché en 1965, lorsqu'il tentait de mettre sur pied une nouvelle équipe québécoise. Elle comprenait déjà le chef ouvrier Jean Marchand, le journaliste Gérard Pelletier et un professeur de droit encore obscur, Pierre Elliott Trudeau.

N'eut-il été aussi solitaire, Claude Ryan se serait peut-être laissé convaincre. Qu'il s'agisse de Pearson ou d'autres chefs fédéraux ou provinciaux qui le sollicitaient, il donnait toujours la même réponse. Il se disait flatté mais ajoutait que son travail l'absorbait trop pour pouvoir même y penser. Il n'écartait pas l'idée de se lancer en politique un jour ou l'autre mais, comme l'a noté Aurélien Leclerc dans son ouvrage sur Claude Ryan, il souhaitait être choisi par les électeurs plutôt qu'imposé par un parti.

Lorsqu'on lui offrit non seulement un siège mais la direction du parti sur un plateau d'argent à l'automne 1977, on eut du mal à le convaincre non pas tant qu'il puisse être accepté par l'électorat mais par les militants du parti. Même ses plus farouches partisans mettaient en doute sa capacité de faire carrière en politique. « Chez les professionnels du parti, commenta Dominique Clift, du *Star* de Montréal, on se demande s'il est capable de prendre les décisions rapides et énergiques qu'on attend d'un chef. »

Claude Ryan hésita longtemps. Sa réflexion devint un abîme d'irrésolution. Il se compliqua la tâche en se fixant des échéances qu'il ne cessait de repousser. Il tenait à faire part de ses intentions avant le congrès d'orientation où il était attendu le 19 novembre. Philippe Casgrain, Gilles Hébert et les autres le suppliaient au contraire de ne pas se compromettre avant de voir si l'accueil qu'on lui ferait confirmerait les témoignages d'appui qu'il avait reçus.

Ils avaient l'impression qu'il arrivait au terme d'innombrables consultations et qu'il inclinait à se présenter. Dans les milieux de la politique et de l'information de Montréal, au début de novembre, on était d'avis qu'il était allé trop loin pour reculer, que son intégrité professionnelle était compromise et qu'il lui faudrait quitter *Le Devoir*. Soudain, impulsivement, Claude Ryan annonça le 7 novembre qu'il ne serait pas candidat. Sa décision, dit-il dans une déclaration publiée le lendemain dans son journal, était « ferme et irrévocable ».

Avec cet « irrévocable », Claude Ryan non seulement fermait la porte au Parti libéral mais se coinçait lui-même comme il n'allait pas tarder à le constater. Lorsqu'on se remit à le solliciter, il ne sut plus comment s'en dépêtrer.

Michel Roy, à qui Claude Ryan avait montré le texte de sa déclaration avant de la publier, lui avait conseillé de le retrancher. « Mais il voulait se protéger contre lui-même, dit Michel Roy, conjurer la tentation de revenir sur sa décision. » Claude Ryan reconnut plus tard que c'est ce qu'il avait en tête.

Il avait décidé en novembre de ne pas se présenter parce qu'il ne pensait pas pouvoir l'emporter au congrès sans l'appui de l'*establishment*. Malgré toutes les démarches de l'*establishment* en sa faveur, il doutait de son appui.

Le mouvement pro-Ryan, rappelle son frère aîné Gérald, juge à la Cour supérieure du Québec, était encore spontané et inorganisé. « Les efforts d'organisation n'avaient pas été très heureux, dit-il. Ils étaient plus inspirés par la panique qu'autre chose. »

Ryan s'inquiétait aussi des attaches du parti qui dépendait financièrement de la générosité des compagnies. Ce type de contribution serait bientôt proscrit par le gouvernement Lévesque mais Claude Ryan craignait les squelettes dans le placard du Parti libéral. « Il avait peur que le parti se soit procuré des fonds de façon malhonnête ou même illégale et cela l'angoissait beaucoup », dit Michel Robert.

Bref, il craignait que le Parti libéral ne soit pas mûr pour un homme comme lui, même si le conseil général, réuni à Sherbrooke en septembre, avait démocratisé sa procédure. En vertu des nouvelles règles, les jeunes formeraient le tiers des délégués au congrès et les femmes un autre tiers. Chacune des 110 circonscriptions élirait 24 délégués pour un total de 2640. Même les députés devraient se faire élire par leur association de comté, décision que le président de l'assemblée, l'avocat Louis Rémillard, de Québec, rendit par un simple mot dans son procès-verbal: « Banzai ! »

Surtout, il n'y aurait plus de délégués sans mandat, contrairement à la tradition observée dans la plupart des partis canadiens. Il serait donc virtuellement impossible de truquer un congrès comme l'organisateur en chef Paul Desrochers l'avait fait au profit de Robert Bourassa, en janvier 1970. Trois cents délégués *ad hoc* des circonscriptions d'Outremont, de Westmount, de Jean-Talon et de Louis-Hébert avaient voté en bloc pour Robert Bourassa lui donnant la victoire au premier tour de scrutin sur Claude Wagner et Pierre Laporte. Wagner se plaignit — non sans raison — d'avoir été triché. Il digéra mal sa défaite et il fallut presque l'amener de force sur la tribune pour donner la main au vainqueur.

Bras droit de Robert Bourassa, Paul Desrochers était l'un des sujets d'inquiétude de Claude Ryan en novembre. Officiellement, il avait quitté le service du premier ministre, le 1er avril 1974, pour devenir vice-président du Trust Permanent du Canada et n'était plus actif dans le parti. Ayant eu peu à voir avec la débâcle de 1976, il demeurait toutefois un personnage légendaire, aussi craint qu'admiré, dans le parti.

Chargé de l'organisation du parti par Jean Lesage après la défaite de 1966, il était allé aux États-Unis observer les techniques électorales des clans Kennedy et Rockefeller. En plus d'importer leurs techniques, il avait créé un réseau d'informateurs capable de prendre en tout temps le pouls de la population. Les agents d'assurances, les représentants de brasseries et les Chevaliers de Colomb étaient ses yeux et ses oreilles dans la province.

Avec leur concours, il avait établi le profil de l'homme qui devait succéder à Jean Lesage. Il devait être jeune et versé en économie. Abracadabra ! Robert Bourassa, 36 ans, avocat et économiste, diplômé d'Oxford et de Harvard.

À l'automne 1977, Desrochers était plus actif dans le parti qu'il n'y paraissait. À cause d'une blessure de guerre l'affligeant de douleurs permanentes au dos, il dormait peu. Il était en général à son bureau avant que quiconque ne soit sorti du lit. Ayant très tôt disposé de son travail, il pouvait passer le plus clair de sa journée au téléphone et rester en contact avec les organisateurs qu'il avait mis en place du temps de Lesage et de Bourassa et qui étaient toujours actifs à Montréal et dans le reste de la province. Ils brûlaient tous de faire quelque chose.

Le dernier week-end d'octobre, il en réunit quelques douzaines au motel Dauphin de Drummondville pour discuter le coup. Rencontre impromptue où il fut question de façon générale de l'orientation que devrait prendre le parti, mais elle démontrait l'ascendant qu'exerçait encore Paul Desrochers sur l'organisation.

Et c'est cette section du parti, plus que les groupes d'élite comme celui de Casgrain, qui inquiétait Claude Ryan. Il ne pensait pas pouvoir l'emporter à un congrès où il suffirait d'un mot d'ordre de Desrochers pour dresser les professionnels contre lui. En outre, il ignorait qui Desrochers favorisait.

Méfiant de nature, cela n'était pas pour rassurer Claude Ryan. « Il appréhendait les forces occultes, inconnues et imprévisibles », dit Claude Forget, l'un de ses plus proches collaborateurs. Comme le constateraient tôt ou tard tous les gens de son entourage, il ne donnait pas facilement sa confiance et il n'était l'instrument de personne.

« Je n'étais pas du tout sûr du parti, dit-il plus tard. Je ne connaissais pas très bien sa structure ni les gens véritablement influents. J'avais bien mes idées mais je ne savais pas si elles étaient fondées.

« Je pense que cette incertitude a influencé ma décision. On ne cessait de me dire combien les organisateurs étaient importants et je ne voulais pas être manipulé. »

Il renonça à se porter candidat. Avant de l'annoncer, il en fit part à Philippe Casgrain disant que les circonstances n'étaient pas propices. Les activistes qui avaient bâti le congrès de novembre autour de lui étaient stupéfiés et profondément déçus. « Après ce coup-là, dit Casgrain, on n'était plus du tout certain de vouloir l'y inviter. On était furieux. » Ryan offrit lui-même de se retirer pour éviter au parti l'embarras de sa présence. Mais le président du congrès, Michel Robert, insista pour qu'il y assiste quand même.

C'est dans la perplexité que s'ouvrait le congrès qui réunit quelque 2000 militants à l'hôtel Bonaventure de Montréal, le soir du vendredi 18 novembre. Un an et trois jours s'étaient écoulés depuis la défaite. Le temps était alors venu de relancer le parti sur le chemin de la victoire, mais il n'y avait personne pour le diriger.

Avec le retrait de Claude Ryan, la « mafia » d'Outremont, comme on appelait l'*establishment* du parti, décida de porter son attention sur la présidence. L'objectif était simple : éviter qu'une fraction minoritaire ne s'empare de l'appareil du parti avant qu'on ait trouvé le messie.

Jusque-là, le favori parmi les candidats à la présidence semblait être Guy Morin, de Québec, spécialiste en marketing et militant de vieille date. Mais Morin était un ami intime et un partisan indéfectible de Raymond Garneau, l'ancien ministre des Finances qui passait pour le candidat de la vieille garde à la direction du parti. S'il était élu, non seulement pourrait-il régler les modalités du congrès de direction et livrer le parti à la vieille garde, mais l'appareil du parti passerait aux mains de l'aile de Québec. Résolue à conjurer ce danger, la « mafia » produisit un candidat de 11e heure du nom de Lawrence Wilson, riche avocat d'Outremont. Il avait été membre de la commission juridique du parti, avant l'élection de 1976.

Personne ne connaissait Larry Wilson mais qu'importe ! Il était le candidat de l'*establishment* et tout le monde le saurait bientôt.

La bande des quatre chefs de cabinet du groupe Casgrain se mit à l'oeuvre avec diligence. Richard Mongeau se chargea de l'opération. Charles Bélanger rédigea un article, publié la veille du scrutin dans la page documentaire du *Devoir*, sous la signature de Wilson. Richard et son frère Jean-Pierre réunirent leurs créances politiques et se mirent en frais de les percevoir. « J'en avais plein les poches, dit Jean-Pierre. Il me suffisait de les encaisser. Et je n'étais pas le seul à le faire. »

On cognait dur ! Au pied des escaliers roulants, les frères Mongeau et leurs acolytes racolaient les délégués qui se rendaient à la salle du congrès. Ils leur disaient que Lawrence Wilson était indépendant de fortune, qu'il refuserait les 30 000 $ d'appointements accordés au président et qu'il ferait le travail pour rien. En outre, étant avocat, contrairement à Morin, Wilson serait plus apte à gérer les finances du parti et, enfin et surtout, il s'opposait à Garneau.

Lawrence Wilson fit le tour des salles de réception des délégués en compagnie d'un organisateur du nom de Georges Boudreault, l'une des figures les plus populaires du parti. Sous le régime libéral, Boudreault était concessionnaire de plaques d'immatriculation à Montréal et faisait de petites faveurs à ses amis, comme de leur donner des plaques à deux ou trois chiffres pour impressionner leurs voisins. C'était aussi un bagarreur. Son territoire couvrait l'est de Montréal où dominait le Parti québécois et où il fallait lutter des pieds et des mains pour chaque vote.

Mais Georges Boudreault n'était pas qu'un mercenaire. Il voulait renouveler le parti et il constituait un chaînon important entre la base et le sommet. Avec ses cheveux grisonnants, son sourire angélique et l'éternel Tiparillo accroché à ses lèvres, il était facile à repérer sur le plancher du congrès et les gens se l'arrachaient. Lawrence Wilson ne pouvait souhaiter de meilleure carte d'introduction que d'être à ses côtés. Guy Morin n'avait aucune chance.

La victoire de Lawrence Wilson permettait à la fraction du renouveau à Montréal de maintenir son emprise sur l'appareil du parti et de le mettre éventuellement au service de son candidat, soit Claude Forget ou Claude Castonguay, soit Michel Robert, s'il faisait très bonne impression comme président du congrès, ou encore Claude Ryan, si on pouvait le persuader de changer d'avis.

Claude Ryan était fixé. Mais il éprouva peut-être un peu de regret le samedi lorsque, au pied de l'escalier de l'hôtel il se heurta au flot des délégués qui se dirigeaient vers la salle du congrès. Ils ne lui reprochaient pas sa décision, mais ils lui dirent qu'ils la regrettaient. Toute la journée, dans tous les ateliers qu'il visita, on lui fit part des mêmes sentiments. Mais ce n'était encore rien à comparer avec la réception qu'on lui préparait.

4
La relance

Eut-on résolu de le faire changer d'avis qu'on n'aurait pas mieux fait. Lorsqu'il se présenta à la tribune le samedi soir, Claude Ryan fut accueilli par un tonnerre d'applaudissements, de sifflements, d'acclamations, une ovation délirante qui ne dura pas moins de trois minutes et qui changea le cours de sa vie.

Longtemps après, il se demanda si elle avait été spontanée ou organisée. « Elle était spontanée, dit Jean-Pierre Mongeau, mais nous aurions pu l'organiser. » La direction du congrès n'avait pas commandé de claque mais sans doute bien des gens dans l'assistance eurent la même idée que Philippe Casgrain. « Continuons ! dit-il à Jean-Pierre Ouellet lorsque les acclamations commencèrent à faiblir. Peut-être réussirons-nous à le faire changer d'idée. »

La démonstration suffit à le convaincre de réfléchir de nouveau. Il était assez vaniteux pour être flatté, assez sentimental pour être ému et assez incertain pour être ébranlé. Les acclamations étaient sincères. Après coup, tout le monde, y compris Claude Ryan, reconnurent qu'elles furent un point tournant.

Ce qu'il dit par la suite fut sans importance. Il portait ses grosses lunettes de corne et garda les yeux rivés à son texte, rédigé en une heure ou à peu près au cours de l'après-midi. Son discours fut soporifique comme tous ceux qu'il prononçait.

On le qualifia plus tard de discours de la troisième option, proposant aux fédéralistes québécois une voie médiane entre l'indépendance et le *statu quo*. Claude Ryan suggérait de rediviser le pays en cinq régions: le Canada Atlantique, le Québec, l'Ontario, les Prairies et la Colombie-Britannique. Il réfléchissait en somme à haute voix à la façon de regrouper les parties constituantes de la fédération en régions à peu près égales, en vue du meilleur fonctionnement de l'ensemble. Selon lui, les diverses régions du Canada seraient ainsi en meilleure posture pour traiter avec Ottawa.

Les journalistes baptisèrent son allocution du nom de « discours des cinq Canada ». C'est une notion que Claude Ryan évoquait pour fin de discussion et qu'il s'empressa d'écarter dès qu'il se mit sérieusement à la politique. On n'en entendit plus jamais parler. Mais ce soir-là, personne ne se formalisa que Claude Ryan échafaude une théorie qui ne pouvait se réaliser sans l'accord des cinq provinces, gouvernements et premiers ministres qui seraient rayés de la carte.

L'important pour les délégués, c'était de savoir que Claude Ryan avait réfléchi, durant une partie de sa vie, à la réforme de la constitution et qu'il était imbu de sens civique.

Il conclut sur une note émotive que même la monotonie de son débit ne parvint pas à étouffer. « Quel que soit le résultat du référendum, dit-il, nous devrons continuer de vivre ensemble. » La gravité de ces paroles n'échappait à personne, car chaque Québécois éprouvait déjà la division engendrée par le débat constitutionnel.

« Si nous voulons Ryan, dit Gilles Hébert à ses amis libéraux ce week-end-là, il faut lui prouver que nous pouvons livrer la marchandise. Avec lui, il faut être en mesure de prouver ce qu'on avance. »

Il fallait d'abord reprendre contact, rappelle Claude Forget. Lui et Gilles Hébert se rendirent chez Claude Ryan, le lundi soir. La réunion se prolongea bien au-delà de minuit.

Claude Ryan vivait à Outremont, mais il n'était pas de ce quartier. Il avait été élevé dans un quartier défavorisé de l'est de Montréal et, durant les dix premières années de son mariage, avait habité un modeste logement du centre-est, à deux pas de la rue Gilford où logeait le parti qu'il allait diriger.

Depuis qu'il demeurait à Outremont, où l'intelligentsia voisine inconfortablement avec la bourgeoisie, il faisait souvent remarquer qu'il n'habitait pas « là-haut » sur le versant nord du mont Royal, à côté de Robert Bourassa et du ministre fédéral Jeanne Sauvé ou encore de Hébert et de Mercier qui seraient bientôt ses proches collaborateurs. Il vivait dans un duplex « en bas de la côte » à peine en deçà de la frontière d'Outremont, à un coin de rue de l'avenue du Parc.

La maison était meublée simplement, les tapis usés jusqu'à la corde, mais elle était à lui, presque toute payée, et il y avait un locataire à l'étage. Sa pièce préférée était son cabinet de travail, avec son fauteuil de cuir brun, son bureau débordant de papiers et les murs garnis de livres. C'est là qu'il recevait et c'est là qu'il rencontra Forget et Hébert après son travail au journal.

Ils lui demandèrent la permission de préparer un organigramme montrant l'appui sur lequel il pouvait compter à tous les niveaux du parti et dans la province. « Nous vous reviendrons d'ici une semaine », dit Gilles Hébert. Lorsqu'ils partirent, bien après minuit, ils avaient son accord.

Le lendemain matin, Georges Boudreault rejoignait par téléphone tous les gens qu'il connaissait dans le Québec. « J'ai appelé les 110 comtés, dit-il. J'appelais le meilleur organisateur, pas forcément l'organisateur du parti. » Une fois qu'il eut obtenu les engagements voulus, il se rendit chez Jacques Lamoureux, jeune avocat et organisateur en chef du parti dans la circonscription fédérale de Papineau, représentée par André Ouellet. Lamoureux, qui allait devenir l'organisateur en chef de la campagne de Claude Ryan, était connu pour son calme et sa fermeté. À trois heures et demie du matin le mercredi, l'organigramme était prêt. Il démontrait que Claude Ryan possédait des appuis solides partout dans le Québec. « C'est à partir de ce moment que nous avons commencé à structurer la campagne », dit Lamoureux.

Avec Claude Ryan, ils apprirent que rien n'était crédible qui n'était pas écrit sur papier. Au-delà des paroles et des promesses, l'organigramme constituait la preuve concrète de l'appui dont disposait le futur chef. Ryan, vivement impressionné, promit de reconsidérer sa décision.

Dans l'intervalle, il accepta toutes les invitations à parler en public et devint le plus populaire des conférenciers. À Québec, le premier samedi de décembre, il prit la parole à la réunion de fondation du comité préréférendaire, coalition de groupes fédéralistes. Quatorze organismes, depuis les libéraux fédéraux jusqu'aux créditistes provinciaux, étaient représentés au Château Frontenac. Le comité ne pouvait fonctionner d'après sa structure, c'est-à-dire avec deux voix à chaque constituant. Mais le créditiste Camil Samson, avec son flair particulier pour la comparaison et la métaphore, eut le dernier mot: « Quand il y a le feu à la maison, ce n'est pas le temps de chicaner sur la couleur de l'uniforme des pompiers. »

Au banquet de clôture dans la salle de bal de l'hôtel, Claude Ryan reçut une ovation lorsqu'il se leva pour adresser la parole. « La tâche des fédéralistes est très simple, dit-il. Il leur faut transformer un Non au référendum en un Oui au fédéralisme renouvelé. »

L'opération serait un tour de force et les membres du comité se dirent qu'il n'y aurait pas de meilleur homme que Claude Ryan pour la prendre en main. Quelques jours plus tard, on l'invita à déjeuner à Montréal et on lui offrit le poste. Claude Ryan était fort tenté d'accepter, bien qu'il fût divisé entre la perspective de diriger le Parti libéral et celle d'animer les forces fédéralistes, fonction non partisane.

C'est Jacques Lamoureux qui le convainquit d'opter pour le Parti libéral. « À quoi bon gagner le référendum, dit-il à Ryan, si nous n'avons personne pour gagner la prochaine élection ? » Claude Ryan savait aussi qu'en vertu de la récente loi 92 il n'y aurait qu'un comité officiel chapeautant les forces fédéralistes et que ce comité serait dirigé par le chef de l'opposition, c'est-à-dire le chef du Parti libéral. Il écarta ainsi assez rapidement l'idée de diriger le comité préréférendaire hors de l'Assemblée nationale. S'il devenait chef libéral, il aurait de toute manière autorité sur le comité.

À la mi-décembre, les médias annonçaient que Claude Ryan entreprenait une seconde période de réflexion. Il consultait davantage qu'il ne réfléchissait. La question l'absorbait maintenant totalement et la tension commençait à gagner ses collègues du *Devoir*. Il y eut cependant des instants d'humour noir. Un jour, Claude Ryan montra la liste de ses partisans à son chroniqueur politique, Pierre O'Neill, qui avait d'abord servi le Parti libéral dans les années 60 et était ensuite devenu secrétaire de presse de René Lévesque dans le mouvement souverainiste avant de se joindre au *Devoir*. O'Neill connaissait le Parti libéral comme le fond de sa poche et la plupart des noms sur la liste lui étaient familiers. « Mais M. Ryan, dit-il, vous êtes entourés de bandits ! »

Claude Ryan consulta surtout sa femme et ses deux frères. Un dimanche matin de la mi-décembre, tous quatre se réunirent dans le bureau du maire de Montréal-Nord. Les trois frères reconnurent par la suite que ce meeting fut décisif.

Deux heures durant, Claude Ryan passa ses perspectives et ses options en revue avec les trois êtres en qui il avait le plus confiance, peut-être les seuls à qui il faisait vraiment confiance.

« Il sortit de la réunion plus qu'à moitié fixé, dit plus tard le juge Gérald Ryan. Il nous consulta parce qu'il savait qu'il pouvait compter sur une réaction sincère. »

Il observa un changement d'attitude chez son frère depuis la dernière fois qu'ils avaient discuté de l'affaire avant le congrès de novembre. « La fois précédente, dit le juge Ryan, il avait insisté sur les aspects négatifs. Je pense que l'accueil qu'il reçut au congrès de novembre et les pressions qui suivirent de diverses sources le poussèrent à reconsidérer sa décision. J'eus le sentiment — et je pense qu'il en fut de même pour Yves après la réunion

— qu'il allait faire le saut. Mais la réunion ne produisit aucune décision. »

Ses frères l'encouragèrent ainsi à poser sa candidature. « Gérald estimait qu'après 15 ans au *Devoir*, j'avais fait tout ce que je pouvais y faire et qu'il était temps de passer à autre chose », rappelle Ryan. Yves, le maire, homme pratique comptant d'innombrables relations en politique municipale, l'incitait aussi à se présenter. « Il faut que tu ailles, dit-il. J'ai fait mes sondages et les résultats sont positifs. »

Voyant que Claude Ryan se préparait à changer d'avis, on ne put s'empêcher de penser qu'il avait peut-être refusé en novembre simplement pour voir d'où venait le vent. Quelques-uns de ses collaborateurs le pensent encore, mais pas ses proches.

« Ryan n'est pas aussi calculateur, dit Michel Roy. Je pense qu'après en avoir discuté avec sa femme, qui était son meilleur conseiller, et ses deux frères, il en était venu à la conclusion qu'il ne devait pas se présenter. »

« Il était heureux où il était, dit Madeleine Ryan. Il aimait son travail au journal. C'était une grosse décision, surtout à l'âge qu'avaient nos enfants. » Les cinq enfants Ryan, âgés alors entre 10 et 18 ans, s'opposaient fermement à ce qu'il aille en politique.

À Noël, Claude Ryan arrivait au terme de sa réflexion. Le 27 décembre, Lucette Saint-Amant donna une fête en son honneur et y convia les vingt-quatre personnes qui allaient former le noyau de sa campagne. Claude Ryan voyait encore toutes sortes de problèmes.

« Nous avons besoin d'un organisateur en chef, dit-il.

— Je suis là, dit Jacques Lamoureux.

— Il nous faut un responsable des finances.

— Je m'en charge, dit Gilles Hébert. »

« Cette réunion fut décisive, reconnut Claude Ryan plus tard. Ils avaient mené leur petite enquête auprès de gens responsables dans le parti. Ils estimaient que nous avions de très bonnes chances de l'emporter au congrès si j'étais candidat. »

Lorsque Claude Ryan rentra chez lui ce soir-là, les éléments essentiels de sa campagne étaient en place. Même ses craintes à propos de Paul Desrochers s'étaient dissipées. Lors d'une rencontre, l'ex-organisateur en chef lui avait assuré qu'il ne ferait rien pour l'arrêter, même qu'il l'aiderait discrètement.

Paul Desrochers avait aussi fait sa petite enquête. Il avait réuni ses amis au Hilton de Dorval, le 10 décembre, et leur avait proposé de voter sur cinq noms : Ryan, Drapeau, Chrétien, Garneau et Gérard D. Lévesque.

Georges Boudreault, qui compta les votes, dit que Ryan l'emporta sur les quatre autres par la marge de 2 à 1. Desrochers savait aussi qu'un sondage auprès des délégués au congrès de novembre favorisait largement Ryan. Quoi qu'il ait pu penser de ce dernier, il n'était pas fou. Il était évident que le directeur du *Devoir* était le choix du parti. À la mi-décembre, il rencontra Hébert et Mercier et leur promit de ne rien faire au congrès. « Paul appuyait Ryan et il comprenait qu'il devait rester à l'écart, même s'il en souffrait », dit Pierre Mercier.

Claude Ryan passa le Nouvel An chez ses beaux-parents à Lévis. Il en profita pour consulter de vieux amis comme le député Julien Giasson, ancien camarade de l'Action catholique, qui consentit à prendre charge de l'organisation dans l'est de la province.

Aussitôt après le congé, il rentre à Montréal pour participer à une dernière réunion d'organisation, le mercredi soir 4 janvier. Avant de s'y rendre, il passa par son bureau et s'assit à sa machine à écrire.

Durant l'heure qui suivit, il rédigea son article de cinq ou six pages à double interligne — dans son style habituel, point par point. Mais il n'était pas destiné à la page éditoriale du lendemain. Il le lut à haute voix aux vingt-quatre membres de son comité d'organisation, réunis à l'hôtel Richelieu. Claude Ryan posait sept conditions à sa candidature.

« Il ne faut pas, commença-t-il, que notre organisation se laisse infiltrer, influencer, contrôler ou intimider par des gens de l'extérieur. » Il pensait, sans le nommer, à Paul Desrochers. Il précisa un peu plus loin : « Nous n'avons pas besoin d'un *king-maker* et nous devons être prêts à refuser les ingérences de ceux qui prétendraient jouer ce rôle. »

Il ajoutait qu'il ne serait « complice d'aucune méthode malhonnête, d'aucune illégalité, d'aucune tricherie intellectuelle ». Il voulait que son comité des finances lui donne la garantie qu'il n'accepterait pas de « souscriptions en provenance de personnes morales », qu'il se conformerait à l'esprit de la loi du gouvernement Lévesque sur le financement des partis, qui interdisait les dons des compagnies et fixait un plafond de 3000 $ pour les dons individuels. Même si la loi ne visait que les élections et laissait les partis libres de gérer à leur guise leurs affaires internes telle une campagne de direction, Claude Ryan tenait à s'y conformer. Il ne voulait pas que le Parti québécois puisse l'accuser d'être la marionnette des bailleurs de fonds du parti et des grandes compagnies.

Durant les trois mois de la campagne, il exigeait qu'on lui verse l'équivalent de son salaire du *Devoir*. S'il était défait au congrès, il réclamait l'équivalent de son salaire pour une période de trois à six mois tandis qu'il chercherait un emploi, puisqu'il était exclu qu'il puisse retourner au *Devoir*. Personne ne se formalisa de cette condition qu'on jugea fort raisonnable. On s'étonnait seulement que Claude Ryan en parle publiquement et qu'il en fasse un plat.

Mais personne ne comprit l'altercation qu'il eut avec André Raynauld à propos de la résolution économique qu'il avait parrainée au congrès d'orientation de novembre. Claude Ryan exigeait d'être dégagé de la résolution qui proposait de réduire substantiellement le rôle du gouvernement dans l'économie. Comme le député d'Outremont venait tout juste d'annoncer qu'il ne serait pas candidat à la direction, Claude Ryan voulut peut-être vérifier sa loyauté. «Nous eûmes un dur échange», rappelle Claude Ryan.

Ce fut beaucoup plus qu'un échange. L'incident embarrassa les partisans de Claude Ryan et humilia André Raynauld. «J'eus l'impression qu'il voulait que je me mette à genoux, dit Raynauld. Il passa la soirée à répéter qu'il hésitait à se présenter à cause de notre divergence d'opinion.»

Claude Ryan insistait pour que le parti admette le principe d'une économie mixte, ce qui paraissait aller de soi et qui n'inquiétait personne. André Raynauld, un intellectuel accompli que Claude Ryan n'intimidait pas le moins du monde, tint à préciser que sa collaboration au texte de la résolution était de notoriété publique et qu'il ne garderait pas le silence si Ryan persistait à l'attaquer. «Ce ne sont pas des divergences d'opinions, dit-il. Il ne s'agit que de slogans. Je serai loyal.»

Des années plus tard, André Raynauld se rappelait l'incident avec amertume. « Ce fut très désagréable, dit-il après avoir quitté la politique en 1980. Le comportement de Ryan me parut plutôt ridicule.» André Raynauld resta loyal à Claude Ryan durant la campagne, mais il ne lui pardonna jamais cet affront.

Les gens présents à la réunion ne purent s'expliquer l'incident ni l'intransigeance de Claude Ryan. Même son frère Gérald n'en revint pas. « Comment peux-tu être aussi effronté et les humilier de cette façon?» lui reprocha-t-il.

On accepta ses conditions, mais Claude Ryan n'en continua pas moins d'hésiter durant le dernier week-end. Toute la fin de semaine, il sembla qu'il allait se récuser. « Il était comme un malade à la veille d'être opéré », dit Pierre Mercier.

Il ne s'agissait pas seulement de nervosité. Le 6 janvier, Paul Desrochers avait croisé Brian Mulroney au sortir d'un long déjeuner au Beaver Club.

Mulroney et Ryan étaient de bons amis. Claude Ryan avait d'ailleurs appuyé avec enthousiasme la campagne de Brian Mulroney pour la direction du Parti conservateur, en 1976. Quoique beaucoup plus jeune que Ryan, Mulroney avait fait en sorte de se lier d'amitié avec lui dès son entrée en politique. Il avait été de ceux qui avaient persuadé Yves Ryan de se porter candidat conservateur en 1968, l'année de la trudeaumanie. Il se souvient d'avoir observé en compagnie de Claude Ryan la foule hystérique de 40 000 personnes accueillant Pierre Trudeau à la Place Ville-Marie, durant cette campagne. Pour sa part, Claude Ryan avait alors pris parti pour le chef conservateur Robert Stanfield.

Lorsque Claude Ryan songea de nouveau à se présenter en décembre, il demanda à Brian Mulroney de lui dresser une liste de choses à faire et à ne pas faire dans une campagne de direction. Mulroney, encore mal remis de sa défaite au congrès conservateur, lui remit une note en 14 points que Ryan garda dans sa poche des semaines durant.

Desrochers était-il au courant de l'amitié que Mulroney portait à Ryan ou espérait-il que ses remarques parviennent jusqu'à lui ? Ou peut-être encore, faiseur de roi frustré de ne plus avoir de tête à couronner, voulait-il se vider le coeur ? Quoi qu'il en soit, devant Brian Mulroney il ne mâcha pas ses mots. Il pesta contre Ryan en termes non équivoques et affirma que bien des gens dans le parti n'en voulaient pas. Il croyait que Jean Chrétien pourrait peut-être l'arrêter. Il laissa ainsi Brian Mulroney sous l'impression qu'il ferait n'importe quoi pour empêcher Claude Ryan de prendre la direction du parti.

Dès qu'il eut quitté Paul Desrochers, Brian Mulroney téléphona à Claude Ryan et demanda à le voir au restaurant *Le Parrain et La Marraine*, rue Notre-Dame, près du journal.

« Qui Desrochers soutient-il ? demanda Mulroney.

— Moi, dit Ryan ajoutant que « mon oncle Paul », comme on l'appelait plus ou moins affectueusement dans le parti, lui avait rendu visite quelques jours auparavant.

— Il a une drôle de façon de le montrer », dit Mulroney. Et il lui raconta la conversation. « Je pense que tu déjeunes au mauvais restaurant, Claude. Tu es dans les majeures maintenant. Les gars jouent dur. Ils vont te trancher la gorge.»

Claude Ryan était ahuri. Il rentra au journal et annonça à Michel Roy qu'il ne serait pas candidat. Selon Roy, après l'incident qu'il appelle «le coup Mulroney», Claude Ryan était bouleversé et très agité. «Mulroney lui avait dit: Prends garde! Paul D. s'est juré que tu ne passeras pas.» «Je me souviens qu'il n'en pouvait plus, intellectuellement, moralement et physiquement», dit Michel Roy.

Claude Ryan lui-même reconnut plus tard qu'il ne savait plus trop où donner de la tête dans les 48 heures qui suivirent sa rencontre du vendredi avec Brian Mulroney. «Brian m'avait brossé un tableau très sombre de la situation, dit-il. Je ne pouvais m'empêcher de penser que je ne viendrais pas à bout de tous ces éléments si bien enracinés dans le parti, que peut-être je m'étais laissé berner.»

Il fut angoissé tout le week-end. Comme plusieurs de ses futurs conseillers avaient été à l'école de Desrochers, il voyait des fantômes partout. Ses soupçons se portèrent sur Jacques Lamoureux, ancien protégé de Desrochers. Après une discussion acerbe entre eux le samedi soir, Lamoureux démissionna sur-le-champ. C'est Lucette Saint-Amant qui finit par ramener Claude Ryan à la raison. «Si vous voulez faire le jeu de Desrochers, lui dit-elle, vous n'avez qu'à continuer à vous affoler.» Le lendemain, il se réconcilia avec Jacques Lamoureux.

Mais on était encore loin d'être sûr que Claude Ryan se présenterait. Il consulta de nouveau sa femme, ses frères et sa mère Blandine, âgée de 79 ans, le jour de l'Épiphanie.

Ils reconnurent qu'il devait se présenter si on acceptait ses conditions. Le dimanche soir, il réunit une dernière fois ses conseillers politiques chez lui. Hébert, Mercier et Boudreault y étaient. Julien Giasson vint de Québec. Claude Forget ne vint pas, mais il resta en contact par téléphone depuis son chalet dans les Laurentides. «À ce stade, dit-il, j'étais un peu las de me battre contre des fantômes.»

Le groupe n'était pas au bout de ses peines. «Je n'y vais pas, annonça Claude Ryan. Notre organisation n'est pas assez forte. Nous n'avons pas d'argent.»

Durant trois heures, ses conseillers lui refirent la démonstration de sa victoire. Finalement, il consentit à se présenter. Ses enfants l'attendaient à la porte de son cabinet de travail.

«Puis? demanda l'aîné au sortir de la réunion.

— C'est oui», dit Claude Ryan.

Au salon, le notaire Denys Pelletier attendait aussi sa décision. Fils de Georges Pelletier, le deuxième directeur du *Devoir*, le notaire était président de l'Imprimerie populaire, le trust qui administrait le journal.

Lorsqu'il avait parlé à Claude Ryan quelques heures plus tôt, Pelletier avait eu l'impression qu'il ne serait pas candidat. Il comprenait maintenant à la mine réjouie des gens qui s'étaient enfermés avec lui qu'il avait changé d'idée.

« Laissez-moi vous présenter mon ancien patron ! » dit Claude Ryan à ses conseillers qui ne connaissaient pas le notaire.

C'était fait, enfin.

5
Le successeur légitime

Raymond Garneau sans doute plus que quiconque méritait d'être chef du Parti libéral. Âgé de 43 ans, il avait passé toute sa vie au service du parti. Il avait grandi dans le rang : d'abord directeur adjoint de la permanence de Québec, puis documentaliste économique au bureau du premier ministre Jean Lesage et premier adjoint du chef de l'opposition après la défaite de 1966. En 1970, il avait brigué les suffrages dans la circonscription de Jean-Talon, fief libéral dont le titulaire était en général invité au Conseil des ministres.

Il n'en fut pas autrement pour Raymond Garneau, qui devint ministre d'État à 35 ans et ministre des Finances à 36. Il s'acquitta de sa tâche avec brio. À l'élection de 1973, il démolit le critique économique du Parti québécois, Jacques Parizeau, et son «Budget de l'an 1» de l'indépendance. Jeune et séduisant, il était l'un des rares membres du gouvernement à pouvoir s'aventurer sur les campus, à une époque où la majorité des étudiants était ardemment péquiste. Sous le second régime Bourassa, il brilla tellement qu'on le désigna comme le dauphin. Plus la popularité de Robert Bourassa déclinait, plus celle de Raymond Garneau augmentait. Il fut même question qu'il succède au premier ministre avant l'élection, mais il refusa obstinément de se prêter à toute intrigue.

Durant quelque temps, après le départ intempestif de Jérôme Choquette en 1975, il cumula les fontions de ministre des Finances et de ministre de l'Éducation. Quelle que soit l'époque, la responsabilité de l'éducation dans le Québec est une tâche ingrate. Aux difficultés habituelles s'ajoutait alors l'obligation de mettre en oeuvre les dispositions de la loi 22 sur la langue d'enseignement. Avec le portefeuille déjà onéreux des finances, à un moment où les dépenses consenties pour les Jeux Olympiques grevaient anormalement le budget, le fardeau qui incombait à Raymond Garneau devenait insupportable. Il ne s'en plaignit pas et fit tout ce que lui demanda le premier ministre. Il alla aussi partout où le parti le réclamait, jusque sur les campus durant la sombre campagne de 1976.

De tous les survivants de la débâcle, aucun n'avait plus de galons que Raymond Garneau, jeune et expérimenté, loyal et doué. Personne n'avait plus de titres à la direction.

Il n'eut pas la chance de les faire valoir.

Beaucoup de militants, même parmi ceux qui tenaient Raymond Garneau pour le successeur incontesté de Robert Bourassa lorsque le parti était au pouvoir, se croyaient prisonniers de la conjoncture. Naguère héritier présomptif, on l'identifiait maintenant à un régime discrédité. À titre de ministre des Finances, il était responsable de la Société des alcools et de la Loterie provinciale et sa réputation était entachée de quelques scandales mineurs. Enfin, il était jeune, il paraissait plus jeune que son âge, alors que le parti voulait projeter une image de sagesse, qu'il avait pourtant en abondance.

Parmi les gens importants dans le parti, Raymond Garneau n'avait pas d'ennemis, mais il n'avait pas non plus d'alliés prêts à soutenir sa candidature à la direction.

Beaucoup de militants exclurent sa candidature à contrecoeur, contre nature et — les événements allaient bientôt le démontrer — contre raison. Seul un homme comme Claude Ryan, pensaient-ils, pouvait gagner le référendum. Et ils le dirent à Raymond Garneau d'une façon qui l'ulcéra.

« J'aimerais bien t'appuyer, lui dit Georges Boudreault au congrès de novembre, mais je ne peux pas. Il nous faut un homme neuf. »

Garneau se faisait dire la même chose par les gens de l'*establishment*, et sans ménagement. « Ton chien est mort ! » lui dit Pierre Mercier. De toute part, il n'essuyait que rebuffades.

« On me disait qu'on m'aimait bien, rappelait-il plus tard, devenu président de la Banque d'Épargne de la Cité et du District de Montréal. On me disait : 'Tu ferais un bon premier ministre mais, pour gagner le référendum, il nous faut Ryan.' Je leur répondais — et je pense que j'avais raison — que ce n'était ni Ryan ni Garneau qui gagnerait le référendum, mais la cause et que, de toute manière, la lutte serait menée par une coalition des groupes d'opposition. »

Les trafiquants de pouvoir se liguèrent contre lui, même s'il était de tous les candidats celui qui avait le plus à coeur leurs intérêts. Il favorisait les libertés individuelles contre la pensée collectiviste du Parti québécois. Il défendait la libre entreprise contre la politique interventionniste du nouveau gouvernement. Fermement fédéraliste, il proclamait fièrement que le Québec était sa patrie et le Canada son pays.

Les élites et la bourgeoisie, les Anglais et les minorités ethniques lui préférèrent néanmoins un homme qui avait soutenu le Parti québécois en 1976. Ils ne cherchaient pas un candidat, dit Garneau, « ils cherchaient un sauveur ».

L'opposition la plus opiniâtre vint de l'*establishment*. Raymond Garneau n'arrivait pas à cerner le groupe, mais il savait qui en faisait partie.

« Dans n'importe quel parti, dit-il, l'*establishment* est un concept mouvant. Ce ne sont pas toujours les mêmes gens, mais certaines gens se retrouvent toujours dans les groupes qui ont de l'influence.

« Ils sont dans des comtés comme Louis-Hébert à Québec, Outremont et Westmount à Montréal. Ils sont actifs. Ils ont des positions importantes, donnent des interviews à la radio et à la télévision, sont sollicités par les journalistes. Ils passent des mots d'ordre parce qu'ils peuvent rejoindre le public. »

Pourquoi insista-t-il alors pour se porter candidat si tout était contre lui? « Je n'ai pas le choix, dit-il à son ami Jean Chrétien en décembre 1977. Sinon, on dira que j'ai des choses à cacher. »

Raymond Garneau faisait allusion aux accusations de favoritisme portées contre lui. Juste avant Noël, le ministre de la Justice Marc-André Bédard l'exonéra. Il n'avait donc plus de raison de ne pas se présenter puisqu'il n'avait rien à cacher. Condamné s'il n'était pas candidat, il le serait doublement s'il se présentait. Il savait dès le départ que ce serait « très, très dur », même si Claude Ryan n'était pas sur les rangs.

Il savait qu'il lui faudrait de l'argent, beaucoup d'argent. « Nous n'en avions pas au début de la campagne », dit-il. Inspiré par un curieux symbolisme, il loua un immense local au rez-de-chaussée de la Place Dupuis, siège du magasin Dupuis Frères qui avait fait faillite à la fin de 1978.

Il n'était pas tout à fait seul. Victor Goldbloom, ministre des Affaires municipales dans le gouvernement Bourassa, lui donna son appui, mais il ne réussit pas à entraîner derrière lui la communauté juive. Paul Berthiaume, ministre défait à l'élection de 1976, se chargea de sa campagne.

Elle partit sur le mauvais pied. Le jour où Raymond Garneau annonça sa candidature, la neige et le verglas entraînèrent la fermeture de la route Québec-Montréal et ses partisans de la Vieille Capitale ne purent assister à la conférence de presse à Montréal. « Le p'tit gars de Plessisville » vécut néanmoins un instant de fierté.

D'abord diplômé de l'université de Genève, puis membre du cabinet provincial, il ambitionnait maintenant de diriger la coalition fédéraliste au référendum et de devenir premier ministre du Québec. Ses ambitions allaient cependant être frustrées.

À la même heure, à quelques centaines de mètres dans le Vieux-Montréal, Claude Ryan vidait son bureau. Il se préparait à quitter le journal sans retourner la tête et sans manifester de regret à l'idée de passer de l'autre côté de la clôture, de laisser le journalisme pour la politique. Maintenant qu'il avait pris sa décision, il était serein.

Lorsque le conseil d'administration du journal se réunit pour recevoir sa démission, il lui demanda qui devrait lui succéder. Claude Ryan répondit que le conseil devrait faire son choix tout seul. Il avait mené la barque de la poupe à la proue pendant plus de dix ans. C'était maintenant à eux de prendre le gouvernail. Il n'était pas homme à faire du sentiment autour de son départ. « La douleur passe vite chez lui », dit Michel Roy.

Dans sa lettre de démission, il s'était seulement réservé le droit de publier un dernier éditorial « pour prendre congé des lecteurs du *Devoir* ». C'est à Michel Roy qu'il revint de lui témoigner la gratitude de l'institution dans un billet très émouvant et fort bien tourné. « Il n'a pas seulement servi l'institution, dit-il. En 15 ans, il a tout investi dans ce journal : son temps, sa santé, la totalité de ses ressources intellectuelles, sa riche expérience, sa passion. » Comparant Claude Ryan à Henri Bourassa, l'illustre fondateur du journal, Michel Roy ajoutait : « Nul n'a été plus grand que Bourassa, mais Ryan a été le plus grand de ses successeurs. »

Claude Ryan fit ses adieux au personnel et partit.

Le 10 janvier, reporters et partisans se pressèrent dans un salon de l'hôtel Méridien pour entendre l'ex-directeur du *Devoir* annoncer sa candidature. « Après avoir tout bien considéré, dit-il, j'ai décidé de laisser une carrière à laquelle je suis resté très attaché jusqu'à la fin et de plonger dans la politique. »

Cherchant à expliquer ce qui l'avait amené à révoquer la décision « irrévocable » qu'il avait prise deux mois auparavant de rester à l'écart de la politique, il dit qu'il était désormais convaincu que le Parti libéral avait besoin « d'un chef animé d'une foi nouvelle, au fait des réalités du milieu, connu pour son intégrité et respecté par ses concitoyens ».

Si l'auto-réclame, typiquement, ne péchait pas par modestie, elle témoignait assez objectivement de l'idée que se faisait l'électorat de sa candidature. Car Claude Ryan avait le sentiment de se rendre au désir non seulement des militants libéraux, mais de l'ensemble du corps électoral. Il citait à preuve le chauffeur d'autobus qui l'avait amené la veille au centre-ville et le chauffeur de taxi qui l'avait conduit l'après-midi même au studio de télévision. Tout le monde reconnaissait son visage anguleux. Malgré sa réputation d'intellectuel, il communiquait facilement avec les gens ordinaires. « L'accueil qu'on me faisait dans la rue était beaucoup plus chaleureux que je n'aurais pensé, confia-t-il plus tard. Je savais qu'on me respectait, mais je ne croyais pas qu'on me témoignerait un telle dévotion. Et c'était vraiment de la dévotion. Vous auriez dû voir. »

Au sortir de la conférence de presse, les journalistes virent avec étonnement la première affiche du candidat. À côté du visage souriant de Claude Ryan apparaissait une longue citation extraite du dernier ouvrage d'Arnold Toynbee, *Choose Life* : « Pour bien fonctionner, écrivait le philosophe vers la fin de sa vie, le régime démocratique a besoin d'un leader qui n'est ni tricheur ni démagogue, mais qui est imbu de telles valeurs morales et intellectuelles que ses concitoyens le suivront sans y être forcés ni incités. Il peut être difficile de trouver un tel leader et, si on le trouve, il hésitera peut-être à assumer la tâche difficile et ingrate de guider ses concitoyens. Le rôle de leader est sans contredit de la plus haute importance sociale. Quiconque l'assume par altruisme doit être investi d'une très forte dose d'esprit civique et de renoncement. »

Claude Ryan promettait donc d'être bien différent des autres politiciens qui se préoccupaient par-dessus tout de soigner leurs trente secondes de télévision. Un politicien qui citait Toynbee, cela ne s'était jamais vu !

Claude Ryan se croyait appelé à une mission. Écrivant près de 75 ans auparavant à propos de Woodrow Wilson, candidat à la présidence des États-Unis, un certain George Harvey brossait un portrait du personnage qui ressemblait étrangement à Ryan.

« Certaines qualités personnelles sont indispensables au succès d'un candidat, disait-il. Fidélité à de nobles idéaux. Intégrité incontestée. Franchise. Courage. Prudence. Intelligence. Sagesse. Expérience. Réalisation. Largeur de vue. Force physique. Vision. Simplicité de moeurs. Éloquence. Sollicitude. Vigilance. Optimisme. Enthousiasme. Enfin et surtout : disponibilité. »

Tel était Claude Ryan, de pied en cap. Et maintenant qu'il s'était rendu disponible, il entendait mener son affaire lui-même et remporter une victoire éclatante. « Dès le départ, dit Jacques

Lamoureux, il ambitionnait d'écraser ses adversaires afin de minimiser les divisions dans le parti. »

« Certains membres de mon entourage étaient de mon avis », dit Claude Ryan. Et plus simplement : « J'ai toujours essayé de gagner fort dans tout ce que j'ai entrepris. »

Il entendait garder la haute main sur son organisation. « À l'époque, rappelle Lucette Saint-Amant, chargée de la publicité de la campagne, Ryan n'avait qu'un conseiller : Ryan. »

Depuis l'instant de 1977 où il avait envisagé de se présenter, Claude Ryan s'inquiétait du financement de sa campagne et de l'appui de l'*establishment*. Cette double inquiétude se refléta dans le choix de Gilles Hébert comme percepteur et de Bernard Langevin au poste de trésorier. Les Hébert et Langevin de la génération précédente avaient exercé les mêmes fonctions dans le parti.

Hector Langevin avait aussi fait partie du conseil d'administration du *Devoir*. Le fils Bernard était de la même génération que Claude Ryan. Il lui apparut fiable et dévoué et Ryan lui confia l'administration des finances, encore qu'il eût du mal à faire confiance à quiconque en ce domaine. « Il suivait l'affaire de près, dit Bernard. Tous les jours, je lui faisais rapport des entrées et des sorties et je lui disais où allait l'argent. »

Comme ils le pensaient, malgré toutes les appréhensions de Ryan, Hébert et Mercier n'eurent aucun mal à recueillir des fonds. Claude Ryan entrevoyait un énorme déficit. Il savait qu'on dépenserait les 350 000 $ autorisés par le parti et ne croyait pas qu'on recueillerait beaucoup plus de 200 000 $. Avant même le début de la campagne, il obtint de ses partisans l'assurance qu'ils l'aideraient à combler tout déficit. « À mon grand soulagement, dit-il, ils s'étaient engagés à partager la responsabilité du déficit. »

Une fois lancée la campagne de financement, rappelle Claude Ryan, « nous n'eûmes plus à nous inquiéter ». Entichés de cette forme de financement populaire qui était pour eux une nouvelle expérience, les membres du comité ne laissèrent rien au hasard. Chaque mardi, ils se réunissaient pour le petit déjeuner dans un restaurant de l'hôtel Windsor. Une semaine, ils visaient la communauté juive, la semaine suivante l'industrie du vêtement, puis les avocats et ainsi, une à une, toutes les communautés et professions de Montréal. Dans son agenda, Claude Ryan inscrivait ces rencontres sous les lettres PDB : petit déjeuner bénéfice.

Il aimait ces rendez-vous avec les chefs de file des divers groupes de la métropole. Et ceux-ci lui faisaient bon accueil. Le comité Ryan avait plus d'argent qu'il ne pouvait décemment ou légalement dépenser, et certainement beaucoup plus que ne voulait dépenser son candidat. Le bilan officiel préparé par Bernard Langevin indiquait des recettes de 529 863,26 $ et des dépenses de 422 793,59 $. Le chiffre des dépenses dépassait la limite autorisée de 350 000 $, mais il incluait l'indemnité et les dépenses de Claude Ryan. Quoi qu'il en soit, on n'eut pas à faire de quête publique pour régler les dettes : la campagne afficha un surplus de 106 899,67 $.

Le 20 mars, à un mois du congrès, on n'avait encore dépensé que 120 000 $, grâce à la frugalité du candidat. Le quartier général de la campagne, chichement meublé, était au neuvième étage d'un immeuble sans ascenseur, l'édifice N.G. Valiquette, au coin des rues Berri et Sainte-Catherine, voisin des luxueux quartiers de Garneau. Bernard Langevin, propriétaire de l'immeuble, avait offert les locaux à Claude Ryan pour rien ou fort peu, à sa discrétion. Ce dernier, qui avait payé 65 000 $ comptant l'immeuble qui abritait *Le Devoir*, rue Saint-Sacrement, crut mettre la main sur une autre bonne affaire.

S'il ne devait y avoir que deux poulains dans la course, Claude Ryan voulait être à la fois le pur-sang et le jockey, l'entraîneur et le bourgeois. Il ne se laissait pas mener facilement et il se méfiait des professionnels de l'organisation politique. « Ils virent bientôt que je suis allergique aux gens qui tentent d'organiser ma vie », dit-il. C'est à une avocate de Montréal, Lina Allard, qu'incomba cette responsabilité à titre de directrice du secrétariat. Comme Claude Ryan, elle était tout à fait étrangère à la politique, donc toute désignée pour la tâche délicate de régler son agenda. « Il fallait lui justifier chaque rendez-vous, dit-elle. Il se décommandait souvent. Il n'était pas très facile dans ce sens-là. Il ne se pliait pas facilement aux impératifs de la machine. Pour lui, la politique était une affaire de contact avec les gens, pas de spectacle. Si le spectacle est bon, tant mieux. Mais pour l'organisation, c'était très difficile. »

Pour marquer son indépendance, Claude Ryan insistait pour conduire sa voiture chaque fois qu'il devait sortir autour de Montréal. Souvent, Madeleine l'accompagnait. C'était pour eux l'occasion d'être seuls. Parfois, s'il était trop fatigué au terme d'une longue soirée, il passait le volant de la Chevrolet sedan à sa femme et dormait sur la banquette arrière.

Une fois, il accepta de se faire conduire à un rendez-vous à Drummondville. Un militant qu'il connaissait à peine avait insisté pour lui prêter une voiture. Lorsqu'il la vit, il fit des gorges chaudes : une Lincoln Continental cramoisie. Après cet incident, il reprit sa Chevy.

Il avait ses raisons pour conduire, même s'il conduisait plutôt mal et constituait une menace pour lui et pour toutes les forces fédéralistes à cette époque préréférendaire. Pour un homme d'origine modeste comme lui, l'automobile est un symbole de réussite. Conduire, c'était montrer qu'il ne se laisserait pas changer par la machine. Sans compter qu'un chauffeur pourrait écouter ses conversations avec les autres passagers. Ce n'est qu'à la campagne référendaire de 1980 qu'il accepta finalement d'utiliser la limousine mise à sa disposition par le gouvernement à titre de chef de l'opposition. Durant la campagne électorale de 1981, il était encore assez singulier de le voir monter dans sa grosse Pontiac. «Tu t'habitues au confort», lui disait pour le taquiner son frère Gérald, persuadé du reste qu'il se priverait sans mal de toutes ces petites douceurs lorsqu'il quitterait la politique.

Les aides de Claude Ryan ne savaient jamais à quelle heure et dans quel état il arriverait aux réunions. Ils prirent l'habitude d'attendre la Chevy à la porte principale du lieu fixé pour le rendez-vous, comme au cégep de Hull où eut lieu, le 15 janvier, le premier de neuf débats publics entre les candidats.

Il n'y avait encore que deux candidats et il n'y en aurait pas plus si Claude Ryan ne faisait pas de gaffe. Jean Chrétien se tenait prêt à sauter dans la mêlée au moindre signe de défaillance. Il aurait eu une côte à remonter. «Il n'aurait pas mieux fait que Garneau», dit André Ouellet, qui savait la résistance qu'on opposerait à un candidat d'Ottawa. «On voulait quelqu'un de l'extérieur et Ryan était l'homme du renouveau.»

«Il aurait fallu que Chrétien annonce ses couleurs plus tôt, qu'il quitte le gouvernement et qu'il se présente non pas comme ministre mais comme simple citoyen.» Un autre handicap, c'est qu'il aurait sollicité la même clientèle que Raymond Garneau alors qu'il n'y avait pas d'autre candidat de l'*establishment* ou de la jeunesse pour concurrencer Claude Ryan.

Gérard D. Lévesque fut tenté de se présenter pour mettre du piquant dans la campagne. Étant très populaire dans le parti, il aurait sans doute eu beaucoup d'appuis. Mais il y avait d'autres considérations. «Je peux gagner le congrès, dit-il à John Ciaccia durant la seconde méditation de Claude Ryan. Mais je ne peux pas gagner la province.» N'étant pas homme à faire passer son intérêt avant celui du parti, il s'abstint d'entrer dans la course.

Ce fut donc une lutte à deux du début à la fin. Pour Claude

Ryan, la campagne présentait un double défi. D'une part, il lui fallait prouver qu'il pouvait soutenir la pression. D'autre part, il lui fallait prendre et garder l'avance dans la chasse aux délégués qui allait commencer à la fin de janvier et durer jusqu'à la fin de mars.

Avec deux candidats, les débats étaient faciles à organiser et à suivre et leur impact facile à mesurer. Les médias empruntèrent au vocabulaire de la boxe pour les décrire : Ryan leur parut en avance dès les premiers rounds, Garneau chancelant au milieu de l'engagement et sur le point d'être knock-out ou d'abandonner avant la limite.

Garneau se tira fort bien d'affaire. Il montra qu'il avait de la substance et le sens de l'histoire et qu'il était renseigné sur la question constitutionnelle, la hache de Claude Ryan. Mais l'image de vernis qu'il projetait était déjà trop ancrée.

« Ce qui me blessa le plus, dit-il, ce fut de passer pour un imbécile tandis que l'autre passait pour le grand intellectuel qui allait réinventer la société. »

Dans une course à deux, il est normal que les candidats développent du ressentiment l'un envers l'autre. Mais entre Garneau et Ryan, le torchon brûlait plus que de raison. « Si vous relisez les éditoriaux de Ryan, dit Jean-Claude Rivest, l'ex-adjoint de Robert Bourassa, vous ne trouverez pas beaucoup de fleurs pour Garneau parce qu'il n'a jamais consulté Ryan de 1970 à 1976. Ryan le considérait aussi comme son cadet. » Jean-Claude Rivest, qui succéda à Raymond Garneau comme député de Jean-Talon, pense que Claude Ryan finit par reconnaître à son rival plus d'envergure qu'il n'avait d'abord cru.

« Garneau n'est pas le genre d'homme avec qui je m'entends facilement, dit Claude Ryan longtemps après le congrès. Ce n'est pas un intellectuel. Il vient d'un milieu différent. Ses relations se situent à Québec pour la plupart et parmi les professionnels du parti. Je ne me suis jamais très bien entendu avec lui. Je n'ai jamais eu de bonnes conversations avec lui au cours de la campagne. Nous nous sommes plutôt éloignés l'un de l'autre à mesure qu'avançait la campagne. »

Plus la campagne avançait, plus les candidats étaient agressifs. On se mit à faire courir des bruits sur l'adversaire. Le comité Ryan fit circuler une vieille coupure de journal disant que Raymond Garneau avait dû être hospitalisé pour une légère dépression nerveuse lorsqu'il était ministre des Finances. « Demandez à mes collègues si c'est vrai ! » protesta Garneau au cours d'un débat avec Ryan à Rimouski à la fin de février. Claude Ryan fit des excuses au nom de son organisation mais pas en son nom personnel, suivant son habitude.

Chez Garneau, l'équipe chargée de la sollicitation par téléphone s'inspirait d'un *Guide du parfait vendeur* comprenant des extraits tronqués d'écrits ou de discours de Ryan. On disait qu'il avait appuyé le Parti québécois en 1976 et qu'il était sympathique au séparatisme, puisque René Lévesque avait cité ses éditoriaux dans l'un de ses ouvrages. Évoquant les sept conditions de Ryan, le Guide notait que « seuls les mercenaires posent des conditions ».

Toutefois, Claude Ryan marquait des points importants dans le recrutement des délégués même si l'adversaire ne se gênait pas pour rappeler sa prise de position de 1976. Dans les réunions de comté, les militants recevaient deux listes de délégués à leur entrée dans la salle et votaient pour l'une ou pour l'autre.

Dans les premières semaines de la campagne, Claude Ryan balaya tout, l'emportant 24 à 0 dans certains comtés. Il rallia même la délégation du comté de Louis-Hébert, voisin du comté de Raymond Garneau.

Un problème se posa bientôt au parti : le candidat Ryan était trop fort. « À un moment donné, il avait une avance de 4 à 1 dans la plupart des comtés », dit Louis Rémillard, président du congrès.

À la mi-mars, le bruit courut que Raymond Garneau voulait se retirer de la course et qu'il n'y restait que parce que Gérard D. Lévesque l'en suppliait. Tous deux nièrent la rumeur avec énergie. « Je n'en ai même pas soufflé mot à mes organisateurs parce que je ne voulais pas les décourager, dit plus tard Raymond Garneau. Ils étaient enthousiastes et je ne pouvais pas leur dire que j'entretenais moi-même des doutes sérieux sur mes chances de succès. Je craignais de m'en tirer avec des dettes et je pensais quitter parce que je savais que je ne gagnerais pas. J'avais hâte que ça finisse, mais j'aurais fait beaucoup de tort au Parti libéral si je m'étais retiré avant le congrès. »

Ce que Claude Ryan comprit à l'époque, c'est que Raymond Garneau menaçait de se retirer avant terme si le parti ne s'engageait pas à régler ses dettes. « C'est ce que Ryan me dit, rappelle Michel Roy, en prenant soin d'ajouter qu'il ne pouvait pas prendre un tel engagement. »

« Il ne fut jamais question de cela, dit Raymond Garneau, à la fin de 1980. Je n'aurais pas accepté non plus. J'aurais plutôt payé de ma poche. » Sa campagne se solda par un déficit de 35 000 $ que ses amis s'empressèrent de régler, se sentant un peu coupa-

bles de l'avoir abandonné. «Ce fut ma plus grande consolation
de voir mes amis me revenir après le congrès», dit-il.

6
Foulards et ballons

Les foulards ! La mer de foulards rouges déferlant sur le Colisée de Québec confirma que Claude Ryan détenait la majorité au congrès de la mi-avril. Le foulard qu'agitait Ryan en particulier indiquait qu'il était descendu de sa tour d'ivoire pour plonger dans l'échaudoir de la politique.

L'idée des foulards provenait de Lucette Saint-Amant, qui avait aussi trouvé le slogan de la campagne : Leadership. En fait, c'est son fils de 10 ans qui l'avait choisi, parmi une douzaine d'autres, au cours d'une soirée dans le sous-sol de la maison familiale, dans le nord de Montréal.

Le slogan combinait plusieurs thèmes. Le mot revenait comme un leitmotiv dans les éditoriaux de Claude Ryan qui déplorait toujours le manque de leadership. Il espérait donner aux Québécois ce qu'il avait si souvent réclamé, un leadership moral. Le slogan lui allait comme un gant. Il correspondait aussi à l'objectif du parti dans la campagne.

Le clan Garneau s'était donné un slogan un peu arrogant (Le Pouvoir) promettant de rétablir l'hégémonie du parti. Il donnait à entendre que le parti n'avait pas d'autre intérêt que le pouvoir. Cela n'était pas sans un brin de vérité, mais les militants n'avaient pas forcément envie qu'on le leur rappelle au beau milieu d'une campagne de direction censée viser des objectifs plus nobles.

Lucette Saint-Amant avait reçu instruction d'utiliser le moins possible de gadgets qui sont l'apanage des congrès traditionnels. La trousse distribuée aux congressistes par le camp Ryan se limitait à un sac à provisions et quelques collants. En guise de souvenirs, les délégués rapporteraient leur foulard et un calepin contenant l'historique du parti et des mots croisés. Le calepin noir était un peu la marque de commerce de Ryan. Partout dans la province au cours de la campagne, on s'était habitué à le voir tirer son calepin de sa poche pour prendre des notes.

Les foulards étaient *Made in Japan*, ce qui ne manquerait pas d'irriter les fabricants locaux de textile et inciterait les journalistes à dire que Claude Ryan donnait des foulards unilingues anglais.

Lucette Saint-Amant et quelques volontaires avaient donc passé une nuit à arracher les étiquettes des foulards.

La seule chose qui semblait manquer, c'était les ballons. Quelqu'un demanda où étaient les ballons. « Je n'ai pas commandé de maudits ballons, rétorqua Lucette. Je ne veux pas en voir un seul. »

Les libéraux avaient prévu mettre le paquet, 750 000 $, pour présenter un congrès à l'américaine au Colisée de Québec, la maison de Jean Béliveau. Mais, il fallait savoir si le Colisée serait libre et si Raymond Garneau resterait dans la course jusqu'à la fin pour sauver l'apparence d'un suspense démocratique.

Le problème du Colisée en était un de logistique : il fallait éviter que les Nordiques de Québec, qui faisaient alors partie de l'Association mondiale de hockey, ne réservent l'amphithéâtre pour leurs parties éliminatoires à la mi-avril. Le problème fut vite réglé grâce à l'intervention de Jean Lesage. Le père de la Révolution tranquille, maintenant avocat de compagnie, était président du conseil d'administration des Nordiques. Le parti n'eut qu'à prier son doyen de passer un coup de fil au président des Nordiques. Comme ils occupaient le même bureau…

Le problème de Garneau était plus sérieux. Raymond Garneau avait suffisamment d'expérience en politique pour savoir que sa campagne marquait le pas.

« Parmi les délégués sur qui nous comptions, 50 p. 100 favorisaient Ryan, rappelle l'organisateur en chef de Garneau, Léonce Mercier, qui devint plus tard directeur général de la section québécoise du Parti libéral du Canada. Au début, nos sondages nous donnaient 800 délégués. Nous n'avons pas gagné une seule voix en quatre mois. Et les gens étaient fixés avant d'arriver au congrès. »

Raymond Garneau voyait les rapports des assemblées de comté et savait que le compte n'y était pas. Il savait aussi que même s'il se surpassait dans ses discours, les gens n'écoutaient pas.

« Il y avait comme un mur, dit-il. On ne raisonnait pas et on n'écoutait pas. Il n'y a pas grand-chose à faire dans ce temps-là.

« C'était pénible. Des fois, je me dis que j'aurais dû dire ceci ou cela mais je cherche encore les nouvelles idées que Ryan devait infuser au parti. Quelle est la philosophie politique du Parti libéral du Québec aujourd'hui (avant la défaite de 1981) ? »

Raymond Garneau digéra mal sa défaite. Mais le week-end des 14 et 15 avril, il était plutôt résigné et résolu à tenir jusqu'au bout. Car il était par-dessus tout homme de parti. Il n'avait rien connu d'autre durant toute sa vie adulte. Il avait à peine terminé ses études à l'université de Genève qu'il travaillait déjà pour la Fédération libérale du Québec, à Québec. C'était l'été 1963. Les libéraux de Lesage étaient au sommet de leur popularité, en pleine Révolution tranquille, et le Québec vivait des jours excitants. Adjoint au secrétariat général du parti et âgé de 28 ans seulement, il ne tarda pas à se faire connaître des gens du pouvoir et à leur montrer qu'ils pouvaient compter sur lui.

Il se joignit bientôt au personnel du premier ministre. Lorsque Lesage fut défait en 1966, victime de sa politique de grandeur, Raymond Garneau resta à son service dans l'opposition. Affecté à une fonction relativement obscure auprès du premier ministre, il devint premier adjoint du chef de l'opposition. Lesage le considérait un peu comme son fils et il lui confia dès l'été 1967 qu'il allait bientôt se retirer de la politique. Il persista cependant — et Garneau avec lui — à travers le tumulte du départ de René Lévesque, à l'automne de la même année, et pour les deux années subséquentes.

Durant cette période, Raymond Garneau eut souvent l'occasion de voir le maître à l'oeuvre. Même si l'opposition se tenait à bonne distance de Daniel Johnson et de ses ministres, suivant la tradition, le gouvernement de l'Union nationale avait souvent du mal à rédiger ses projets de loi et il lui arrivait de consulter Jean Lesage discrètement. Garneau se rappelle d'un jour où Lesage, en véritable chef de l'opposition loyale de Sa Majesté, rédigea de sa main un projet de loi en présence du greffier de la Législature. (Dans les années qui suivirent, il tira bon parti de ses connaissances, puisque le gouvernement Bourassa retint les services de sa société de la Grande-Allée pour rédiger la plupart de ses projets de loi importants.)

Raymond Garneau était encore à son service lorsque l'ancien premier ministre décida finalement qu'il en avait assez des intrigues pour sa succession. « Ma décision est prise, dit-il à Raymond Garneau en 1969. Je quitte. Je démissionne demain. Je convoque un congrès de nomination. Je veux que tu appelles un tel et un tel et que tu les invites à mon chalet du lac Beauport parce que je veux les mettre au courant de ma décision avant de l'annoncer publiquement. » Garneau continua de travailler pour Lesage jusqu'au congrès de janvier 1970 dont Robert Bourassa, d'un an son aîné, sortit vainqueur. Sous le premier gouvernement Bourassa, Raymond Garneau, à la fois jeune, énergique et compétent, joua un rôle de premier plan comme ministre des Finances.

Par loyauté pour son chef aux heures sombres du second mandat, il se garda bien d'accréditer les rumeurs qui faisaient de lui le dauphin.

Puisqu'il avait persisté jusque-là malgré ses déboires, autant rester jusqu'à la fin. Dans son discours de circonstance, il put dire en toute sincérité qu'il ne ferait jamais de campagne sur le dos de Robert Bourassa, déclaration qui fut accueillie par une salve d'applaudissements. Il prononça l'un des grands discours des annales modernes de la politique québécoise, mais l'impression qu'il fit est du genre qui ne rapporte que beaucoup plus tard. Son discours représentait la somme et la substance de sa pensée. Il le savait par coeur et il le dit du fond du coeur. «Québec est ma patrie, mais le Canada est mon pays», déclara-t-il.

Raymond Garneau ne devait plus rien au parti.

Il n'avait pas d'illusions sur le résultat du scrutin. «Le discours n'y fit rien, dit-il. Il ne changea rien. Je suis persuadé qu'il ne me valut pas un vote de plus parce que les gens ne m'écoutaient pas.»

Mais les organisateurs du congrès avaient leur spectacle de télévision avec tout le battage qu'ils désiraient aux meilleures heures d'écoute. Gérard D. Lévesque, invité à prononcer le discours d'ouverture le vendredi soir, pouvait se féliciter d'avoir remis le parti sur pied. Aux 35 000 membres que comptait le parti au départ de Robert Bourassa, 35 000 autres s'étaient ajoutés, durant les quatre mois de la campagne. Les candidats s'étaient bien comportés, hors quelques instants d'animosité, phénomène inévitable dans une lutte à deux.

Il y avait entre eux une différence très nette sur les questions fondamentales de la constitution et des droits linguistiques. En matière constitutionnelle, Claude Ryan était le candidat de la troisième option. Il favorisait la refonte complète du système fédéral selon le modèle défini dans le Livre beige de janvier 1980. Raymond Garneau favorisait aussi une refonte, mais moins radicale. En matière de langue, les deux candidats proposaient de modifier la Charte de la langue française — la loi 101 du gouvernement Lévesque — de manière à ouvrir l'école anglaise aux enfants de citoyens canadiens immigrant d'autres provinces. Les deux candidats parlaient aussi de modifier les règlements limitant l'affichage et la réclame bilingues même dans les secteurs à majorité anglophone.

Le débat même redonnait aux libéraux un peu de fierté et de dignité. Les péquistes ne pouvaient plus prétendre avoir le monopole des idées et de la vertu.

La grande réussite de Gérard D. Lévesque était d'avoir fait patienter le parti aussi longtemps — dix-sept mois — avant de procéder à l'élection d'un nouveau chef. «Il y en avait certainement plusieurs, peut-être la majorité, qui réclamaient un congrès sur-le-champ, dit-il. Ils cherchaient une façon magique de ranimer le parti. C'est une réaction normale. Mais j'étais persuadé qu'il fallait du temps pour refaire la base.»

Député depuis 1956, Gérard D. Lévesque n'avait pas survécu à sept élections, dont quatre gagnées par les libéraux, sans raison. Il connaissait le rythme de la politique. Il savait que 1977 était l'année du Parti québécois et qu'il fallait du temps pour panser les blessures de son parti. Sa tâche comme chef intérimaire consistait essentiellement à marquer le pas.

Au conseil général du parti en février 1977, Lévesque dut s'appuyer sur l'*establishment* pour éviter un congrès précipité. Et, pour la première fois dans l'histoire du parti, il força les militants à aller de porte en porte solliciter des fonds. On ne recueillit que quelques centaines de milliers de dollars, mais Gérard D. Lévesque voulait que les militants s'habituent à prendre contact directement avec le public. Non seulement était-ce la méthode idéale de recrutement, mais c'était désormais la seule façon de garnir les coffres du parti puisque la nouvelle loi 2 sur le financement des partis politiques interdisait les dons de compagnies, jusque-là la principale source de revenus des libéraux. Dans ce sens, la campagne fut fructueuse. Lorsque Claude Ryan assuma la direction un an plus tard, les troupes étaient prêtes à entreprendre la première d'une série de campagnes de souscription qui rapportèrent plus de huit millions de dollars en vue du référendum et de l'élection générale. Au moment de la défaite de Ryan en 1981, les coffres étaient presque vides à cause des frais encourus par les bureaux régionaux soutenant l'organisation provinciale. À sa démission en août 1982, le parti avait commencé à puiser dans ses réserves. Il était pratiquement fauché.

À Québec, les 14 et 15 avril 1978, l'avocat Louis Rémillard présidait le congrès qui réunit 2640 délégués, 24 de chacun des 110 comtés du Québec dont 12 femmes et 4 jeunes de moins de 20 ans. L'après-midi du vendredi, Jean Lesage y fit une apparition, en principe pour faire rapport des activités du comité préréférendaire qu'il présidait à la demande de Gérard D. Lévesque, en pratique pour recevoir les acclamations de la foule à l'occasion du 20e anniversaire de son élection à la tête du parti. Depuis sa retraite en 1970, il n'était apparu qu'une fois en public, à la réunion de l'Association du Barreau de Québec l'année précédente, pour marquer son désaccord avec certains articles de la loi 101. Avec l'âge, il avait l'air plus élégant, plus distingué, plus premier ministre que jamais. Sa voix grave n'avait rien perdu de sa magie. Son élection, en 1960, avait mis fin à la grande noirceur de Duplessis. Jean Lesage mettait aujourd'hui le Québec en garde contre la noirceur que pouvait entraîner le séparatisme. Sa présence relégua ainsi au second plan la dernière confrontation des candidats répondant aux questions des délégués.

La soirée du vendredi devait être celle de Gérard D. Lévesque. Il comptait en profiter pour prononcer l'un de ses fameux discours à remontoir qui en faisaient une sorte de Hubert Humphrey de la politique québécoise. Le chef intérimaire donnait toujours l'impression de s'amuser sur la ligne de feu. «Quelle belle famille!» commença-t-il typiquement. Hélas! les journalistes de Radio-Canada qui couvraient l'événement choisirent ce moment pour débrayer. La télévision resta avec l'image et le son, sans commentaire. Vu la suite, ce fut peut-être heureux. À peine Lévesque eut-il entamé son discours que les organisateurs de Raymond Garneau lâchèrent des milliers de ballons du plafond du Colisée. «Nous décidâmes alors de sortir nos foulards», dit Jacques Lamoureux.

Les partisans de Claude Ryan se mirent à agiter leurs foulards rouges en scandant «Ryan, Ryan» sur l'air de «Amen, Amen». Voilà qu'au beau milieu du discours du chef intérimaire, alors que toute activité partisane était strictement interdite, les deux camps se livraient à des manifestations tumultueuses. L'organisation de Claude Ryan était résolue à ne pas se faire damer le pion. Les gens neutres dans la salle étaient scandalisés. «J'étais choqué pour Gérard D., dit Louis Rémillard. Je ne voyais pas la télé, mais ça avait l'air terrible.»

Terrible, en effet. À défaut de commentateurs pour expliquer ce qui se passait dans la salle, on avait l'impression que Lévesque faisait sauter la baraque à chaque phrase. Il dut le sentir puisqu'il se rendit jusqu'au bout de son discours même s'il n'y avait pas une oreille attentive dans l'assistance.

Dans le camp Ryan, c'est Claude Ryan lui-même qui donna le plus beau spectacle, debout agitant son foulard avec la même ardeur que ses partisans. On ne manqua pas de le critiquer après coup pour ce débordement d'enthousiasme.

«Écoutez, dit-il. J'avais le choix: ou je restais assis ou je participais. Si j'étais resté assis, les gens auraient dit que je me délectais de ces acclamations. J'ai donc décidé de faire comme tout le monde. C'est aussi simple que cela. Je n'ai vraiment pas été touché par la manifestation. »

Les reporters qui avaient travaillé avec Claude Ryan et qui avaient couvert ses discours au fil des ans étaient ahuris de voir l'austère directeur du *Devoir* soudain aussi exubérant.

Mais il avait toutes les raisons du monde de se réjouir. Son organisation dominait celle de Raymond Garneau par le nombre et la qualité jusque sur son territoire de Québec. À leur arrivée au Colisée le vendredi soir, les partisans de Garneau virent avec irritation que leurs adversaires occupaient déjà presque tous les sièges non réservés. Sur chaque siège se trouvaient deux affiches de Ryan. «Nous en avions distribué 20 000», dit Lucette Saint-Amant. Quand on lui fit remarquer qu'on n'attendait que 10 000 personnes, elle dit: «Ils ont tous deux bras!»

L'idée d'inonder le centre sportif d'affiches pour donner l'impression que le camp Ryan était partout avait été mise à l'épreuve pour la première fois au congrès de nomination de Pierre Trudeau en 1968 et reprise au congrès qui élut Robert Bourassa en 1970.

Il n'était pas étonnant qu'on emprunte à l'organisation des congrès libéraux antérieurs. Plusieurs de ceux qui avaient collaboré à la campagne de Trudeau et de Bourassa étaient aujourd'hui dans le camp Ryan. Le système employé par l'organisation de Claude Ryan pour communiquer avec les délégués dans la salle était le même qui avait si bien fonctionné pour Pierre Trudeau et Robert Bourassa.

L'organisation de Ryan raffina le système de pointage des délégués. «Nous utilisions un double système de pointage qui était infaillible, rappelle Guy Saint-Pierre, président de la campagne. Un compte était fait par les coordonnateurs régionaux, un autre par les organisateurs de comtés après l'élection des délégués.» Avant le scrutin du samedi après-midi, Jacques Lamoureux put donner un pronostic ferme à la télévision. Il prédit que Claude Ryan allait recueillir 1750 voix. Le compte final s'établit à 1748 voix contre 807 pour Raymond Garneau. «Nous disions à la blague que deux délégués étudiants n'avaient pu voter parce qu'ils préparaient leurs examens», dit Jacques Lamoureux.

Ayant le congrès bien en main, Claude Ryan, en compagnie de sa famille et de ses conseillers dans la loge au-dessous de celle des invités d'honneur où Jean Lesage prenait place, avait toutes les raisons d'être serein. Il n'y avait qu'un seul ancien premier ministre présent. Robert Bourassa vint aussi en compagnie de sa femme Andrée, le vendredi soir. Il était rentré d'exil. Durant près d'un an, il avait fait la navette entre Bruxelles, Paris, Montréal et ses quartiers d'hiver de Bal Harbour, en Floride.

Robert Bourassa avait compris que l'association économique dont devait être assortie la souveraineté serait la pierre d'achoppement de la thèse péquiste. Il avait décidé d'aller à Bruxelles étudier le modèle d'association économique de la Communauté européenne et de s'armer d'arguments contre le Parti québécois. Il espérait ainsi rétablir son crédit et peut-être se creuser une niche dans le débat référendaire. Il explora tout à Bruxelles: la constitution de la C.E.E., le Traité de Rome et le point de vue de chacun des éléments du Parlement européen. Ce ne fut ni un repos ni une visite touristique. «En général, on visite des musées en Europe, dit l'un de ses amis. Bourassa, lui, visite les parlements.»

Au printemps 1978, il faisait la navette entre Montréal et Washington, où il était professeur invité à l'Institut des affaires canadiennes de l'université John Hopkins. Il faisait au congrès sa première apparition publique depuis sa défaite. Sa présence ne plaisait pas à tout le monde dans le parti parce qu'on le considérait encore comme un lépreux sur le plan politique. Toutefois, Gérard D. Lévesque pensa qu'il serait grossier de l'exclure, puisque tous les anciens chefs étaient invités. Il figurait aussi avec Jean Lesage, Georges-Émile Lapalme et George Marler, dans un court documentaire historique projeté le vendredi soir. Cependant, on ne l'invita pas à adresser la parole.

Heureux qu'on ait pensé à lui, Robert Bourassa n'en demandait pas plus. Il reçut des applaudissements polis à son arrivée et fut aussitôt entouré de reporters. Il avait peu changé en dix-huit mois. Il n'avait pas pris de poids. Il se gardait en forme et continuait de nager régulièrement. Pourtant, Robert Bourassa n'était plus aussi bien coiffé qu'auparavant son garde du corps, qui était aussi son coiffeur lorsqu'il était premier ministre, n'était plus là. Détail intéressant: il avait changé ses austères lunettes de corne pour des verres plus arrondis qui adoucissaient ses traits. «J'ai dû changer mon image, dit-il à un reporter. L'autre ne passait pas très bien.»

Robert Bourassa n'avait pas vu Claude Ryan depuis le mois d'août. Lui et sa femme étaient alors allés dîner au chalet loué par les Ryan dans le complexe Chanteclerc de Sainte-Adèle. Claude Ryan lui avait adressé l'invitation, moitié par courtoisie, moitié par intérêt, parce qu'il voulait savoir son opinion sur sa candidature à la direction. Claude Ryan abordait sa première période de réflexion et Robert Bourassa eut l'impression qu'il ne ferait pas le saut.

« Il me dit qu'il hésitait à s'aventurer dans l'inconnu et que la politique était vraiment un milieu inconnu pour lui, rappelle Bourassa. Il se sentait en sécurité au *Devoir*. »

Lorsqu'il se lança finalement dans l'inconnu, il ne tarda pas à y prendre goût et s'y démena comme un poisson dans l'eau.

Cependant, il méprisa toujours la façon dont on faisait les choses dans les campagnes politiques. Si ses seconds le priaient d'entrer par une porte, il était à peu près certain qu'il entrerait par l'autre, ne serait-ce que pour leur montrer qu'il n'était pas une marionnette. Si on lui demandait d'aller tout droit à la tribune, on pouvait compter qu'il s'attarderait au fond de la salle à donner des poignées de mains et à embrasser les femmes sur les deux joues.

« Il n'était pas toujours facile à mener, rappelle Guy Saint-Pierre, l'ex-ministre du Commerce de Robert Bourassa, devenu vice-président d'Ogilvie Mills, partie de l'empire Brascan. Il était capricieux et têtu. Mais il était étonnamment habile avec les foules. On se rendit compte très tôt qu'il aurait beaucoup de succès dans le milieu rural. »

Et pourquoi pas ? Il avait sillonné la province non seulement depuis 15 ans comme directeur du *Devoir*, mais pendant plus de 15 ans auparavant comme secrétaire général de l'Action catholique. Il était très à l'aise dans les petites villes de province comme Louiseville et Victoriaville. « Il touchait les cordes sensibles des gens, dit Guy Saint-Pierre. Il défendait les valeurs traditionnelles, le gros bon sens. »

Devant un grand auditoire citadin, Ryan était mortellement ennuyeux. Il récitait plutôt qu'il ne donnait ses discours, la tête plongée dans un texte en général aride. Mais les gens l'écoutaient, d'après Guy Saint-Pierre. Ils le percevaient « comme un homme qui non seulement comprend les problèmes les plus complexes, mais peut les traduire simplement ».

Claude Ryan montrait, à la presse et au public, une autre facette de sa personnalité qu'on avait rarement eu l'occasion de voir en dehors des murs du journal. Il ne détestait pas la bagarre et pouvait pratiquer une politique coup-de-poing à l'occasion. Arrivé en retard à une conférence de presse à Québec au coeur de l'hiver, il blâma le gouvernement du Parti québécois pour son « inexcusable négligence » à nettoyer les routes vers la capitale. Relents de Maurice Duplessis ! Il y ressemblait même un peu physiquement, depuis la pose du plaideur, les pouces accrochés à sa veste, jusqu'au nez en bec d'aigle.

Son agressivité était un trait nouveau et fascinant de sa personnalité publique. Avec le temps, elle tournerait à son désavantage. On vint à le percevoir comme un tyran. Mais en 1978, il ne pouvait rien faire de mal. Ce qu'on tint plus tard pour de la mesquinerie et une certaine étroitesse d'esprit prouvait alors qu'il avait réussi à faire la transition du milieu intellectuel de son journal au vrai monde, bas et sale, de la politique.

C'est cependant par ses idées qu'il s'imposa. Il ne se contentait pas d'en parler. Les idées n'existaient vraiment pour lui que sur le papier. Deux semaines avant le congrès, il convoqua les journalistes au quartier général de sa campagne et leur remit une brique de 40 pages intitulée « Réflexions sur les défis des prochaines années ». Si vous teniez le document contre la lumière, la signature était aussi visible que le filigrane. La main de Claude Ryan y était partout présente aussi bien dans la traduction anglaise que dans l'original français.

Les grands points y étaient énumérés — 2, a), b), c), d) — comme dans des centaines de ses éditoriaux. Et le texte parlait de l'attachement au Québec, « véritable communauté nationale distincte », et de l'engagement envers le Canada, « qui garantit à ses citoyens les libertés politiques fondamentales ».

À ceux qui prétendaient que le système fédéral avait entravé le développement du Québec, Claude Ryan répondait: « L'épanouissement des libertés fondamentales dans le Québec n'a pas été un simple accident historique, le système fédéral... en a été fortement responsable. La diversité qui caractérise la composition de la population canadienne a été également responsable d'un climat de tolérance propice à la culture des libertés fondamentales. »

Les idées qu'il exprimait n'étaient pas tout à fait neuves, mais il leur donnait une caution intellectuelle. Respecté et reconnu pour sa rigueur intellectuelle, il contribua à remettre en estime l'option fédéraliste dans le Québec, au cours de l'hiver et du printemps 1978. Durant près d'un an et demi, le Parti québécois avait occupé presque tout l'espace politique au Québec, reléguant presque les libéraux provinciaux au rang de tiers parti dans sa lutte contre les libéraux de Pierre Trudeau à Ottawa. Claude Ryan donna avis durant cette période qu'il entendait être partie au débat. Plus tard, lorsqu'il devint à la mode de le dénigrer, on oublia un peu trop facilement dans les cercles libéraux du Québec qu'il avait redonné au parti sa dignité.

Beaucoup plus tard, lorsqu'on reconnut que Claude Ryan s'était trouvé dans une situation impossible, entre Pierre Trudeau et René Lévesque, on oublia aussi trop facilement qu'il existait un mouvement en faveur d'une «troisième option», susceptible de combler les aspirations autonomistes du Québec à l'intérieur de la Confédération canadienne. Yvon Deschamps disait dans l'un de ses fameux monologues que ce que voulaient vraiment les Québécois, c'était «un Québec libre dans un Canada uni». Assez curieusement, Claude Ryan ne réclamait rien de moins: «Un Québec libre et ouvert dans un Canada uni». C'est ainsi qu'il l'exprima dans son document d'avril et il le répéta de la tribune du congrès, deux semaines plus tard.

Trois points importants resssortaient du document. Deux reçurent beaucoup d'attention et le troisième fut ignoré en général. Dans les médias francophones, on fit grand cas des commentaires de Claude Ryan sur les arrangements constitutionnels. Les médias de langue anglaise s'attachèrent plutôt à ses commentaires sur les droits des minorités linguistiques. Cela représentait bien la dichotomie habituelle des médias de Montréal qui rendent compte différemment du même événement parce qu'ils s'adressent à des publics différents qui ont des préoccupations différentes. Autant les médias de langue française que de langue anglaise négligèrent le troisième point du document, relatif à l'administration publique et à son rôle dans l'économie du Québec. Claude Ryan s'inquiétait déjà de la taille et des dépenses excessives du gouvernement.

«Le secteur public et parapublic, disait-il, a accusé une croissance phénoménale depuis une quinzaine d'années un peu partout dans le monde, mais dans ce cas-ci comme dans d'autres, le Québec s'est placé en tête du peloton même si ses ressources étaient plus limitées : de là des difficultés plus grandes pour le Québec, pour aujourd'hui et pour demain.» Il notait que les dépenses publiques dans le Québec avaient augmenté davantage que le Produit provincial brut en 1977, par près de 13 p. 100. «Cela veut dire que le pouvoir d'achat du secteur privé est réduit au profit du secteur public.» Dans la perspective des maigres années 80, ces observations prendraient un sens prophétique, mais Claude Ryan avait déjà quitté le devant de la scène.

Le 15 avril 1978 cependant, il semblait bien être le sauveur que recherchait le Parti libéral. Les libéraux ne pensaient pas simplement élire un nouveau chef mais le futur premier ministre. Il avait dit que s'il allait en politique, il ne s'imposerait pas. Et voilà qu'il y était, acclamé par la foule.

L'après-midi allait être longue. D'abord, chaque candidat disposait d'une demi-heure pour s'adresser au congrès. Ensuite, les délégués feraient la queue pour voter. Les organisateurs du congrès étiraient la procédure de manière que le clou de l'événement puisse être diffusé aux bonnes heures d'écoute. Claude Ryan quitta à peine la loge où il était entouré de sa famille et de ses conseillers. Suivant Raymond Garneau à la tribune, il fit un discours remarquable autant par le contenu que par le ton.

Durant 15 ans au *Devoir*, il avait développé et articulé sa pensée sur l'avenir du Canada. Maintenant, il avait l'occasion de faire endosser ses vues par un parti qui le sollicitait. Claude Ryan était nationaliste québécois dans un contexte canadien. Sa pensée différait du nationalisme économique de Robert Bourassa en ce sens qu'elle plongeait ses racines dans l'histoire. Il était l'héritier intellectuel d'Henri Bourassa, l'enfant terrible qui avait rompu avec Wilfrid Laurier et fondé *Le Devoir* en 1910. Le journal satirisa Laurier et fut l'un des instigateurs de sa défaite aux urnes l'année suivante. Claude Ryan fut le quatrième directeur du journal et jamais la question constitutionnelle ne fut autant à l'ordre du jour que sous son règne. Toujours, comme il fit ce jour-là, il s'efforça de respecter à la fois la fleur de lis et la feuille d'érable.

«Nous sommes Québécois d'abord, dit-il au congrès. Nous voulons à ce titre jouir de toutes les garanties de liberté qu'offre l'ensemble canadien. Mais nous sommes également Canadiens, nous sommes également partisans du maintien du lien fédéral canadien... C'est dans la voie canadienne que résident pour le Québec les possibilités les plus intéressantes et les plus stables de développement dans la liberté et la solidarité.»

Ouvert aussitôt après le discours de Claude Ryan, le scrutin dura plus longtemps que prévu. Certains délégués eurent du mal à insérer leur jeton de sorte que les machines destinées à gagner du temps en firent perdre. La période allouée au congrès par la télévision s'épuisa avant qu'on ait compté tous les bulletins.

Sachant bien que les réseaux n'allaient pas interrompre la diffusion avant que le nouveau chef ne soit connu, les organisateurs du congrès retardèrent l'annonce des résultats de plus d'une heure. En comptant quinze minutes pour le discours d'acceptation du nouveau chef, ils prévoyaient rester en ondes avec des millions de téléspectateurs jusqu'au début du match éliminatoire de hockey à vingt heures. Mais Claude Ryan parla plus d'une demi-heure, empiétant sur le match de hockey et irritant, dès son premier geste, des dizaines de milliers d'électeurs.

Lorsqu'on annonça les résultats, il n'y eut pas d'explosion d'enthousiasme. « *Habemus papam*! » dit le président du congrès, Louis Rémillard. Le reste ne surprit personne : Ryan, 1748 voix; Garneau, 807. Claude Ryan n'avait pas été informé d'avance du résultat. « Je l'ai appris en même temps que tout le monde », avoua-t-il. Quelques instants plus tôt, il avait dit à sa femme qu'il ne s'en ferait pas s'il perdait parce qu'il avait fait son devoir. Il ne se contentait pas d'être l'homme du *Devoir*, il observait religieusement sa devise : *Fais ce que dois*.

« J'avais fait ce que j'avais à faire, dit-il. Je me serais tourné vers autre chose. Je n'aurais pas du tout été abattu. »

Prenant son courage à deux mains, Raymond Garneau afficha un grand sourire et se rendit à la tribune serrer la main du vainqueur. Claude Ryan, on ne sait trop comment, réussit à parler avant lui. Outre qu'il endormit les téléspectateurs, il donna l'impression d'être mauvais gagnant. Il ne dit rien de méchant à propos de son adversaire et fit même son éloge, mais il omit de mentionner son nom.

« Tout d'abord, dit-il, j'aimerais exprimer mes remerciements et mes félicitations à mon adversaire dans cette dure lutte. Nous sommes seuls à savoir toutes les difficultés de cette course. Ce fut une saine rivalité, difficile pour les candidats mais bénéfique pour la démocratie. »

Des années plus tard, Claude Ryan était encore désolé qu'on l'ait cru mesquin envers son adversaire. À Noël 1980, il revit la bande vidéo de l'événement chez son frère Yves et comprit enfin qu'on l'ait mal perçu. « Lorsque Garneau est arrivé à la tribune, rappelle-t-il, vous vous souvenez qu'il a d'abord serré la main à Gérard Lévesque et que j'attendais derrière l'occasion de lui serrer la main. Nous sommes allés l'un vers l'autre. Nous avons échangé une bonne poignée de mains. Et, dans mon discours, j'ai fait allusion à lui clairement au moins quatre ou cinq fois. »

Il mentionna presque tous ceux qui avaient collaboré à sa campagne, y compris sa mère Blandine qui parut adorer cet instant sous les feux de la rampe. Il rappela qu'elle était libérale depuis le début du siècle et se fit pardonner « pour l'avoir fait attendre si longtemps » avant d'adhérer au parti.

Il affirma que la responsabilité de la direction dépassait « la capacité de ses frêles épaules » et qu'il l'acceptait « dans un esprit d'humilité et de docilité ».

« Peut-être êtes-vous surpris d'entendre ces mots dans ma bouche. Mais ils ont été parmi les mots clés de ma vie adulte. ... On me dit quelquefois que je suis arrogant. Ce n'est pas vrai. J'ai plutôt tendance à être candide.»

À ce stade, les députés qui l'entouraient avaient du mal à réprimer leurs bâillements. Mais il n'avait pas terminé. Il tenait à s'adresser au reste du pays. «À nos concitoyens canadiens des autres provinces qui peut-être nous écoutent, dit-il, je veux adresser mes salutations. Nous n'attendrons pas jusqu'à la prochaine élection pour dialoguer en frères avec les chefs des autres provinces. Nous entamerons la conversation comme sont autorisés à le faire les citoyens libres.»

Il ajouta une note de réalisme: «N'imaginez pas que parce que ce congrès a eu lieu et que Claude Ryan a été élu chef du Parti libéral, nos problèmes sont réglés. Ils ne le sont pas. Ce n'est pas un simple congrès à la chefferie qui va les faire disparaître.»

Lorsque vint finalement le tour de Raymond Garneau de dire un mot, la salle commença à se vider. Dans la loge de ce dernier, quelques instants plus tard, apparurent deux visiteurs de marque venus le féliciter d'avoir persisté jusqu'au bout: Robert Bourassa et Paul Desrochers. Raymond Garneau rejoignit sa femme Pauline et leurs deux enfants. Une voiture les attendait à la porte d'entrée. «Venez, leur dit-il. Rentrons.» Le congrès des foulards et des ballons était terminé.

Le 15 avril 1978: Dans un geste rituel, le perdant, Raymond Garneau, lève le bras du gagnant, Claude Ryan, qui remercie son adversaire «pour sa participation à une lutte difficile en vue d'obtenir la direction du Parti libéral», mais en négligeant de nommer cet adversaire. Pour la première fois, mais non pour la dernière, Ryan était perçu comme un gagnant rancunier.
(Photo Paul Taillefer)

7
L'express de Ryan

Claude Ryan n'était pas homme à prendre des vacances. Il n'en avait jamais pris en 35 ans et n'allait pas commencer maintenant qu'il était en politique. «Vous comprendrez qu'il n'est pas question de se reposer quand on vient d'être élu chef d'un parti politique», dit-il aux journalistes, au terme d'une série de réunions le lendemain du congrès. Il entendait dominer le parti qu'il avait un jour qualifié de «monstre». Il l'avait craint et avait peut-être encore des raisons de le craindre ce parti d'avocats et d'agents d'assurances, de consultants en gestion et d'organisateurs de comté. S'il voulait vraiment le refaire à son image et à ses idées, il devait le prendre en main. Et il allait le faire, depuis le bureau à deux étages au-dessus de la Caisse d'économie des policiers jusqu'aux avant-postes les plus isolés de la province.

Claude Ryan avait des raisons impérieuses de consolider rapidement son emprise sur le parti. Il y avait d'abord sa préoccupation, pour ne pas dire son obsession, à propos du financement du parti. Le parti avait des réserves dans son compte, le 8-800 du Montreal Trust, administré par trois fiduciaires dont le redoutable Paul Desrochers. Il savait que quiconque contrôlait les réserves aurait son mot à dire sur l'organisation. Il se souvenait aussi des menaces proférées par Paul Desrochers au cours de sa conversation avec Brian Mulroney. Peut-être ne s'agissait-il que de paroles inoffensives, mais elles avaient failli faire dérailler l'express de Ryan avant même qu'il ne quitte la gare.

Voilà donc Claude Ryan, frais émoulu de son triomphe au congrès, le parti à ses pieds, en face du fameux «Paul D.» tenant les cordons de la bourse. Celui-ci avait ses gens en place non seulement dans les comtés, mais jusqu'au coeur de l'organisation de Claude Ryan et de la haute direction du parti à Montréal. L'organisateur en chef de Ryan, Jacques Lamoureux, était là du temps de Desrochers. À la permanence de Montréal, le directeur général, Ronald Poupart, avait été nommé avant l'élection de 1976. Pierre Bibeau, organisateur en chef des comtés situés entre Montréal et Québec, avait été affecté à la section des jeunes du parti au début du régime Bourassa et travaillait depuis au quartier général. Inquiet de nature, Claude Ryan ne voyait rien pour le rassurer sur la loyauté du personnel dont il héritait.

Il lui fallait traiter en premier lieu avec « mon oncle Paul ».

« J'ai d'abord suggéré de prendre contact avec les fiduciaires qui administraient les fonds du parti, rappelle-t-il.

« Je pense que Paul Desrochers m'a appelé ou je l'ai appelé et il est venu me voir.» Les autres fiduciaires, présents à la réunion, étaient Gilles Hébert, président du comité des finances de Claude Ryan, et Ted Ryan, homme d'affaires à la retraite.

« La rencontre fut très cordiale, se souvient Claude Ryan. À la fin, Desrochers me dit : M. Ryan, je sais que votre régime s'installe. Si vous avez besoin de moi, je serai disponible. Sinon, je comprendrai.

« Son attitude était excellente. Je lui dis : Merci. Je vous reparlerai. »

Claude Ryan décida — cela se comprend — qu'il pouvait se dispenser de ses services.

En Gilles Hébert, il avait l'homme indépendant qu'il voulait. Les réserves du parti étaient d'environ trois millions de dollars, lorsque Claude Ryan assuma la direction. Les libéraux étaient à l'aise. Claude Ryan avait ainsi les moyens de mettre en place des gens qui lui seraient loyaux puisqu'ils dépendraient de lui pour leur subsistance. Sa décision d'embaucher des professionnels aux permanences de Montréal et de Québec et d'ouvrir des bureaux régionaux dans la province causa certaines frictions parmi ses conseillers. « Deux thèses s'affrontaient, rappelle Jacques Lamoureux. L'une favorisait des bénévoles, l'autre des salariés. C'est la seconde qui l'a emporté. »

Perdant dans cette dispute, Jacques Lamoureux fut l'un des premiers de l'entourage du nouveau chef à le quitter. Avec Pierre Bibeau, qui était d'une autre école de pensée, il représenta brièvement Claude Ryan au comité préréférendaire. Il réapparut durant la campagne référendaire de 1980 pour faire quelques courses pour son ancien patron, André Ouellet. À l'élection de 1981, il fut relégué au poste d'organisateur adjoint sur la rive sud de Montréal. Entre-temps, son bureau d'avocat prospérait dans le Vieux-Montréal. Lorsque André Ouellet institua une commission d'enquête sur les ravages de la mousse d'urée formaldéhyde, Jacques Lamoureux fut désigné président.

Les deux hommes ne se réconcilièrent qu'à l'été 1982, lorsque Claude Ryan resserra les rangs autour de lui dans une vaine tentative de préserver sa position. Il était trop tard et Lamoureux le lui dit.

Pierre Bibeau, âgé seulement de 29 ans à l'automne 1978 lorsqu'il succéda à Ronald Poupart au poste de directeur général, combla rapidement le vide causé par le départ de Jacques Lamoureux. Avec sa barbe hirsute et son allure négligée, il avait l'air d'un péquiste plus que d'un libéral comme lui disait Claude Ryan pour le taquiner. Il avait gagné la confiance de ce dernier par la façon dont il avait réglé ses tournées hors de Montréal.

« Bibeau était chargé d'une quarantaine de comtés, dit Claude Ryan. J'en ai visité plus d'une trentaine à l'automne et j'ai été frappé par son travail. Il me disait : 'À neuf heures, vous rencontrez le maire et le conseil. À neuf heures quarante-cinq, vous assistez à la messe à l'église. À dix heures et demie, c'est le déjeuner. À midi et demi, rencontre avec la presse locale. À quatorze heures trente, assemblée publique.' Et tout se déroulait comme prévu. On ne déviait jamais de l'horaire qu'il avait établi. Il était très fort.

« J'avais l'habitude de travailler avec des bénévoles et je savais qu'ils ne se conformaient pas toujours aux horaires. Les gens ne se pointent pas un dimanche matin, on vous laisse tomber pour une raison ou pour une autre. Les gens de Bibeau étaient là. Il les avait bien en main sans être autoritaire. Il les laissait travailler et se tenait discrètement au fond de la salle. »

Claude Ryan rentra de sa tournée de l'automne 1978 « avec une très bonne connaissance des problèmes, des ressources et des perspectives » du parti.

Bien qu'il ne fût pas du type à se laisser impressionner facilement par le travail des autres, il rentra avec la conviction que Pierre Bibeau était « très fiable ». Celui-ci ne s'était pas fait de tort non plus en embrassant le préjugé du chef en faveur d'un personnel professionnel. Enfin, il cadrait avec le projet de Claude Ryan de se débarrasser de Ronald Poupart, qui était un reliquat de l'ancien régime.

La première fois que Claude Ryan mit le pied à la permanence du parti, rue Gilford, deux jours après le congrès, Ronald Poupart lui présenta la démission de tout le personnel. Comme il ne savait même pas où se trouvait la toilette, Claude Ryan garda tout le monde pour un temps indéfini. Dès l'automne cependant, il avait pris la décision de remercier Poupart.

« Je ne m'entendais pas avec Poupart, parce que nous n'étions pas du même genre, dit-il. Il était gentil et dévoué, mais je n'aimais pas son attitude. En octobre, je lui ai dit franchement que nous ne pouvions pas travailler ensemble.»

Ronald Poupart ne mit pas de temps à retomber sur ses pieds. Il devint directeur des opérations du Comité Pro-Canada, organisme bien nanti chapeautant les partis fédéralistes et les groupes unitaires. Le président du comité, Michel Robert, l'embaucha en partie grâce à la recommandation de Ryan.

«Ryan m'avait laissé entendre qu'il voulait engager Poupart, dit Robert. En réalité, il voulait s'en débarrasser. Poupart pensait que Ryan avait confiance en lui. Il était content de venir chez nous et nous étions contents de l'accueillir. Nous avons découvert plus tard que Ryan voulait s'en débarrasser.»

De toute manière, Claude Ryan n'avait pas fini d'entendre parler de Poupart, de Robert et du Comité Pro-Canada.

Le Comité Pro-Canada était l'ancien comité préréférendaire, fondé lors du symposium convoqué par le Conseil de l'unité canadienne au Château Frontenac de Québec le premier week-end de décembre 1977. Le comité regroupait sept partis politiques fédéraux et provinciaux et autant de mouvements unitaires. Il remplissait une fonction de coordination, de financement et d'organisation avant la campagne référendaire qui devait avoir lieu deux ans plus tard. Le Parti québécois comptait sur le désarroi des forces fédéralistes. Celles-ci entendaient démontrer qu'elles pouvaient faire l'unité. Mais à l'origine, comme le dit le député fédéral Marcel Prud'homme, le comité ressemblait à «une salade de fruits». Claude Ryan, invité à adresser la parole à la réunion de fondation alors qu'il était toujours directeur du *Devoir*, entre ses deux périodes de réflexion, avait qualifié la réunion «d'événement historique».

Un an plus tard, il se mit en frais de détruire le comité. Dans l'intervalle, il avait changé de fonction et d'optique.

Ryan, l'éditorialiste, avait toutes les raisons de louer les efforts de coordination des forces fédéralistes. On n'en attendait pas moins. Mais pour le chef des libéraux du Québec, qui devait être le chef incontesté des forces fédéralistes, il ne pouvait être question de partager son autorité avec d'autres. On n'en attendait pas moins non plus.

Il dit alors au vice-président du comité, Marcel Masse: «Si je suis responsable de la présence fédérale, je dois contrôler la machine et je la contrôlerai. D'ailleurs, c'est la loi.»

Selon la loi 92, gouvernant le référendum, l'Assemblée nationale devait se partager en comités provisoires qui formeraient ensuite des comités «nationaux». À titre de chef de l'opposition,

Claude Ryan serait chef du comité provisoire du Non.

Marcel Masse, ex-député de l'Union nationale qui fut le plus jeune ministre dans l'histoire du Québec, savait que Claude Ryan ne se souciait pas seulement des implications légales. « Il craignait, dit-il, que le Comité Pro-Canada devienne un mouvement politique qui veuille se substituer aux libéraux. Dans ce sens, il était de son intérêt de le faire disparaître. »

C'est exactement ce que fit Claude Ryan, au prix d'une bataille qui ne fut pas toujours élégante. Avec le recul, on put voir ce qu'il avait en tête à la manière dont il disposa du comité référendaire du Parti libéral que présidait Jean Lesage, depuis 1977, à la demande de Gérard D. Lévesque.

Le lendemain de l'élection de Claude Ryan à la direction, Jean Lesage lui fit une visite de courtoisie à Québec.

« Je suis à votre disposition, lui dit Jean Lesage.

— M. Lesage, répliqua Claude Ryan, il y a une contradiction ici. Nous ne pouvons pas avoir deux structures, l'une pour le référendum et l'autre pour le parti. Il ne doit y en avoir qu'une seule, relevant de la même autorité. Je veux vous prévenir qu'il y a là un problème.

— Vous êtes le chef. Ce que vous déciderez me conviendra », aurait répondu l'ancien premier ministre.

Disposer du comité référendaire du parti que présidait un homme qui ne nourrissait plus d'ambitions personnelles était une chose. Disposer du Comité Pro-Canada, avec son assortiment de personnalités politiques dans la force de l'âge, en était une autre. « C'était extrêmement délicat, reconnut plus tard Claude Ryan. Je mis des mois avant d'arriver au résultat qui me convenait. »

Tout comme pour le parti, il entendait amener la coalition fédéraliste sous sa coupe. « Je n'avais aucun doute qu'il le fallait, dit-il. Je n'en ai jamais douté. »

Comme le souligne Marcel Masse, « une machine comme celle-là était menaçante pour lui » parce qu'elle pouvait assumer un rôle qu'il considérait comme le sien et celui du parti.

En outre, le nouveau chef avait un autre souci : les fonds — des millions de dollars — que sollicitait des compagnies la Fondation Pro-Canada contrairement à l'esprit, sinon à la lettre, de la loi 2 du gouvernement Lévesque sur le financement des partis politiques, qui excluait les dons des compagnies.

Puisque la Fondation Pro-Canada ne finançait pas un parti politique, elle n'était pas gouvernée par la loi et s'estimait libre de solliciter des dons de 75 000 $ des banques à charte et de 50 000 $

des sociétés de la Couronne, comme Air Canada et les Chemins de fer nationaux. Les dons venaient aussi de compagnies de l'extérieur du Québec. Il y avait là réunis tous les éléments d'une catastrophe sur le plan des relations publiques. Claude Ryan se rappelle avoir dit à Claude Castonguay, premier président du Comité préréférendaire : «Il faut arrêter ce genre de choses.»

En août 1978, Claude Castonguay se retira du comité et suggéra à Michel Robert de prendre la relève. Ce dernier semblait être le candidat idéal. Il était articulé et il avait fait la preuve de ses talents d'organisateur, lors du congrès d'orientation de novembre 1977. Il avait aussi joué un rôle de premier plan dans le mouvement qui avait recruté Claude Ryan, l'hiver précédent, et il avait des antennes chez les libéraux fédéraux.

Michel Robert profita de ses vacances dans les Laurentides pour se rendre à Saint-Donat où le chef libéral avait loué un chalet pour le mois d'août.

«Nous avons passé l'après-midi ensemble, rappelle-t-il. D'après ce que j'ai compris, il voulait que le Parti libéral reprenne le contrôle du mouvement. Il voulait aussi que le comité prenne en charge la période préréférendaire.»

C'est du moins l'impression que Michel Robert tira de son entretien. Le 25 août, il fut élu à l'unanimité président du Comité préréférendaire.

«Quand j'y ai mis les pieds, dit Michel Robert, c'était un vrai bordel. Non, j'exagère. Un bordel est organisé.» Il était déterminé — avec l'accord de Claude Ryan, pensait-il — à remettre de l'ordre et à dresser un plan d'opérations.

Il commença par changer le nom du comité qu'il trouvait trop ambigu. Il ne pouvait l'appeler Comité Québec-Canada, car on aurait pu confondre avec l'un des adhérents, le Mouvement Québec-Canada, qui avait déclenché une controverse au début de l'année en acceptant un don de 265 000 $ du fédéral. Il décida d'afficher clairement l'objectif de l'organisme et de l'appeler «Comité Pro-Canada».

«J'ai pris cette décision sans en parler à Ryan», dit-il.

Ce fut sa première erreur.

«Il me l'a souvent reprochée», confia-t-il plus tard. Michel Robert était venu au comité comme l'émissaire de Claude Ryan. Il devint très vite l'homme du comité et son propre chef.

«Au bout de quelque temps, dit Claude Ryan, il apparut clairement qu'il ne travaillait pas de concert avec moi.» Il y avait autre chose que Claude Ryan n'aimait pas chez lui. Il entretenait d'excellents rapports avec les cousins d'Ottawa.

Parce qu'il pratiquait le droit du travail, qui est du ressort provincial, qu'il avait été bâtonnier provincial à l'âge de 36 ans, qu'il enseignait à l'Université de Montréal, réputée provincialiste, et qu'il avait présidé la commission politique du Parti libéral du Québec, Michel Robert semblait être de l'école fédéraliste des « Québec d'abord ». Mais il était aussi étroitement lié aux fédéraux. Il était procureur du gouvernement fédéral auprès des commissions d'enquête McDonald et Keable sur les activités de la Gendarmerie royale. Claude Ryan ne savait pas que Michel Robert était aussi intime avec les cousins d'Ottawa.

« J'allais me rendre compte qu'il était très près des fédéraux », dit-il.

Le plan Poupart mit fin à l'apparente cohésion des forces fédéralistes. Quelques semaines après être passé du Parti libéral du Québec au Comité Pro-Canada, Ronald Poupart avait dressé un plan d'action qu'il présenta au comité le 17 novembre. Le plan ne fut pas mis aux voix et fut reçu sans commentaire par les représentants de Ryan qui n'avaient pas d'instructions de leur chef. Ceux-ci, l'ancien trésorier Claude Desrosiers et l'ancien président de l'Assemblée nationale Jean-Noël Lavoie, en étaient d'ailleurs sans le savoir à leur dernière réunion. À la réunion subséquente à la mi-décembre, Claude Ryan les remplaça par ses délégués personnels, Pierre Bibeau et Jacques Lamoureux. Le Comité Pro-Canada sut alors ce que pensait Claude Ryan du plan Poupart : pas grand-chose.

D'ailleurs, il suffisait de lire le rapport Poupart en diagonale pour comprendre qu'il ne pouvait plaire à Claude Ryan. « Le regroupement des forces fédéralistes sous le parapluie du Comité Pro-Canada est un fait acquis, commençait le rapport. Pro-Canada est le seul instrument, le seul moyen et le seul cadre qui s'offre aux partisans de la cause fédéraliste. »

Claude Ryan devait déjà se racler la gorge. Il digéra encore moins la structure que proposait Ronald Poupart : un bureau central de 14 permanents dirigerait des groupes de volontaires dans les 110 comtés. Les 14 organismes du Comité Pro-Canada auraient 2 représentants au bureau de chaque comté. De ces bureaux de 28 membres jusqu'à la direction générale, Ronald Poupart établissait « une structure verticale ». C'était vertical en effet, comme la Tour de Babel. Les bureaux locaux — déjà impraticables — seraient présidés par un député fédéral ou provincial. Il y avait alors moins de vingt-quatre députés provinciaux et plus de soixante fédéraux. Claude Ryan n'était pas mathématicien, mais il savait compter. Il ne pouvait tolérer une telle présence fédérale.

Enfin, il s'opposait au budget : 1 325 000 $ pour 1979, l'année prévue pour le référendum. On affectait 625 000 $ au bureau central, 200 000 $ aux frais de voyage et 200 000 $ au matériel de propagande. Toutes choses sur lesquelles le chef du Parti libéral du Québec, plutôt parcimonieux, n'aimait pas dépenser.

« Le Comité devrait être plus prudent, dit-il dans une note au bureau du parti, le 7 décembre. Il ne devrait prendre que des initiatives qui correspondent vraiment aux besoins exprimés par les organismes membres plutôt que de créer un vaste appareil qui entraînera des coûts excessifs. »

« De toute façon, ajoutait-il, le Comité préréférendaire ne devrait prendre aucune décision sans l'assentiment unanime des 28 membres du bureau, y compris les 2 délégués du Parti libéral. » Le parti allait, quant à lui, « constituer sa propre organisation jusqu'au niveau du bureau de scrutin ».

En ce jour anniversaire de Pearl Harbor, on assistait au torpillage du plan Poupart.

Michel Robert tenta d'arranger les choses au cours de longs entretiens avec Claude Ryan, les 14 et 15 décembre. Dans une note au président de la Fondation, Pierre Côté, il dit qu'il tenta d'expliquer à Ryan que la règle de l'unanimité paralyserait totalement le comité et que, de toute manière, « d'autres membres importants du comité tel le Parti libéral du Canada » n'étaient pas disposés à donner aux libéraux du Québec « l'équivalent d'un veto ».

Le soir du 15 décembre, le Comité Pro-Canada se réunit pour considérer officiellement le plan Poupart. Le projet fut approuvé à 20 contre 2, Pierre Bibeau et Jacques Lamoureux étant les seuls dissidents. Cette fois, les délégués du Parti libéral du Québec avaient des instructions de leur chef. Celui-ci avait ordonné à Pierre Bibeau de « n'accepter aucun compromis ». Même approuvé, le plan était condamné. « Le plan obtint 26 voix sur 28, mais Ryan l'emporta 27 à 26 », dit Michel Robert.

Il reconnut plus tard que Claude Ryan avait probablement raison « parce que nous aurions donné une base à l'Union nationale et aux tiers partis ». Claude Ryan voulait que les 60 p. 100 de suffrages fédéralistes restent indivisibles.

En 1978, Michel Robert n'envisageait pas la situation aussi froidement. Il fut cependant le premier à comprendre ce qui lui arrivait. Claude Ryan était en train de l'écarter.

Une vieille amitié, remontant aux jours de l'Action catholique, liait Claude Ryan à Marc Lalonde, le chef incontesté des libéraux fédéraux. Ryan parvint à persuader Lalonde, et Trudeau avec lui, que le plan Poupart était impraticable. On convint aussi à Ottawa que Claude Ryan devait diriger les forces fédéralistes dans la bataille du référendum. L'opposition conjuguée des libéraux fédéraux et de Ryan au plan Poupart mit le Comité Pro-Canada dans une situation intenable. Claude Ryan lui administra alors le coup de grâce. Il s'arrangea pour tarir ses fonds.

Paradoxalement, l'homme qui mit fin à la campagne de souscription fut celui-là même qui avait recueilli les millions de dollars qu'on trouvait si gênants.

« J'étais le grand percepteur », rappelle Reford MacDougall, courtier de Montréal et rejeton des grandes familles de Westmount. Après avoir fait pression sur tous les grands p.d.g. de Montréal pour qu'ils contribuent à la caisse de la coalition fédéraliste, il assuma prestement le rôle inverse et se mit d'accord avec Claude Ryan et Pierre Côté pour couper les fonds.

« C'était l'un de ces cas typiques où Ryan avait raison et tous les autres avaient tort, dit-il, même si ça faisait mal. »

La combinaison du retrait d'Ottawa et de la suppression des fonds mit fin à l'aventure de Pro-Canada, le 25 février. « J'ai convoqué une réunion et fermé boutique », dit Michel Robert.

Il écarta l'idée de résister. « Si j'avais voulu être chef du parti, avoua-t-il à son personnel, j'aurais posé ma candidature. Ryan est chef. »

Le Comité Pro-Canada ferma son bureau au 550 de la rue Sherbrooke ouest, régla ses dettes et disparut. Des 2,7 millions de dollars recueillis par MacDougall, il restait 2,2 millions qui serviraient à défrayer la campagne de publicité et les panneaux-réclame « Le Canada, j'y suis, j'y reste », en 1979. Quelques panneaux furent démolis avant la campagne référendaire.

Le comité n'avait strictement rien à montrer pour les 500 000 $ qu'il avait dépensés. Claude Ryan avait démontré, lui, durant cet épisode, qui était le chef.

Il se souciait peu — il l'avoua plus tard — de sa relation avec la députation libérale à l'Assemblée nationale. Cela explique peut-être que les choses n'aient jamais bien fonctionné entre lui et l'aile parlementaire.

Il y avait d'abord la question de sa réconciliation avec Raymond Garneau. Claude Ryan croyait avoir fait le nécessaire dans son discours d'acceptation au congrès. Beaucoup ne le voyaient pas du même oeil. Aussi longtemps que Claude Ryan ne siégerait pas à l'Assemblée, et il ne semblait pas pressé de se faire élire, il va de soi qu'il n'entendait pas que Raymond Garneau prenne la vedette durant les délibérations qui seraient télévisées à l'automne 1978. Si ce dernier voulait rester en politique, par conséquent, le nouveau chef était résolu à lui imposer ses conditions.

« J'ai vu très vite qu'il serait distant à l'égard de Garneau, rappelle Guy Saint-Pierre. Dès qu'il commença à me parler du rôle des députés, je compris qu'il n'avait nullement l'intention de faire du numéro deux de la campagne le numéro deux du parti. » Claude Ryan ne cessait de rappeler le sort de Robert Winters, qui s'était classé deuxième derrière Pierre Trudeau au congrès libéral fédéral de 1968 et dont on n'avait plus entendu parler par la suite. En fait, selon Guy Saint-Pierre, Claude Ryan disait que Raymond Garneau devait retourner dans le rang.

Quand Claude Ryan rencontra les députés pour la première fois lors d'un dîner au Club de Réforme de Québec en mai, Raymond Garneau n'y était pas et les journalistes en firent tout un plat. Victor Goldbloom, qui avait été l'un des premiers partisans de Raymond Garneau, mit tout le monde à la gêne en faisant un vibrant plaidoyer pour l'unité du parti. Plutôt que d'y répondre, Claude Ryan passa au prochain orateur, ratant, comme il lui arrivait hélas souvent, l'occasion de faire un beau geste.

Il s'écoula des semaines avant que les deux hommes ne se rencontrent. Finalement, à la demande de Claude Ryan, ils se virent une quinzaine de minutes. Raymond Garneau eut toujours l'impression que Claude Ryan ne l'avait convoqué que pour dire aux journalistes qu'il avait parlé à son rival et que la question était réglée. Raymond Garneau en profita néanmoins pour lui donner quelques conseils.

« M. Ryan, lui dit-il, vous serez premier ministre, que vous le vouliez ou non, parce que c'est écrit dans le ciel. Les libéraux ont été réélus le matin du 16 novembre, le lendemain de la victoire du P.Q. »

Il pria alors Claude Ryan de ne pas trop insister pour faire connaître sa position constitutionnelle avant le référendum, de crainte qu'elle ne fasse pas l'unanimité des fédéralistes et qu'elle devienne une cible trop facile pour le Parti québécois. Il lui conseilla enfin de penser à se faire élire bientôt, mais pas dans Notre-Dame-de-Grâce, circonscription à majorité anglophone devenue vacante avec la démission de Bryce Mackasey quelques jours après le congrès. Le bruit courait que Robert Burns allait bientôt abandonner son poste de représentant du château fort péquiste de Maisonneuve dans l'est de Montréal. Raymond Garneau lui dit qu'il ne devait pas non plus songer à Maisonneuve, que le risque était trop grand. « C'est un risque que vous n'avez pas le droit de prendre », lui confia-t-il. Là-dessus la rencontre se termina au bout d'une quinzaine de minutes.

Il n'y avait rien à faire pour rétablir la confiance et corriger le malaise entre les deux hommes. Lorsque la mère de Raymond Garneau mourut, quelques mois plus tard, Claude Ryan omit d'aller au salon et même d'envoyer des fleurs. Il délégua son chef de cabinet, Pierre Pettigrew, avec une offrande de messe. Les irréductibles de Garneau firent un plat de l'incident.

« Il me pria d'y aller, rappelle Pettigrew, en me disant que cette famille-là avait beaucoup souffert, qu'elle avait souffert de son élection, et qu'il ne voulait pas raviver ses blessures par sa présence. Les gens lui en veulent qu'il n'ait pas envoyé de fleurs, mais il a offert des messes parce qu'il est catholique pratiquant et que Garneau l'est aussi. Il jugeait que c'était plus indiqué. »

Tandis que la députation lui faisait une réputation de mesquinerie, Claude Ryan était ailleurs. « Je rencontrais les députés une fois par semaine ou par deux semaines, dit-il en 1980. J'avais demandé à Gérard Lévesque de s'occuper d'eux. Je ne m'y intéressais pas beaucoup pour vous dire franchement. J'estimais que j'avais autre chose à faire. »

Une telle négligence allait le conduire en novembre à un premier affrontement sérieux sur deux points : sa présence à l'Assemblée et la nomination d'un organisateur en chef. Raymond Mailloux, l'un des plus vieux députés, aborda brutalement la question de l'organisateur en chef. « Nous n'avons pas d'homme comme Paul Desrochers et nous en avons besoin, dit-il. Sinon, vous allez couler le bateau. »

Claude Ryan écouta pendant deux heures les récriminations des députés et promit d'y répondre la semaine suivante. À sa prochaine rencontre avec les députés, il ne mâcha pas ses mots. « La réponse à votre première question est un non catégorique, dit-il. Il n'y aura pas d'organisateur en chef. Nous allons restructurer le parti de manière que toute l'autorité ne repose pas sur un seul homme. Ces jours-là sont révolus. Je ne souffrirai aucune discussion là-dessus. »

De plus en plus de pressions s'exerçaient pour qu'il se fasse élire à l'Assemblée, parce que les débats étaient désormais télévisés. Beaucoup de libéraux pensaient qu'il était urgent qu'il siège.

« Dans leur esprit peut-être, pas dans le mien », rétorqua Claude Ryan.

Il avait reçu bien des avis contraires, de la part de Jean Lesage notamment qui lui conseilla « d'éviter ce trou » jusqu'à la prochaine élection, comme il l'avait fait lui-même après avoir été élu chef en 1958, de manière à pouvoir se concentrer sur l'organisation électorale.

Mais c'était avant la télévision des débats de l'Assemblée et du débat référendaire. Le sentiment général favorisait sa présence à l'Assemblée mais, comme Claude Ryan lui-même le fit observer à la députation, personne ne lui offrait son siège.

« Vous en parlez tous, dit-il aux députés, mais je n'ai encore entendu personne dire qu'il serait disposé à abandonner son siège en ma faveur. Il n'y a pas de vacance, pas de siège disponible. Donc, qu'on n'en parle plus. Je ne souffrirai pas qu'on en parle à moins qu'on ait de quoi discuter. »

« Après cela, dit Claude Ryan, les députés comprirent à quel genre d'homme ils auraient affaire. »

Peut-être plus qu'il ne le pensait.

8
Voir, juger, agir

«**C**'est un corps étranger chez les libéraux, écrivit le journaliste Jean-V. Dufresne, qui connaissait fort bien l'homme et le parti. Ils ont le réflexe fantastique de ne pas rejeter le transplant avant de prendre le pouvoir. »

En 1981, lorsque Claude Ryan perdit l'élection qu'il était censé gagner, le patient rejeta le transplant. Mais durant trois ans, depuis son élection à la direction jusqu'à sa défaite à l'élection générale, Claude Ryan maintint un pouvoir absolu sur le parti. « Cet homme sera un autre Duplessis, affirma l'un de ses partisans de la première heure. Il a besoin de nous pour remporter le congrès. Après, il disposera de nous. »

Les gens qui suivirent sa campagne de près ne laissèrent pas de s'étonner du nombre de collaborateurs qui furent vite mis de côté. Le directeur de la campagne, Jacques Lamoureux, disparut en moins de six mois. Un jeune avocat de Montréal, Jean Masson, qui s'était chargé des tournées de Claude Ryan, constata qu'il ne se rappelait même pas de son nom. Il cessa dès lors de travailler pour lui. Comme bien des militants désabusés, ils gardaient la conviction que Claude Ryan était l'homme de l'heure, mais ils ne voulurent plus rien à voir avec lui.

La plupart de ses conseillers du début se brouillèrent avec lui. La délégation fédérale au sommet constitutionnel de 1980 en témoignait brutalement. On ne pouvait s'empêcher de remarquer la présence, derrière le premier ministre Pierre Trudeau, de Michel Robert et de Raynald Langlois.

Michel Robert, l'artisan de la présence stratégique de Claude Ryan au congrès d'orientation de 1977, ne se réconcilia jamais avec lui après la débâcle du Comité Pro-Canada, au début de 1979. Raynald Langlois, quant à lui, avocat de la Grande-Allée qui appartient à l'une des plus vieilles familles politiques de la ville de Québec, resta à son service jusqu'en 1980, à titre de président de la commission constitutionnelle du parti qui publia le Livre beige. Huit mois après la publication du document, son principal auteur avait pour ainsi dire changé de camp, puisque la position du premier ministre canadien différait de celle du Livre beige (lorsqu'il voulait prendre des distances à l'égard du document, Claude Ryan le désignait sous le nom de «rapport Langlois»; lorsqu'il en parlait en termes approbateurs, il l'appelait «le Livre beige» à cause de la couleur de la couverture).

Avec la députation, Claude Ryan fit d'abord l'erreur de ne pas porter attention au discours de réconciliation de Victor Goldbloom. Il réussit même à aliéner quelques-uns de ses partisans comme André Raynauld. La rupture avec Raynauld survint au conseil général de Sherbrooke, à l'automne 1979, lorsque Ryan fit connaître ses critères pour le choix des candidats. Les critères incluaient entre autres l'intégrité financière, un diplôme collégial et une vie domestique exemplaire. Les journaux s'en donnèrent à coeur joie. Mais les intellectuels, comme André Raynauld, qui avaient leurs idées sur l'organisation de la démocratie libérale, en furent révoltés.

«J'étais si furieux que j'en suis devenu muet, dit André Raynauld. Je n'arrivais plus à parler de façon rationnelle. Le pire, c'est qu'il avait rencontré les députés la veille et qu'il n'en avait pas soufflé mot, pas un traître mot.» Ryan avait presque forcé Raynauld à se mettre à genoux, lorsqu'il avait posé ses conditions pour se porter candidat à la direction en 1978. Ils ne parvinrent jamais par la suite à rétablir le genre de relation qui eût été souhaitable entre un chef de parti et son premier conseiller économique. D'après André Raynauld, Claude Ryan le traitait comme un enfant d'école. Au cours de la campagne référendaire, «il voulait tout régler», affirma-t-il.

«C'est un homme qui a le défaut de ses qualités, dit André Raynauld après qu'il eut quitté la politique en 1980. Il est mesquin avec les gens. Il a une relation d'affaires. Vous avez un rôle. J'ai le mien. Il n'est pas du genre à donner des tapes sur l'épaule. Il est très froid, très d'affaires. C'est un homme très complexe.»

L'histoire des relations entre ces deux hommes est typique des élites sociales et politiques qui émergèrent au Québec dans l'après-guerre. Sauf de rares exceptions, comme Pierre Trudeau et René Lévesque, elles firent leurs premières armes dans l'Action catholique, bras laïc de l'Église militante. Claude Ryan n'avait que 20 ans lorsqu'il fut nommé en 1945 premier secrétaire général de l'Action catholique, poste qu'il occupa pendant 17 ans. En cours de route, il rencontra presque tous ceux qui allaient faire partie des équipes de la Révolution tranquille de Jean Lesage et du *French Power* de Pierre Trudeau.

Selon l'un des membres éminents de cette génération de pionniers, le sociologue Guy Rocher, l'Action catholique ne fut rien de moins que « la tête de pont de la Révolution tranquille ».

De l'avis d'André Raynauld, la Révolution tranquille ne survint pas après 1960, mais entre 1945 et 1960. « Elle fut une révolution des esprits », ajoute-t-il.

Durant l'été 1951, André Raynauld travailla avec Claude Ryan dans la section de la jeunesse universitaire en compagnie d'un autre étudiant du nom de Marc Lalonde. La Jeunesse étudiante catholique (J.E.C.) était l'un des mouvements dont les activités étaient coordonnées par Claude Ryan. Il occupait un bureau au Palais de l'archevêché, rue de la Cathédrale et cela le rendait un peu suspect chez les militants. Ils le percevaient comme l'oeil des évêques et n'aimaient pas que le clergé se mêle de leurs affaires.

Les Jécistes, fondés par les pères de Sainte-Croix en 1932, furent l'un des premiers mouvements d'action catholique au Canada. Les Oblats fondèrent la Jeunesse ouvrière chrétienne (J.O.C.) pour faciliter le passage des jeunes Québécois de la campagne à la ville, durant la crise des années 30.

Les Jocistes se développèrent rapidement. Au milieu des années 30 déjà, la J.O.C. embrassait 19 fédérations et 6000 membres dans 172 paroisses de 4 provinces du Canada. Elle organisait des camps d'été et offrait le gîte, la pension et des vêtements aux jeunes indigents.

En 1939, les Jocistes fondèrent la Ligue ouvrière catholique (L.O.C.). L'année d'après, elle comptait 22 chapitres. En 1944, selon la recherchiste Sandra Wheaton-Dudley, 15 000 militants participèrent à un congrès national où la L.O.C. adopta la charte de la famille ouvrière.

Parmi les mouvements d'action catholique se trouvaient encore la Jeunesse rurale catholique (J.R.C.) et la Jeunesse indépendante catholique (J.I.C.) qui s'adressait particulièrement à la bourgeoisie. D'après Pierre Juneau, mandarin de Pierre Trudeau avant de devenir président de la Société Radio-Canada en 1982, le mouvement n'était pas inspiré par la hiérarchie mais par « les jeunes prêtres dans les ordres nouveaux ».

Selon Pierre Juneau, « les pères de Sainte-Croix travaillaient avec les étudiants, les Oblats avec les ouvriers et les Clercs de Saint-Viateur avec les cultivateurs. Les Jésuites eurent plus de mal à étendre leur influence, parce qu'ils insistaient davantage sur les valeurs nationalistes que sur les valeurs spirituelles et sociales. »

Les origines et le modèle du mouvement d'action catholique

découlent de l'encyclique papale de 1922, *Ubi Arcano*. Pie XI y invitait les laïcs à prendre une part active aux affaires de l'Église, en répandant autour d'eux les valeurs et les principes du christianisme. Au milieu des années 20, la Jeunesse ouvrière chrétienne comptait déjà 37 000 membres en Belgique. En 1931, le mouvement gagna l'Amérique du Nord avec la fondation du premier chapitre de la J.O.C. dans la paroisse Saint-Alphonse d'Youville de Montréal, par le père Henri Roy, des Oblats.

« L'Action catholique visait à écarter les concepts moralistes et ritualistes au profit des valeurs individuelles dans un cadre spirituel », rappelle Pierre Juneau.

Le mouvement fournit un champ d'instruction sociale et politique aux hommes et aux femmes de la génération de Juneau. Il forma des écrivains et des théoriciens comme Guy Rocher et Fernand Dumont, donna une base rationnelle à des sociologues comme Maurice Pinard et Soucy Gagné, et encouragea des gens comme les frères Albert et Raymond Breton à aller étudier à Columbia et à Chicago.

Dans le clergé se développèrent des hommes comme le père Maurice Lafond, des pères de Sainte-Croix, qui joua le même rôle auprès des étudiants de la métropole que le père Georges-Henri Lévesque à la faculté des Sciences sociales de l'université Laval.

Le mouvement forma des intellectuels et des hommes d'action comme Fernand Cadieux, fondateur du Groupe de recherches sociales d'où émergèrent Maurice Pinard, Soucy Gagné et Yvan Corbeil, les trois grands spécialistes des sondages d'opinion au Québec. « Cadieux était un prophète, rappelle Maurice Pinard. Extrêmement cultivé, éducateur dans le vrai sens du terme, il eut une influence énorme sur toute une génération. Ce n'était pas un technicien. C'était un créateur qui céda sa place aux autres. Dans les années 50, il passait ses samedis au Laurier Barbecue, à Outremont, en compagnie de Marc Lalonde et de Pierre Trudeau et les incitait à prendre le pouvoir à Ottawa, à partir de leur base à Montréal. »

« Il faut passer à l'action », leur disait Fernand Cadieux. C'est ce qu'ils firent en 1965. Jusqu'à la fin de sa vie en 1976, il demeura l'un des premiers conseillers de Pierre Trudeau. L'un de ses protégés, Albert Breton, professeur d'économie à l'université de Toronto, fit aussi partie de l'entourage de Pierre Trudeau. (Breton joua un rôle de second plan auprès de la Commission Kent sur la concentration de la presse et fut nommé membre de la Commission Macdonald sur l'économie en 1982.)

Des rangs de l'Action catholique sortirent de nombreux politiciens, dont le gouverneur général Jeanne Sauvé et son mari Maurice, ancien ministre fédéral. Gérard Pelletier, secrétaire d'État sous Trudeau, puis ambassadeur en France et aux Nations Unies, vint à Montréal comme étudiant en 1939 et occupa durant quatre ans le poste de secrétaire général de la J.E.C. À l'époque, le mouvement était encore embryonnaire au Québec. « Tout le monde se connaissait, rappelle Gérard Pelletier. Quand je suis arrivé à Montréal, Jean Drapeau était président de la Jeunesse étudiante et Daniel Johnson lui succéda l'année suivante. Si vous étiez dans le mouvement étudiant, vous les connaissiez et tous ceux qui étaient autour d'eux. Les universités formaient un petit monde à l'époque. »

Les groupes d'action catholique poussaient comme des champignons. « Les évêques du Québec voulaient coordonner tous ces groupes, rappelle Jeanne Sauvé. C'est à ce moment que Ryan est arrivé sur la scène. »

On donne deux interprétations distinctes du rôle de Claude Ryan dans le mouvement. Jeanne Sauvé le percevait comme une sorte d'intermédiaire entre les évêques et les militants. D'autres le voyaient déjà comme le champion de l'homme ordinaire, le défenseur de l'ouvrier et un réformateur authentique au sein de l'Église. Il est un point sur lequel tous sont d'accord : Claude Ryan savait organiser et rallier les gens autour d'une idée.

Les militants catholiques laïcs s'inspiraient de la devise de saint Thomas d'Aquin : Voir, juger, agir. Davantage qu'un mot d'ordre, elle était pour eux le fondement intellectuel et administratif de l'organisation du mouvement. Chaque année, note Sandra Dudley dans son document de recherche sur l'Action catholique, le bureau national proposait un thème aux activités du mouvement. Claude Ryan déléguait ensuite des représentants dans tous les diocèses pour discuter du thème. C'était la phase « voir », la période d'observation et d'analyse. Durant la phase « juger », on reprenait l'analyse sous la direction de Claude Ryan. Au bout de ce processus, les militants étaient exhortés à passer à l'action, à « agir ». Grâce à sa fonction, Claude Ryan élargit son champ d'action bien au-delà de l'est de Montréal.

Il voyageait beaucoup, dans tout le Canada. Parlant l'anglais, il était très sollicité. Avant l'Action catholique, il militait dans la Cooperative Commonwealth Federation (C.C.F.) et participa à ses assemblées nationales dans les années 40. Plus tard, il fut président de l'Institut canadien d'éducation des adultes. Au sein de l'Action catholique, il alla à l'école politique la plus dure : l'école ecclésiastique.

9
Non, merci !

Malgré tout ce qu'on a pu dire de Claude Ryan concernant son influence et son esprit de domination, il n'en reste pas moins que, six mois après son accession à la direction du parti, il n'avait toujours pas de siège à l'Assemblée nationale. Il dut même opposer son veto, en novembre 1978, à toute discussion sur la question en caucus. Tous s'accordaient pour souhaiter qu'il siège à l'Assemblée, mais personne n'était d'accord pour céder son siège.

Finalement, Zoël Saindon, qui représentait depuis longtemps le comté d'Argenteuil, alla tenir à Gérard-D. Lévesque les propos suivants : « Tout le monde veut aller au ciel, mais personne ne veut mourir. Je suis prêt à mourir. »

Lévesque rapporta ces propos à Ryan qui estima que le comté d'Argenteuil, composé de quarante-cinq municipalités, au nord-ouest de Montréal pouvait être « un enjeu intéressant ». Lévesque organisa donc une rencontre entre Saindon et Ryan. Il s'ensuivit une discussion que le chef qualifia « d'assez pénible ». Saindon décida qu'il n'avait pas encore fait son ultime sacrifice politique. « Si vous voulez garder votre siège, gardez-le. Je ne l'exige pas, et je ne l'ai jamais demandé », répondit Claude Ryan, en colère.

Cette histoire du siège de Ryan prit parfois des allures d'opéra comique. Robert McKenzie, ancien correspondant à Québec, a rapporté dans le *Toronto Star*, que « le même jour, deux anciens membres du cabinet, Fernand Lalonde et Victor Goldbloom, ont nié, dans des communiqués, qu'ils abandonnaient leur siège ».

Pour ajouter à l'embarras de M. Ryan, il savait que son adversaire battu, Raymond Garneau, voulait à tout prix démissionner pour entreprendre sa nouvelle carrière dans les affaires. Mais Garneau était assez conscient politiquement pour attendre que Ryan ait trouvé un autre siège, afin de lui éviter l'embarras d'avoir à se présenter dans sa forteresse de Jean-Talon, à Québec, où la vendetta aurait certainement éclaté. Mais Raymond Garneau ne pouvait pas attendre indéfiniment.

Finalement, le drame s'est dénoué au cours de la dernière semaine de la session de 1978. Zoël Saindon a démissionné, et

Raymond Garneau, après avoir reçu les hommages de l'Assemblée, a pu vaquer à ses affaires de banquier. Et Argenteuil s'est révélé un bon comté pour Claude Ryan.

Dans la plus pure coutume des politiciens traditionnels, Ryan put même proclamer qu'Argenteuil était son comté, attendu que sa mère, Blandine Dorion Ryan, y était née au début du siècle. Abandonnée par son mari en 1928, quand Claude Ryan avait seulement trois ans, elle dut élever seule ses enfants, en pleine dépression. Cette expérience a dû compter, pour elle et ses trois fils qui furent élevés dans les rues de l'est de Montréal. Pour eux, c'était une bénédiction de pouvoir regarder clandestinement une partie de baseball, à travers la clôture du stade de Lorimier, après la cinquième manche, ou d'être amenés au Forum, dans la « section des millionnaires », à cette époque des années 30 où les billets pour les matches du Canadien se donnaient presque.

Cinquante ans plus tard, Blandine Ryan pouvait être fière des succès de ses trois fils : l'un était juge de la Cour supérieure du Québec, l'autre, maire d'une grande municipalité de la banlieue de Montréal et le troisième, journaliste éminent et politicien important.

Ce n'était pas mal pour des petits gars de la rue Chambly. L'aîné, Gerry, avait été blessé en service dans la marine, et Claude l'avait encouragé à profiter d'un programme d'études pour anciens combattants pour faire son droit à McGill. Le plus jeune, Yves, avait commencé sa carrière comme vendeur de produits alimentaires et, vers la trentaine, il était devenu maire de la prospère ville de Montréal-Nord qui avait amorti sa dette sous son administration, ce qui avait permis la construction d'un imposant hôtel de ville. Quant à Claude, il avait consacré sa vie aux mouvements d'action catholique, puis au journalisme, ce qui semblait avoir été une bonne préparation à sa nouvelle carrière.

En cette heureuse année 1979, Claude Ryan était encore le messie attendu par les forces fédéralistes, et le 30 avril, soit un an et deux semaines après son accession à la direction du parti, il fit son entrée à l'Assemblée nationale comme chef de l'opposition, car il avait battu le candidat du Parti québécois, le docteur Charles Roy, un dentiste de la région. La majorité de Ryan dépassait 9000 voix, car il en avait reçu 16 600 contre 7300 pour son adversaire. Toutes les municipalités du comté avaient voté pour lui, de Thurso sur la rivière Outaouais jusqu'à Lachute. « Voilà qui est fait, dit-il à son entourage, je savais que nous allions réussir. » Madeleine Ryan entra, elle lui essuya ses lunettes et ils furent entraînés dans un de ces ridicules défilés de voitures, pour célébrer la victoire de celui en qui on espérait voir le prochain premier ministre du Québec.

Cette opinion était celle de l'ensemble du pays. M. Ryan était arrivé sur la scène, en 1978, en donnant l'image d'une personnalité nationale, et depuis, la cote de M. Trudeau avait baissé en dehors du Québec. On croyait, et c'était également l'avis de Joe Clark, que dans la mesure où Claude Ryan était perçu par le Canada anglais comme capable de gagner le référendum, Pierre Trudeau n'était plus indispensable. Pour sa part, Claude Ryan n'était pas d'accord, car, selon lui, les résultats d'une élection nationale ne pouvaient pas dépendre seulement d'une élection complémentaire dans une province. Mais alors, pourquoi le premier ministre Trudeau était-il venu déjeuner au 425, boulevard Saint-Joseph, trois jours après la victoire d'Argenteuil? Simplement pour féliciter monsieur Ryan, dit-il. En fait, les libéraux fédéraux dont la campagne était en perte de vitesse avaient préparé cette rencontre pour donner l'image d'un front commun entre les deux chefs. Cette fois, Ryan se montra d'une extrême obligeance, enlaçant Trudeau qui parut mal à l'aise et saluant son départ d'un «bonne chance, Pierre». Ensuite, il se tourna vers les reporters pour leur dire que Joe Clark ne semblait pas comprendre l'importance de l'autodétermination dans les débats référendaires. En cet après-midi ensoleillé de mai, Claude Ryan avait fait tout ce que les fédéraux pouvaient espérer, et davantage.

Trois semaines plus tard, après la défaite de Trudeau, la carrière politique de Ryan atteignait son point culminant. Il n'était plus à l'ombre de Trudeau, mais en pleine lumière, et il devenait, dans tous les sens du terme, le chef indiscuté des forces fédéralistes.

Quant au gouvernement de René Lévesque, il avait ses problèmes. Il lui fallait négocier avec un quart de millions d'employés du secteur public, membres des syndicats d'enseignants, de travailleurs dans les hôpitaux et de fonctionnaires. Ils pouvaient être favorables à la cause du gouvernement, mais ils utilisaient quand même le référendum prochain comme levier de négociation. C'était une arme dirigée contre M. Lévesque. Malgré les protestations de ce dernier, qui leur demandait de placer le référendum au-dessus de mesquines considérations, il dut céder aux syndicats et acquiescer à la plupart de leurs demandes.

Au moment des nouvelles négociations, en 1982, les deux parties allaient sans doute regretter leur attitude. Au cours de la pire dépression depuis un demi-siècle, le gouvernement était forcé de décréter une diminution temporaire des salaires de vingt pour cent et une réduction des pouvoirs des syndicats.

En 1979, Lévesque éprouvait également des difficultés vis-à-vis de son parti qui s'était réuni en juin, surtout pour définir la souveraineté-association. C'est le gouvernement qui dut faire une mise au point, dans un livre blanc longtemps retardé. À l'Assemblée nationale, le comportement de Claude Ryan s'est révélé étonnamment efficace. Au cours des périodes de questions, il se fiait à son instinct et à la longue expérience de son collègue Gérard D. Lévesque, qui en avait vu bien d'autres pendant près d'un quart de siècle.

À l'automne de 1979, M. Ryan remplissait bien son rôle, soit celui de défendre l'option fédéraliste et de démolir la thèse du Parti québécois. Quand le gouvernement finit par présenter son livre blanc, en novembre, il en fit l'analyse en moins d'une heure, dans son bureau, pour déclarer finalement, qu'il s'agissait d'un «château de cartes».

À Ottawa, le premier ministre Joe Clark se tenait à l'écart du débat pour empêcher René Lévesque de l'attaquer, et il faisait de son mieux pour supprimer ce qu'il appelait «les irritants» entre Ottawa et Québec.

Mais quelques mois plus tard, le gouvernement Clark était en faillite : il avait mal calculé. La chute du gouvernement et la performance de Trudeau jetèrent la consternation dans le «bunker», ainsi qu'on appelait l'édifice de béton qui logeait les bureaux du premier ministre à Québec. Pour son référendum, René Lévesque n'avait pas tenu compte du facteur Trudeau. Il avait laissé traîner les choses en longueur — le livre blanc, la question, le vote — dans l'espoir que les électeurs canadiens le débarrasseraient de Trudeau, ce qu'ils firent le 22 mai et les tergiversations de Lévesque semblaient avoir donné les résultats escomptés. À la parution du livre blanc, en novembre, c'est le chef de l'opposition Trudeau qui sortit furieux de deux interviews en langue française, à cause de difficultés techniques. «Merde», dit-il, après un deuxième essai. Ceux qui le connaissaient bien le soupçonnaient d'être surtout contrarié pour avoir manqué sa chance. Six semaines plus tard, par une espèce de chance miraculeuse, il s'engageait dans une campagne électorale avec une marge favorable de vingt points, selon un sondage Gallup. De nouveau, les événements opposaient Ottawa et Québec, Trudeau et Lévesque. Finalement, Lévesque publia la question référendaire dont il avait apparemment rédigé la dernière version la veille au soir.

« Non, merci », dit Ryan à l'Assemblée nationale, l'après-midi du 20 décembre.

Ce fut l'une de ses plus mémorables interventions. Avec sa logique particulière, il décortiqua la question. « Notre conclusion, dit M. Ryan, c'est que la question est bien loin d'exprimer les espérances entretenues par le gouvernement lui-même, selon ses déclarations des mois précédents. La question trahit le sens véritable de l'option gouvernementale. Elle est centrée sur les moyens proposés par le gouvernement, c'est-à-dire sur la négociation d'une nouvelle entente avec le reste du Canada. Elle ne porte pas clairement sur les objectifs du gouvernement, soit sur la souveraineté-association, ce qui veut dire l'indépendance politique ou la séparation, d'une part, et l'association économique si possible, d'autre part. »

Ryan avait des contre-propositions à faire et il les présenta dans son Livre beige comme les options constitutionnelles de son parti. Il avait très peu participé au travail de son comité constitutionnel, sauf quand le comité était en panne. Finalement, durant les vacances de Noël, il rédigea lui-même les premier et dernier chapitres du document.

De tous les documents constitutionnels publiés durant la période du référendum, le Livre beige est le plus complet et le plus cohérent. Il fut présenté par Ryan et par le président du comité, Raynald Langlois, au cours d'une tumultueuse conférence de presse à l'hôtel Reine-Élisabeth, le 10 janvier 1980, deux ans après que Claude Ryan eut annoncé sa candidature à la direction du parti. Environ 200 reporters se bousculaient dans un salon, soit la plus grande représentation de médias depuis la mémorable conférence de presse de René Lévesque, au lendemain de sa victoire en 1976. Tous présumaient que Ryan devait avoir approuvé le document, mais personne ne savait qu'il avait fait un énorme travail de révision et écrit lui-même l'importante déclaration de principes du début. « Ils ont dû produire sept, huit ou dix versions, avouait M. Ryan plus tard, mais aucune n'était acceptable. Elles étaient trop théoriques, pas assez engagées. J'ai demandé au comité de ne pas tenter d'écrire une introduction, mais de rédiger l'essentiel des chapitres sur le partage des pouvoirs, sur les institutions. Dès qu'ils ont adopté cette méthode de travail, tout se déroula très bien. Je leur ai dit : 'Réservons les autres parties pour la fin, quand nous saurons quel genre de projet nous avons en tête.'

« Après cela, continua-t-il, ils tentèrent de nouveau de rédiger quelque chose. Un jour, ils vinrent me trouver pour me dire qu'ils avaient besoin de mon aide. À partir des premières pages, je me mis à écrire et j'ai dû rédiger quelques versions. Nous devions également récrire certains chapitres. Ainsi, avec trois ou quatre collègues, nous avons travaillé jour et nuit durant la période des Fêtes. »

Le Livre beige était un document considérable, un travail littéraire tout autant qu'un projet d'amendement constitutionnel. Par comparaison avec le Livre blanc du Parti québécois, le « Livre beige » était, selon Ryan, « un livre magnifiquement conçu, un très beau document, un modèle d'équité et d'équilibre ».

Le parti proclamait sans équivoque son allégeance au Canada, mais proposait certains partages des pouvoirs fédéraux-provinciaux d'une façon traditionnelle et selon certains antécédents. Par exemple, la réforme du Sénat, pour en faire un conseil fédéral avec des représentants des provinces, était un concept qui avait été proposé par le Parti conservateur dans un document suggérant la création d'une Chambre des provinces, ainsi que par le groupe de travail sur l'Unité nationale, par certaines provinces également et même par le gouvernement Trudeau dans son document de 1978 : « Le temps d'agir ». Donc, Claude Ryan ne s'aventurait pas sur un terrain miné.

Mais il y avait un certain risque à publier le Livre beige avant le référendum plutôt qu'après. Il devait offrir quelque chose au peuple pour lui donner une raison de voter non, pour que le non devienne un oui en faveur d'un fédéralisme renouvelé. En fait, un fédéralisme renouvelé ne faisait pas partie du programme ou de la question. Au sujet de son option, le Parti québécois n'était pas sur la défensive : il était plutôt en mesure d'accuser Ryan de ne pas aller assez loin en proposant des pouvoirs additionnels pour les provinces. « C'est un cadeau que vous nous faites », déclara Claude Morin, l'instigateur du référendum, à Pierre Pettigrew, l'assistant de Ryan.

Même si Claude Ryan s'était bien gardé de réclamer un statut particulier, il risquait des remontrances de la part des premiers ministres de certaines provinces. On sait, par exemple, que Peter Lougheed était absolument contre la formule d'amendement de Victoria, que Ryan prônait comme le meilleur moyen d'assurer un droit de veto au Québec ainsi qu'à l'Ontario, ou même à deux provinces conjuguées des Maritimes ou de l'Ouest. Lougheed s'opposait catégoriquement à tout droit de veto pour n'importe quelle province, et surtout pour l'Ontario. Cependant, en homme politique avisé, il évita de participer au débat, même s'il favorisait ce qu'on a appelé plus tard la formule de Vancouver exigeant le consentement d'au moins sept provinces représentant la moitié de la population canadienne.

Pendant les deux mois suivants, Claude Ryan expliqua le Livre beige aux militants libéraux dans toutes les régions de la province, en prévision du congrès politique du parti qui aurait lieu du 29 février au 2 mars, à Montréal. Rétrospectivement, on a pu estimer que les libéraux avaient gaspillé leurs énergies à discuter de questions hypothétiques, alors que le Parti québécois se préparait au débat sur la vraie question, débat qui durerait trente-cinq heures à partir du 4 mars.

Les penseurs du Parti québécois avaient consacré les longues vacances d'hiver à la cueillette d'arguments et à la préparation de discours pour leurs députés. À l'ouverture de la session, ils étaient fin prêts. Le débat se transforma vite en déroute.

Plus tard, Claude Ryan disait : « Écoutez, j'admets que nous avons fait une erreur au cours de ce débat. Nous avions préparé, et bien préparé, notre position constitutionnelle. Cependant, pour des raisons justifiées je crois, nous avions décidé de ne pas faire porter le débat sur cette position, ni à l'Assemblée ni durant la campagne référendaire.

« Cependant, continua-t-il, nous n'étions pas réellement préparés au débat à l'Assemblée, car il n'a pas porté sur la question, mais sur des problèmes. Nous nous sommes trouvés à court d'arguments. Nous ne disposions pas de tous les documents pour défendre la thèse fédéraliste. »

M. Ryan semblait être le seul de son équipe à pouvoir relever le défi. Il était aussi la cible préférée des mesquines attaques péquistes. On a été jusqu'à le qualifier de Lord Durham des années 80, l'accusant ainsi de vouloir l'assimilation. « Je m'attendais à cela de leur part, et je me disais que nous pourrions dénoncer ce genre d'attitude au cours de la campagne. Cela nous a d'ailleurs servi, et quant à moi, personnellement, je m'en foutais, car j'y était habitué. Même quand j'étais au *Devoir*, on m'accusait d'être un traître. »

Après la deuxième semaine de débats, l'inquiétude s'empara du camp fédéraliste. La troisième semaine, après la publication du premier sondage défavorable au Non, ce fut presque la panique. Malgré tout, Claude Ryan ne semblait pas ébranlé. En fait, il réservait ses thèmes et ses arguments pour la campagne. « J'avais une très bonne documentation personnelle, dit-il, et je n'avais pas eu le temps d'en faire profiter les autres. D'ailleurs, il n'était pas question de gaspiller nos munitions à ce moment-là, et je répétais à nos gens qu'il fallait attendre que nous soyons dans le feu de l'action. »

Mais il admet que le Parti québécois avait remporté la première manche au cours des débats.

« Les péquistes ont réussi à créer l'impression qu'ils avaient dominé les débats, avouait-il plus tard, parce qu'ils ont utilisé toutes leurs munitions dès le début. En fin de compte, je crois que nous avons été plus sages qu'eux. »

Peut-être, mais ce n'était pas évident à ce moment-là.

10
Les Yvettes

L a secrétaire du Forum de Montréal résuma sa pensée en disant à la femme qui lui parlait au téléphone : « Je pense que vous êtes folle. » Mais Diane Fortier voulait à tout prix savoir combien coûtait la location du Forum. Elle ne voulait pas organiser un concert rock ni une grande manifestation religieuse, mais réunir les femmes en faveur du Non : les Yvettes.

Louise Robic, qui devint plus tard présidente des libéraux du Québec, disait à ce propos : « Ce ne fut pas organisé par une bande de folles. » Elles étaient certainement conscientes du risque qu'elles prenaient en voulant remplir le Forum. « On nous avait prévenues, raconte-t-elle, qu'en cas d'insuccès, ce serait la fin et le référendum serait perdu. Mais nous savions que nous pouvions réunir de dix à quinze mille personnes, et à 10 000, nous avait-on dit, le Forum semblerait plein. »

Alors, quatre femmes formèrent un comité *ad hoc* et prirent la décision la plus extraordinaire de la campagne référendaire. La réunion eut lieu au Forum, le 7 avril, le lundi de Pâques, jour qui suit la résurrection. Ce symbolisme se révéla prophétique pour la campagne du Non.

Il s'agissait d'un événement politique rare, car il était spontané. Ce qui l'avait déclenché, ce sont des commentaires de Lise Payette, ministre responsable du statut de la femme, dans le gouvernement Lévesque. Elle avait été la vedette d'une émission d'interviews à Radio-Canada, et elle était considérée comme la plus importante recrue de la campagne de 1976. Elle pouvait aider à rallier à la cause du Parti québécois les femmes mariées d'un certain âge. Comme ministre dans le cabinet Lévesque, elle se révéla d'un caractère difficile, mais pleine de talent. C'est elle qui réussit à faire adopter, à la satisfaction générale, le projet de loi d'assurance-automobile, d'abord très controversé. Malgré ses remarques souvent acerbes concernant les institutions parlementaires et ceux qui les dirigent, elle ne s'est jamais attiré les réprimandes de René Lévesque ou de ses conseillers. Il estimait en avoir besoin pour le référendum, surtout auprès des femmes.

On s'attendait à ce qu'elle joue un rôle clé, comparable seulement à celui de René Lévesque. À une réunion préréférendaire, c'est elle qui avait entonné la mélodie pour le Oui. À un certain moment, il devint clair que les forces du Oui perdaient du terrain, à cause notamment d'une remarque condescendante de Mme Payette concernant un type de femmes qu'elle appelait les Yvettes, d'après un personnage dans un livre de lecture. Elle exhortait les femmes à sortir de leurs cuisines, à ne pas se confiner à des tâches domestiques, sous peine de demeurer des Yvettes. Claude Ryan en avait épousé une.

Lise Payette avait fait cette déclaration le dimanche 9 mars, et c'était passé presque inaperçu. Seul un journaliste du *Devoir* l'avait soulignée, ce qui attira l'attention de Lise Bissonnette, alors éditorialiste, et qui deviendra plus tard rédactrice en chef. Elle écrivit un éditorial vengeur le 11 mars, accusant Mme Payette d'intolérance.

Le lendemain, l'affaire rebondit à l'Assemblée nationale où commençait la deuxième semaine de débats sur la question référendaire. En invoquant une question de privilège, Lise Payette tenta d'expliquer ses remarques en citant le livre de lecture des écoliers de deuxième année. Elle lut ce qui suit : « Yvette trouve toujours le tour de faire plaisir à ses parents. Hier, à l'heure du repas, elle a tranché le pain, versé de l'eau chaude sur le thé dans la théière, transporté le sucrier, le beurrier et le pot à lait; elle a également aidé à servir le poulet rôti. Après le repas, c'est avec plaisir qu'elle a essuyé la vaisselle et balayé le tapis. La petite Yvette est une fille très gentille. »

Lise Payette déposa le livre et continua en disant que les femmes du Québec ont beaucoup de mérite, « car elles ont été élevées comme Yvette et sont devenues autre chose qu'une Yvette ».

En conclusion, elle dit : « Si j'ai pu blesser quelqu'un par mes commentaires, y compris l'épouse du chef de l'opposition, je m'en excuse publiquement, car ce n'était pas mon intention. Mon intention, c'était de continuer comme je le fais depuis vingt ans, à aider les femmes du Québec à se débarrasser de leurs stéréotypes. »

Pour les femmes et pour les hommes du Non, c'était une période creuse. Les libéraux de Claude Ryan se faisaient massacrer au cours des débats référendaires. À la fin des trois semaines de débat, le 21 mars, les troupes du Non étaient démoralisées. Dans la ville de Québec, une femme, nommée Andrée Richard, décida de faire quelque chose. Elle loua la salle de bal du Château Frontenac pour un *brunch*, le dimanche 30 mars. C'était pour femmes seulement, et elles pourraient parler. C'était une idée que d'autres pourraient exploiter. Quand Louise Robic revint au bureau du parti, le jour suivant, on décida de faire la même chose à Montréal. En peu de temps, on vendit 2000 billets pour une fête qui aurait lieu le lundi soir suivant, à l'hôtel Reine-Élisabeth. Le mercredi, 7000 billets étaient vendus, alors que la plus grande salle de congrès dans un hôtel ne pouvait accueillir que 4000 personnes. Évidemment, il fallait un espace plus grand. La question, comme le disait plus tard Louise Robic, c'était de savoir qu'est-ce que nous pouvions obtenir, et qu'est-ce qui était raisonnable. Il y avait quatre femmes au bureau de la rue Gilford, en ce jeudi saint : Louise Robic, Diane Fortier, Renée Desmarais et Annie Peletier. Elles n'ont révélé à personne ce qu'elles préparaient, à aucun homme en tout cas, et surtout pas à Claude Ryan ni à l'organisateur en chef, Pierre Bibeau.

Finalement, elles en vinrent à la conclusion qu'elles devaient louer le Forum et que tout autre endroit serait trop petit. « Nous avons réfléchi à ce qu'il faudrait faire pour remplir le Forum », disait Mme Robic, plus tard. Elles vendaient les billets à cinq dollars par personne, au lieu de les donner, ce qui leur assurait la présence des participantes. En outre, parce qu'elles n'envoyaient pas plus de cinquante billets à la fois, dans chaque comté, elles pouvaient contrôler le nombre de billets vendus. Enfin, elles prirent leur décision. « Nous avons pensé, disait Mme Robic, que l'impact serait fantastique. Le fait que cela aurait lieu au Forum en ferait un événement considérable. »

Mais combien considérable, personne ne le savait.

En apprenant ce que les femmes préparaient, Pierre Bibeau en eut presque une syncope. « Qui avez-vous consulté ? » leur demanda-t-il. Des hommes comme Georges Boudreault et Jim McCann, qui avaient de l'expérience dans le domaine, se déclarèrent sceptiques. Pour Bibeau, la grande inquiétude était de savoir comment on pouvait combler la différence entre 7000 personnes au Reine-Élisabeth et 14 000 au Forum. « Croyez-vous pouvoir le remplir ? » demandait-il.

Oui, elles le rempliraient. Le lundi de Pâques, Diane Fortier était au Forum avec un chèque visé d'une somme de 21 000 $. Dès le début de la soirée, les femmes par rangs de quatre se pressaient tout autour du Forum. C'était probablement la foule la plus pacifique qu'on n'ait jamais vue dans cet établissement qui avait connu les soirées des Rolling Stones et les bagarres au sujet de Maurice Richard. Chaque femme qui pénétrait dans l'enceinte recevait un oeillet rouge. Le Forum fut ainsi transformé en un immense jardin qui se balançait sous la brise. La foule était accueillie aux accents de la musique de Paul Capelli dont l'orchestre agrémentait les bals de la haute société et des finissants.

Les journalistes réunis au centre du Forum regardaient le spectacle avec étonnement. « C'est de ma faute », disait Lise Bissonnette du *Devoir*, sur un ton badin. Plus tard, des journalistes sérieux ont tenté d'évaluer l'impact social et politique du mouvement des Yvettes qui s'est répercuté dans presque toutes les municipalités et tous les villages de la province.

À Sept-Îles, une forteresse péquiste, 1000 femmes se sont réunies, et 1200 à Bonaventure, dans la péninsule gaspésienne. À Sherbrooke, l'armée hésitait à louer une salle pour un événement politique; alors le groupe de Mme Robic n'a pas hésité à appeler Gilles Lamontagne, ministre de la Défense, pour obtenir le local où 5000 femmes se sont regroupées. À travers la province, il y avait donc la tournée de Ryan et la tournée d'Yvette. Selon l'estimation des organisatrices, plus de 50 000 femmes se sont réunies au cours de la campagne du printemps, et la plupart d'entre elles n'avaient jamais assisté à une assemblée politique de leur vie. Madeleine Ryan a expliqué un tel succès par le fait « que ces rencontres n'impliquaient que des femmes auxquelles on ne posait aucune condition d'admission. Elles n'avaient pas l'impression d'assister à une véritable réunion politique qui aurait pu les engager. C'était, pour elles, un moyen de s'assurer que leurs opinions étaient partagées par beaucoup d'autres femmes. Certaines m'ont avoué, continuait Madeleine Ryan, qu'elles ne craignaient plus, comme auparavant, de porter leur macaron du Non. »

Le mouvement des Yvettes a donné lieu à beaucoup de commentaires, dont certains étaient purement spéculatifs et d'autres entièrement erronés. Mais les organisatrices ont tenté d'y voir clair en faisant une enquête auprès de quelque 300 femmes qui avaient adhéré au mouvement des Yvettes. Les résultats en furent divulgués par Lysiane Gagnon, dans sa chronique de *La Presse*, et elle en concluait que les Yvettes avaient des vues sociales plutôt progressistes que conservatrices. « Plusieurs commentateurs, écrivait-elle, ont présumé un peu hâtivement qu'il s'agissait de ménagères outragées qui s'opposaient aux femmes de carrière, qu'elles étaient socialement réactionnaires et totalement étrangères au mouvement féministe… C'est d'autant plus intéressant de constater que ces femmes expriment des idées très progressistes. »

Au sujet des choses importantes dans leur vie, les femmes

interrogées établissaient l'ordre de priorité suivant : premièrement, leur mariage; deuxièmement et troisièmement, les enfants et la famille; en quatrième place, le travail, et en neuvième place, la religion, après les vacances et les sports. Au point de vue sociopolitique, elles étaient en faveur de soins à la maison pour les handicapés et les personnes âgées; contre le sexisme dans la publicité, et pour l'aide aux victimes de viols.

En avril 1980, déclare Louise Robic, « elles ont senti que le pays était en danger ». Durant les semaines qui ont précédé l'assemblée du lundi de Pâques, au Forum, une énorme pression sociale s'exerçait en faveur du Oui. Un sondage de l'I.Q.O.P. publié le 16 mars dans *Dimanche-Matin* indiquait une légère avance du Oui parmi ceux qui avaient pris une décision. Depuis quatre ans, c'est-à-dire depuis l'accession au pouvoir du Parti québécois, les femmes avaient assisté dans toutes les réunions familiales, à des dissensions sur cette question. Le mouvement des Yvettes leur donna l'occasion d'exprimer leurs propres opinions. « Nous avons probablement permis à beaucoup de femmes de sortir de chez elles, faisait remarquer plus tard Diane Fortier, mais nous les avons aidées également à sortir d'elles-mêmes. »

Au Forum comme dans les autres réunions, seules les femmes avaient la parole. Ce soir-là, elles étaient vingt sur la scène, de la secrétaire particulière de Claude Ryan, Lina Allard, à la présidente de la Chambre des communes, Jeanne Sauvé. « Si on m'avait dit, une semaine plus tôt, qu'il y aurait 15 000 personnes au Forum, je ne l'aurais pas cru, avouait Lina Allard. Si on m'avait dit que j'allais parler, je n'y serais pas allée. » Pour elle, certains aspects de la femme et de la ménagère étaient méprisés par les féministes radicales, et exigeaient une réhabilitation. « Les paroles de Payette ont révolté beaucoup de gens, disait Allard. Pour moi, l'émancipation se fera quand on le voudra bien. »

Pour Jeanne Sauvé, il s'agissait d'une nouvelle expérience dans sa longue carrière politique. « Je n'aurais jamais cru, disait-elle, qu'une véritable réunion féminine puisse exister. Je n'imaginais pas ce que cela pourrait être. Simplement une assemblée comprenant beaucoup de femmes ? C'est justement ça qui en faisait un meeting féminin. Mais c'était gentil, c'était doux, il n'y avait pas d'hostilité, pas d'agressivité; elles étaient seulement là pour dire : écoutez, nous avons des idées, nous avons une opinion, et c'est tout. Nous voulons simplement nous exprimer. »

En outre, il y avait là une pionnière du féminisme, Mme Thérèse Casgrain, âgée de 84 ans, qui avait lutté quarante ans plus tôt pour obtenir le droit de vote pour les femmes du Québec. Elle dit à la foule que cela n'était peut-être pas important aux yeux de Mme Payette, mais que René Lévesque apprendrait « que même la voix du petit grillon peut se faire entendre à travers les champs ».

C'est ainsi que se déroula, pendant trois heures, cette soirée extraordinaire dans les annales de la politique canadienne. « C'est l'événement le plus important pour nous depuis que les femmes ont obtenu le droit de vote, déclarait Andrée Dontigny, de Laval. Pour beaucoup de femmes, c'était leur première chance de s'exprimer. Payette, en disant ce qu'elle a dit, ne voulait pas mépriser les femmes, mais les réveiller. Elle a réussi, mais peut-être involontairement. »

Tourné vers l'enceinte du Forum, ce soir-là, le principal organisateur libéral Jim McCann avait l'air de quelqu'un à qui l'on vient d'enlever un lourd poids de ses épaules. « Ça relève le moral, dit-il en regardant l'immense arène pleine à craquer, et franchement, nous avions besoin de ça. »

Il disait vrai.

Après leur congrès politique du premier dimanche de mars, les libéraux de Claude Ryan s'étaient dirigés avec confiance, quelques jours plus tard, vers l'Assemblée nationale où commençaient les débats autour de la question du référendum. Vers la mi-mars, c'était la débandade.

Il y avait ceux qui estimaient que M. Ryan n'aurait pas dû révéler son option constitutionnelle dans le fameux Livre beige en janvier. Après tout, ce n'était pas sa question qui serait débattue au cours de la campagne référendaire. Son fédéralisme renouvelé ne susciterait que des controverses inutiles. Pour certains fédéralistes, il allait trop loin dans la décentralisation et dans la redistribution des pouvoirs entre les deux paliers de gouvernement. Pour les péquistes, il n'allait pas assez loin. En outre, croyait-on, cela détournerait l'attention des faiblesses du Livre blanc péquiste qui présentait de graves lacunes dans son argumentation, quand il ne s'agissait pas de simples présomptions. Cette thèse sur la souveraineté-association s'appelait, en français « La nouvelle entente » et en anglais, « A New Deal », d'où le surnom de Franklin Delano Lévesque.

En quittant la conférence de presse de Ryan, Michel Roy, son collègue du *Devoir*, voyant le danger, dit à un journaliste en passant : « Peut-être qu'il ne veut pas gagner par une trop forte majorité. »

En y repensant, on constate que le parti a consacré trop de

temps au Livre beige, alors qu'il aurait dû consacrer toutes ses énergies à la présentation des débats à l'Assemblée. En janvier et en février, alors que le public et une bonne partie des militants libéraux étaient mobilisés par une campagne fédérale imprévue, l'équipe de Ryan organisait systématiquement, et comté par comté, des consultations sur le Livre beige qui allaient se clore par un congrès politique du parti, à Montréal. Pendant ce temps, les stratèges du Parti québécois préparaient leurs troupes pour les débats parlementaires de trois semaines qui seraient, estimait-on, de nature décisive. En fait, sous la direction de son brillant chef parlementaire Claude Charron, le Parti québécois avait préparé un spectacle télévisé en couleurs. Le bureau de Claude Charron avait scruté et corrigé tous les discours, sauf ceux de René Lévesque et de Jacques Parizeau. Chacun d'entre eux faisait vibrer une corde particulière, dénonçait une tromperie fédérale, faisait appel à des intérêts particuliers ou bien, comme pour Charron lui-même, tentait de rassurer les citoyens âgés du Québec, qui avaient toujours craint de perdre leur pension de vieillesse. Outre leur avantage stratégique, les péquistes bénéficiaient d'une représentation deux fois plus forte que les libéraux à l'Assemblée, et les règlements finalement adoptés leur donnaient un temps d'antenne beaucoup plus considérable que leurs adversaires.

Claude Ryan, si souvent accusé de dirigisme intellectuel, donna à ses députés toute latitude pour parler selon leurs conceptions et leurs sentiments. Pendant trois semaines, ce spectacle se déroula devant les téléspectateurs de Radio-Québec et de Radio-Canada. Pour les forces de Ryan, ce fut une faillite. « Nous avons perdu la première manche, avouait-il plus tard, mais ce qui compte, c'est le score final. »

En tant que chef des forces fédéralistes, Claude Ryan n'était pas très confiant après la déroute à l'Assemblée et après la publication du premier sondage référendaire de l'I.Q.O.P. indiquant chez les électeurs qui avaient choisi, un avantage de 38 à 35 pour le Oui. À l'approche de Pâques, et en prévision de la campagne référendaire de 35 jours qui suivrait, les libéraux avaient du rattrapage à faire. « Notre planification était mauvaise, admettait la secrétaire de Ryan, Lina Allard, et le moral était au plus bas. »

Il n'a jamais été plus bas que cet après-midi du jeudi 27 mars, quand l'équipe de Claude Ryan s'est réunie dans la salle Hampstead de l'hôtel Bonaventure, avec quelques représentants du fédéral.

L'organisateur en chef, Pierre Bibeau, regarda autour de la

table pour identifier ceux qui joueraient un rôle clé dans les semaines à venir. Il y avait le grand responsable des finances, Gilles Hébert; le conseiller politique, Yvan Allaire; Lina Allard et Louise Robic; l'ineffable Lucette Saint-Amant; le publicitaire Jacques Dussault; le président du Parti libéral du Québec, Larry Wilson; Léonce Mercier, directeur général des libéraux fédéraux au Québec, et Eddie Goldenberg, l'indispensable bras droit de Jean Chrétien. La réunion se prolongea pendant huit longues heures. Bibeau ouvrit la discussion en disant: «Les débats et les sondages ont créé un climat d'inquiétude, et c'est pourquoi nous nous réunissons aujourd'hui.»

Ceux qui étaient là se souviennent d'un moment comique qui en dit long sur la situation dans laquelle se trouvaient les forces du Non. Bibeau présenta un plan d'organisation détaillé, marqué au crayon. Personne ne put le lire! Et la grande trouvaille publicitaire, c'était une liste de trente-six raisons pour lesquelles les gens devraient voter non, ce qui était beaucoup trop long. Pour ce qui est de la campagne qui commençait en avril, Dussault dit qu'il s'adresserait surtout aux électeurs hésitants. Leurs partisans n'avaient pas besoin d'être rassurés. Yvan Allaire fit une estimation des forces en présence.

Tous étaient d'accord pour trouver un moyen d'arrêter la vague en faveur du Oui, mais personne ne savait comment faire.

La première réunion des Yvettes aurait lieu à Québec le dimanche suivant. Bibeau pensait que cela pouvait être de bon augure. Quelqu'un d'autre estimait qu'on devrait ajouter des noms prestigieux au comité de 300 membres des Québécois pour le Non. «Il nous faudrait des gens comme Guy Lafleur et Gilles Villeneuve», ajouta quelqu'un d'autre. «Je ne veux pas de maudits écrivains», dit Ryan qui arrivait à ce moment-là. Puis il rougit et se mit à rire. Tout ce temps-là, ils n'osaient pas aborder franchement la question qui les préoccupait: comment utiliser Pierre Trudeau d'une façon discrète, mais efficace.

L'assistant de Ryan, Pierre Pettigrew, estimait que Trudeau devait montrer qu'il avait confiance dans les forces du Non. Mais comment? Certains disaient que Pierre Trudeau devait s'adresser au pays avant la promulgation du référendum au Québec. D'autres voulaient qu'il participe à toute la campagne, car, ainsi que le faisait remarquer Larry Wilson, «on ne laisse pas Guy Lafleur sur le banc pendant les finales de la coupe Stanley». La discussion se poursuivit sans résultats. Finalement, le conseiller de Chrétien, Eddie Goldenberg se manifesta en disant: «Je retourne

à Ottawa. Qu'est-ce que je leur dis ?» Il n'aurait pas grand-chose
à dire, car cette question serait discutée entre MM. Trudeau et
Ryan à leur réunion du Vendredi saint, à Ottawa, la semaine suivante. Mais on s'entendait pour ne pas jouer trop vite la carte Trudeau. Après minuit, ils se sont séparés sans avoir réglé quoi que
ce soit.

Claude Ryan leur avait demandé d'avoir un peu plus confiance
dans leur cause et d'attendre le moment favorable pour attaquer.
«On ne peut pas lancer un navire avant de l'avoir construit», dit-il.

Dix jours plus tard, soit en avril, ils tentaient toujours de recru-
ter des célébrités. Le mouvement de Ryan, appelé «Les Québécois pour le Non», fut présenté à une conférence de presse le 8
avril, le lendemain du succès remporté par les Yvettes au Forum.
Jean Chrétien parla d'un «comité des 400 qui ne s'était jamais
réuni». En fait, il était réuni cet après-midi-là dans un salon de
l'hôtel Méridien. Sur la liste de Claude Ryan, il y avait des noms
prestigieux, notamment celui du père Georges-Henri Lévesque,
le Dominicain qui avait fondé l'école des sciences sociales de l'université Laval. Il était considéré comme le véritable père de la Révolution tranquille, car il avait enseigné aux hommes qui prirent le
pouvoir au Québec, dans les années 60. En 1980, le respecté père
Lévesque donnait son appui à Claude Ryan. Il en était de même
pour les élites financières et professionnelles, pour les dirigeants
des minorités anglophones ou ethniques. Cependant, le comité ne
comptait pas beaucoup de représentants du monde des arts de la
scène, qui favorisaient plutôt l'autre option. Quelqu'un a demandé
à un collaborateur de Ryan pourquoi c'était Claude Valade qui
avait chanté l'hymne national à une grande assemblée du Non.
«Parce que c'est notre artiste», lui répondit-on.

Le président de la Fédération des travailleurs du Québec, Louis
Laberge, qui favorisait le Oui, qualifiait ce comité honoraire de
coalition réactionnaire. Pour rencontrer les membres de ce comité,
Claude Ryan avait retardé d'une heure sa conférence de presse,
pendant que les reporters de la télévision s'impatientaient. Au lieu
de faire adopter et de déposer simplement le manifeste du comité,
M. Ryan avait tenu à en donner lecture. Les journalistes qui
devaient l'accompagner pendant six semaines étaient dans une autre
salle, et ils n'avaient rien d'autre à faire qu'à rire du buffet préparé par l'hôtel Méridien et à lancer des mots d'esprit. Une des
pièces montées représentait un castor, et une autre, ce qui pouvait être un touriste portant un chapeau mexicain. Pendant temps,
les secrétaires s'affairaient à photocopier la liste encore incom-

plète des membres du comité. Cette façon de traiter les représentants des médias et d'organiser une campagne laissait beaucoup à désirer. Quelqu'un avait fait une suggestion : « Peut-être qu'ils devraient confier tout ce travail aux Yvettes. »

11
Le oui et le non

« C' est comme si nous avions décidé de lancer notre campagne dans Westmount », dit René Lévesque.

Claude Ryan était assis à l'avant, dans un DC-9 qui commençait sa descente pour atterrir au Royaume du Saguenay, qui était encore couvert de neige en ce dimanche 13 avril. À l'arrière, les reporters se demandaient encore pourquoi Ryan avait décidé de lancer sa campagne à Chicoutimi, le centre régional du « Royaume » et une forteresse péquiste. Le ministre de la Justice, Marc-André Bédard avait été élu parmi les pionniers du Parti québécois en 1970 et avait survécu au balayage de Bourassa, en 1973. Non seulement Claude Ryan s'attaquait-il d'abord à cette région, mais il allait tenir sa première assemblée au centre sportif Georges-Vézina, d'une capacité de 6000 places. Il courait au désastre. Les organisateurs pour le Non avaient réussi à réunir une foule d'environ 3000 personnes, qui aurait pu remplir à craquer un endroit comme l'hôtel Chicoutimi. Mais dans le vieil aréna, les reporters n'avaient pas encore enlevé leurs paletots qu'ils commençaient à compter les places vides. Dès leur première assemblée de la campagne, les organisateurs du Non contrevenaient à une règle capitale : faire toujours en sorte que la salle soit trop petite pour contenir tout le monde.

Puis il y eut la tenue de l'assemblée qui établit une sorte de prototype pour toute la campagne. Claude Ryan était à peu près le quinzième et le dernier orateur, après les échevins de l'endroit, les maires, les députés de certains comtés, le chef de l'Union nationale, Michel LeMoignan, et le ministre fédéral de la Justice, Jean Chrétien. Ce dernier était arrivé à bord d'un JetStar du gouvernement, sous prétexte d'inaugurer un centre fiscal à Roberval, avant d'aller rejoindre Ryan à Chicoutimi et de nouveau, le même soir, à Val-d'Or. Dans la soirée, quand son tour de prendre la parole est arrivé, Jean Chrétien était furieux à cause de la façon dont l'après-midi s'était déroulé. La moitié de la foule semblait s'être dispersée, et il tenta de conserver l'attention des personnes présentes.

À quelqu'un qui lui faisait remarquer que les députés fédéraux n'avaient pas à se mêler de cette campagne, Chrétien riposta que personne ne l'empêcherait de parler dans sa province natale. Finalement, au bout d'environ trois heures, ce fut le tour de Claude Ryan. Immédiatement, il commit sa première erreur de la campagne en faisant des remarques désobligeantes à l'endroit de Marc-André Bédard, qui était une espèce de héros régional.

Les Québécois commençaient ainsi à découvrir que Ryan pouvait employer une rhétorique de bas étage. Le mercredi précédent, au cours d'une réunion à Kamouraska, il avait accusé le ministre des Affaires intergouvernementales, Claude Morin, de « s'être mis à quatre pattes pour sucer » un important personnage socialiste français, afin d'obtenir une faveur. Les journalistes de la presse parlementaire ont trouvé cette métaphore de très mauvais goût, et Ryan disait à son assistant, Pierre Pettigrew, qu'il avait une autre image en tête. « Je pensais plutôt à la relation mère-enfant, expliquait-il. À quelque chose comme : arrête de téter ta mère. » Ça ne serait pas son dernier écart de langage. Une salle de comité du Non ayant été l'objet de vandalisme, au cours de la campagne, il accusa les forces du Oui de recourir à des tactiques « fascistes », au sens exact du terme. Il estimait que les nationalistes donnaient une interprétation profondément pessimiste de l'histoire du Québec au Canada, et il comparait les intellectuels péquistes « aux historiens révisionnistes du Kremlin ». Mais c'était Ryan, et il fallait l'accepter tel qu'il était.

Très vite on s'aperçut que les questions fondamentales de la campagne étaient plus importantes que les participants et tout ce qu'ils pouvaient dire.

Un pompiste de Sherbrooke, dans l'Estrie, résumait ainsi la situation. D'une part, l'option du Oui offrait le Québec. D'autre part, celle du Non offrait le Québec et le Canada. Pour lui, le choix était facile, car l'option du Non offrait davantage

Pour obtenir la majorité, il fallait convaincre des blocs de votants. « Au départ, nous avions 40 p. 100, disait l'organisateur en chef de Ryan, Pierre Bibeau. Le P.Q. avait 30 p. 100, donc il nous suffisait d'aller chercher 10 p. 100. »

En gros, les forces du Non avaient, au départ, l'appui de tous les non-francophones, soit 20 p. 100, et d'un autre 20 p. 100 de francophones, comprenant les personnes âgées, la bourgeoisie, les professionnels et les hommes d'affaires. Le Parti québécois partait avec les 20 p. 100 de la population qui étaient pour l'indépendance, mais les sondages montraient que 30 p. 100 des votants étaient pour l'option péquiste sous l'appellation de souveraineté. Puis de là, le total grimpait à 40 p. 100 quand il s'agissait d'un mandat pour négocier la souveraineté-association. Pour en arriver à une majorité, il fallait que René Lévesque mette encore de l'eau dans son vin. C'est ce qu'il entreprit en rédigeant la question référendaire, qui indiquait clairement que les résultats du processus qu'un journaliste appelait « souveraineté-négociation » feraient l'objet d'un second référendum.

Les péquistes faisaient appel à d'autres arguments pour convaincre les hésitants. Ils parlaient d'un « bargaining power » afin d'obtenir des pouvoirs pour le Québec dans une espèce de nouvelle fédération canadienne. Ensuite viendrait le second référendum. Et si les citoyens voulaient changer d'avis au sujet de la souveraineté-association, ils pourraient le faire en élisant un autre gouvernement au cours des élections qui auraient lieu l'année suivante. Après le retour de Trudeau au pouvoir le 18 février, les partisans du Oui avaient un autre argument : de toute manière, Trudeau dirait Non. Dans ces conditions, voter Oui, c'était affirmer la fierté des Québécois. C'est avec de tels arguments que les péquistes commencèrent à améliorer leur score au cours des trois semaines de débats télévisés, en mars. Ils faisaient également appel à la solidarité du peuple québécois.

Plus tard, beaucoup de partisans de René Lévesque lui ont reproché sa question ambiguë, qui reflétait la stratégie « étapiste » de Claude Morin. Mais un adversaire, Jean Chrétien, n'était pas de cet avis : « Morin, dit-il, a employé la seule tactique qui aurait pu réussir, le pas à pas. »

Ces critiques ne tenaient pas compte du fait que sans Lévesque le mouvement pour l'indépendance n'aurait pas atteint la respectabilité, et que sans Morin, les indépendantistes n'auraient pas été au pouvoir. Grâce à la personnalité et au charisme de René Lévesque, l'option séparatiste paraissait moins radicale et moins risquée. Il lui avait donné un caractère respectable.

En 1966, Pierre Bourgault et son Rassemblement pour l'Indépendance nationale avaient obtenu 11 p. 100 des voix. Lévesque obtint, pour le Parti québécois, 23 p. 100 des suffrages en 1970, et 30 p.100 aux élections de 1973.

C'est à ce moment-là que les opinions commencent à diverger concernant la nature et la présentation de l'option du parti.

Après les élections de 1973, le Parti québécois représentait l'opposition officielle à l'Assemblée nationale. Les péquistes devaient choisir entre deux orientations : il y avait ceux qui croyaient que la prise du pouvoir n'était qu'une question de temps, et ceux qui estimaient qu'on ne pourrait pas aller plus loin avec un programme prônant l'indépendance. Avant de se lancer dans l'inconnu en élisant le Parti québécois, les électeurs exigeraient des garanties. Et c'est ici que Claude Morin entre en scène. Il avait été le principal conseiller constitutionnel de quatre premiers ministres, de Jean Lesage à Bourassa. En quittant le gouvernement, au début des années 70, il se joignit au Parti québécois, où il était considéré comme un cryptofédéraliste, tout comme les libéraux voyaient en lui un cryptoséparatiste. C'est Morin qui établit la stratégie référendaire, que Lévesque fit triompher au congrès péquiste de 1974. C'était la théorie de «l'étapisme» qui affirmait, contrairement à un proverbe chinois, qu'un voyage d'un seul mille commence par beaucoup de petits pas.

Quand MM. Lévesque et Morin ont accédé au pouvoir en 1976, il fallait qu'ils continuent à mettre de l'eau dans leur vin, et qu'ils expliquent ce que signifiait l'indépendance. Lévesque se chargerait de la première tâche, et Morin, de l'explication.

Pour René Lévesque, l'option souverainiste était quelque chose de viscéral. Il n'en a jamais très bien défini les paramètres. Si on lui demandait de définir l'indépendance ou la souveraineté en termes de constitution ou d'institution, il parlait de «plomberie» qui serait installée plus tard. Il en avait une connaissance de politicien, et il savait ce qu'on pouvait dire aux électeurs. Il savait qu'ils n'accepteraient jamais un dollar québécois, et cela explique son projet d'union monétaire entre le Québec et le Canada. Au nom de la fierté, il demanderait aux Québécois de voter pour un pays dont la monnaie serait encore frappée à l'effigie de la reine d'Angleterre. Et l'homme qui fut chargé de défendre cette bizarre conception, c'est le ministre des Finances, Jacques Parizeau, qui savait parfaitement bien que ça n'avait pas de sens. Il savait qu'un pays qui ne dispose pas de sa monnaie ou qui ne peut pas établir sa politique monétaire n'est pas un pays. Le comportement des taux d'intérêt, au cours de la grande récession de 1981-1982, est un exemple des difficultés dans lesquelles se serait débattu un Québec indépendant, au sein d'une union monétaire avec le Canada.

La politique monétaire n'était pas du ressort de Morin. C'était un constitutionnaliste, un homme dont l'idée du ciel, selon une blague qui circulait sur la Grande-Allée, était une conférence permanente des premiers ministres sur la constitution. Après sa stratégie au sujet du référendum, il lui restait à expliquer ce que le gouvernement entendait par un mandat pour négocier la souveraineté-association. C'est ce qu'il fit dans le livre blanc long-temps attendu, de novembre 1979, intitulé *La nouvelle entente*, dont il a été question. C'était un document d'une grande pauvreté intellectuelle, et qui contenait une grande part de velléités politi-que. Claude Morin estimait que, dans les négociations avec le Canada, le Québec, avec un quart de la population, devrait obte-nir la moitié des pouvoirs, y compris la moitié des parts des com-pagnies de la Couronne, comme Air Canada. Évidemment, c'était une proposition de négociation, mais Claude Morin n'a jamais pu expliquer pourquoi le Canada anglais devrait accepter un tel mar-chandage, tout en sacrifiant l'unité canadienne.

C'est ce que René Lévesque appelait «la plomberie», les détails dont la plupart des électeurs ne se préoccupent pas avant de recevoir la facture. Il préférait rassurer les gens, plutôt que de les énerver en leur expliquant ce qu'il attendait d'eux. Dans ce sens, la formulation de la question référendaire était beaucoup plus importante pour Lévesque que le Livre blanc de Morin. La question, le cadeau de Noël de René Lévesque en décembre 1979, comprenait 114 mots en français et 107 en anglais. Essentielle-ment, elle précisait que le gouvernement du Québec réclamait le pouvoir exclusif de faire ses lois, de percevoir les impôts et d'établir ses relations étrangères : «en d'autres mots, la souveraineté». Tout cela, y compris l'association économique avec le Canada, serait négocié. Mais René Lévesque donnait une assurance. Selon la ques-tion : «Aucun changement de statut politique résultant de ces négo-ciations ne serait mis en vigueur sans être approuvé par le peuple au cours d'un second référendum.» Il offrait aux votants une assu-rance à double indemnité.

Ils pouvaient voter oui maintenant et non plus tard.

Le premier ministre voulait que son option provoque un enthousiasme contagieux, un sens de la solidarité. Ce mot était sur ses lèvres dans presque tous ses discours. Le sens de la souveraineté-association pouvait être aussi évanescent que la fumée qui s'élevait de la pipe de Claude Morin, mais Lévesque savait ce qu'il entendait par solidarité. Cela voulait dire que les Québé-cois, surtout les francophones, s'affirmeraient comme peuple. Il leur demandait un «bargaining power» qui permettrait à un pre-mier ministre du Québec de se présenter debout, à Ottawa, et non pas à genoux. «Le Québec, comme toutes les sociétés, est néces-sairement divisé en toutes sortes de catégories, disait-il dans le sous-sol d'une église du nord de Montréal, le 22 avril 1980. C'est parfaitement normal, mais il y a des moments dans l'histoire, et ils ne sont pas très fréquents, où ces divisions doivent se transformer en une solidarité. »

Mais Lévesque avait plus que son don de la parole. Il était considéré comme un citoyen exemplaire par tous les petits « regroupements », que ce soit par des citoyens d'une municipalité en banlieue de Québec, par des chauffeurs d'autobus sur la rive sud de Montréal, ou même par un groupe de garçons de bars de la rue Saint-Denis. Tout cela faisait partie d'une stratégie de pression sociale, sur les lieux de travail, pour amener les hésitants à se ranger du bon côté. Le seul problème, c'est que beaucoup de ces votants avaient connu, dans leur famille, ce genre de discussions au sujet du référendum. Maintenant, ils éprouvaient le même malaise au travail. Les partisans du Oui, à cause de leur zèle, confirmaient dans leur position les opposants, mais ils en gagnaient également à leurs idées. Au mois d'avril, la pression sociale s'était relâchée à la suite des grands meetings des Yvettes à Québec et à Montréal, et des autres réunions à travers la province. La grande erreur de Lévesque, ce fut de ne pas reconnaître qu'avec peu d'atouts, il avait forcé la main. Claude Ryan, que l'on traitait de « faux frère », répondait en qualifiant Lévesque de « frère directeur » qui distribuait des diplômes de bonne conduite. Quand même, Lévesque commençait sa campagne avec ses atouts et son thème de solidarité, le 17 avril, et il la poursuivit même en sachant qu'elle ne donnait pas de bons résultats. Plus tard, quand il devint clair que la stratégie pour le Oui n'était pas efficace, des reporters ont demandé à Lévesque, à Hull, pourquoi il n'en adoptait pas une autre en fonction des réalités. Il répondit : « Quand vous voyez qu'une stratégie n'est pas efficace, il est inutile de la changer au milieu d'une campagne. Cela ne sert qu'à jeter de la confusion dans vos rangs et à indiquer à vos adversaires que vous perdez. » Même après une semaine de campagne qui aurait dû être propulsée par les débats de mars 1980, on sentait que le premier ministre était inquiet. Il ne cache pas son humeur. Quand les choses vont mal, cela paraît immédiatement. Après une semaine d'une campagne sur les thèmes de la sérénité et de la solidarité, il commença à s'en prendre aux médias anglophones en les qualifiant de « plus grands profiteurs au Québec ». Plus tard, il s'en prit à ses propres auditoires. Au cours d'une grande réunion dans la ville de Québec, la foule lui fit une extraordinaire ovation, que Lévesque calma en disant : « C'est assez, ça suffit. »

Mais le pire moment de sa campagne fut son voyage au chantier de la baie James, à 1000 kilomètres de Montréal. C'était le

Territoire-du-Nouveau-Québec, symbole de l'autosuffisance des Québécois, symbole de la puissance hydro-électrique du Québec. Lévesque n'a jamais eu la chance de faire son baratin. Les hommes du lointain chantier LG-3 demandaient plus de bière et des dortoirs mixtes. Au lieu de s'amuser de ces réclamations, Lévesque, selon le reportage radiophonique de Bertrand St-Laurent, « se mit à leur faire la leçon en disant qu'ils attachaient plus d'importance à leur bière qu'à leur avenir ».

Il y avait deux autres problèmes : premièrement, la campagne pour le Oui engageait surtout la personnalité du premier ministre; deuxièmement, il avait moins à offrir que le camp opposé.

Les deux campagnes étaient très différentes. René Lévesque se promenait à travers la province dans un vieux F-27 de Québécair, car il ne voulait pas noliser un avion d'Air-Canada. Claude Ryan était transporté dans un DC-9. Toutefois, d'autres éléments jouaient en faveur de la campagne du Non. Quand Ryan se déplaçait avec l'équipe « A », les Yvettes formaient l'équipe « B ». Il y avait également l'équipe « C », comprenant des gens comme Bourassa et d'autres qui parlaient à des réunions régionales.

Il y a eu de bons moments durant la campagne de Lévesque. Au cours d'une réunion d'avocats dans un restaurant du Vieux-Montréal, il leur a confié qu'il était très touché par leur appui, car il était lui-même fils d'avocat et père d'un avocat. Il avait été très influencé par son père, Gabriel Lévesque, et il était très fier de son fils, l'un des plus brillants jeunes procureurs de Montréal. Ce jour-là, René Lévesque a parlé simplement, en termes émouvants et sans lancer d'attaques gratuites comme il le faisait malheureusement parfois. Mais cette réunion symbolisait, en même temps, les divisions créées au sein de la société, car quelques jours plus tard, Claude Ryan et le ministre de la Justice, Jean Chrétien, parlaient devant une foule d'avocats partisans du Non, qui remplissaient la grande salle de bal de l'hôtel Reine-Élisabeth.

Ce genre de réaction se répandit parmi les professionnels. Bientôt, ce fut au tour des médecins et des ingénieurs de s'organiser et de tenir des réunions pour le Non. Rien de cela ne se serait produit si les forces du Oui n'avaient pas décidé de faire monter la pression sociale, ce qui provoqua la contre-attaque des Yvettes, des avocats et de groupes de citoyens ordinaires pour détruire cette illusion de solidarité chère à René Lévesque. Une semaine avant le vote, il était clair que Lévesque avait perdu. Même les foules que le Parti québécois avait toujours su rassembler se tenaient maintenant éloignées. Le 14 mai, le soir où Pierre Trudeau fai-

sait un discours flamboyant, à Montréal, Lévesque était à Drummondville, 100 kilomètres plus loin, et parlait sans conviction
devant un auditoire clairsemé. Au retour, dans l'autobus, les reporters ont entonné : « C'est fini pour le oui », leur version de « C'est
parti pour le oui », la chanson qui avait servi à lancer la campagne du Oui quelques semaines plus tôt. Même la secrétaire de
presse de René Lévesque, Gratia O'Leary, s'était jointe au choeur.
Un an plus tard, au printemps de 1981, vers la fin d'une campagne électorale dont les résultats seraient très différents, un reporter fit remarquer au chef de cabinet de Lévesque que le Parti
québécois avait conservé son élan cette fois. Jean-Roch Boivin lui
fit cette réponse significative : « La dernière fois, nous n'avions
pas l'élan. »

La situation au sujet du référendum n'était pas aussi claire
que cela quand Boivin et Lévesque avaient lancé la campagne référendaire, le jeudi 17 avril. Cependant, les initiés des deux camps
savaient que désormais l'élan favorisait les forces du Non. Au
moment où MM. Lévesque et Boivin sortaient du « bunker »,
Claude Ryan tenait une conférence de presse au Château Frontenac, en compagnie de Jean Lesage, Robert Bourassa et Gérard
D. Lévesque. Il n'avait pas été facile d'organiser cette réunion
de famille chez les libéraux. Lesage était au Beekman Towers,
à Miami Beach et jouait au golf à La Gorce, un club dont beaucoup de membres étaient Canadiens français. Il n'était pas trop
désireux d'interrompre ses vacances printanières pour Claude
Ryan, envers lequel il n'avait pas de sentiments très tendres. En
outre, ce n'était pas Ryan qui lui demandait de venir, mais Bourassa au nom de Ryan. Finalement, Lesage s'est laissé convaincre de se rendre à une conférence de presse réunissant les chefs
libéraux passés et le chef actuel.

Ils ont déjeuné ensemble dans un salon de l'ancien Club de
la Garnison, symbole de l'establishment politique de Québec depuis
des générations. À ce moment-là, le sujet de conversation autour
d'une table, au Québec, c'étaient les résultats probables du référendum. Vu la démoralisation qui régnait vers la mi-avril dans
les rangs du Non, les prédictions se sont révélées étonnamment
optimistes. Bourassa estimait que si tout se passait bien au cours
du mois prochain, la victoire du Non serait de 58 à 42. Lesage
se prononça pour un score de 60 à 40. C'est Ryan qui était le plus
optimiste, en établissant les résultats à 62 contre 38, alors que
Gérard D. Lévesque se rangeait de l'avis de Lesage. Les prévisions de Ryan n'ont pas varié durant toute la campagne, et, à cause

de cela, il a été un peu déçu des résultats le 20 mai. (Quant à René Lévesque, même s'il était profondément désappointé, il estimait pouvoir continuer à gouverner, sans avoir recours à une élection prématurée. Il avait dit à un interviewer d'un magazine français qu'il ne serait pas très intéressé à conserver son poste de premier ministre, si les résultats ne lui donnaient pas au moins 40 p. 100. Or, il obtint 40,44 p. 100.)

La conférence de presse des chefs libéraux avait été un événement important pour les forces du Non, car elle avait présenté une image de solidarité que René Lévesque avait tenté de monopoliser. En outre, elle avait peut-être servi à rappeler à certains hésitants que l'époque libérale avait été, plus ou moins, une époque prospère. Lesage et Bourassa, tout en adoptant une attitude nationaliste, avaient mis l'accent sur les thèmes économiques. Lesage avait adopté, en 1962, le slogan « Maîtres chez nous » au moment de prôner la nationalisation des compagnies hydro-électriques. Et Bourassa avait promis 100 000 emplois aux élections de 1970, et tenté partiellement de remplir sa promesse en lançant le « projet du siècle » à la baie James. En un mot, MM. Lesage et Bourassa rappelaient aux électeurs qu'ils pouvaient être à la fois de bons Québécois et de bons Canadiens, tout en étant prospères.

À la campagne référendaire, Jean Lesage apportait la caution morale d'un ancien homme d'État. René Lévesque en était suffisamment conscient pour convoquer le même jour les journalistes de la tribune parlementaire. « Vous allez rencontrer mon ancien patron », leur dit-il en blaguant. Mais la présence de Lesage, même dix ans après son abandon de la politique, ne pouvait pas être prise à la blague. Il avait toujours le comportement d'un grand comédien, avec sa voix aux accents reconnaissables, et il avait l'air plus distingué que jamais, avec sa chevelure aux tons argentés. À la conférence de presse des chefs libéraux, ce fut le doyen des journalistes, Normand Girard, qui posa la première question. « Monsieur le premier ministre », commença-t-il, et chacun savait à qui la question s'adressait. Ce titre fit sourire Lesage qui enchaîna : « Ah ! Normand, je leur ai dit que tu poserais la première question. »

Jean Lesage avait également une influence certaine dans la ville de Québec, et pas seulement dans les salons de la Grande-Allée, mais aussi parmi les gens de la basse ville.

Beaucoup de femmes, en répondant à leur porte au cours du mois de mai, se trouvaient en présence du chef de la Révolution tranquille. « Bonjour, madame, disait-il, mon nom est Jean Lesage. »

Jean Lesage a influencé profondément la campagne, mais jamais autant que le soir du 7 mai, au Centre des congrès. Ce fut le meilleur meeting de la campagne. En trois semaines, les partisans du Non qui menaient un combat d'arrière-garde avaient joyeusement repris l'initiative. Deux heures avant l'assemblée, une foule de 6000 personnes remplissait la salle. Ryan et ses acolytes étaient sur la scène, mais les vedettes de la soirée, ce furent Pierre Trudeau et Jean Lesage. Trudeau, qui arrivait par avion de Vancouver, fit un discours rempli d'émotions comme seul Québec pouvait lui en inspirer. Mais c'est Lesage qui l'emporta au point de vue de la rhétorique sentimentale, bien que ce ne fût pas facile de succéder à Trudeau sur le podium. Il n'avait pas parlé en public depuis dix ans, ce qui donnait plus de poids à ses paroles. Il était peut-être un peu déphasé, mais il possédait encore pleinement ses dons d'orateur, et la foule l'a acclamé. Il disait qu'il ne voyait pas à quoi rimait l'option du Oui. D'ailleurs, il ne pouvait pas la comprendre émotivement, car « il me faudrait non seulement trahir ma conscience, mais également le pays de ma naissance ».

Pour ce qui était de l'accusation que Trudeau était un démon de la centralisation, Lesage révéla que quand il était arrivé à Ottawa, en 1945, sur chaque dollar qui était dépensé par les deux niveaux de gouvernement, le fédéral fournissait 70 cents, et aujourd'hui c'est le contraire. Combien restait-il d'argent à Trudeau ? Ce dernier, avec à-propos, retourna ses poches vides.

Mais le clou du discours de Lesage, ce fut la courte nouvelle, reprise par tous les postes de radio le lendemain, qui annonçait la démission de l'ancien ministre Eric Kierans du conseil d'administration de la Caisse de Dépôt et Placement du Québec, parce que le gouvernement forçait cet organisme à prêter aux institutions parapubliques à un taux légèrement préférentiel. La démission de Kierans, au plus fort de la campagne référendaire, sembla suspecte à son ancien ami et collègue, René Lévesque. Mais le fait est que le gouvernement se servait de l'argent accumulé pour la pension des contribuables. « Monsieur Kierans a raison, lançait Lesage. On ne joue avec l'argent qui vous appartient. On vous vole. » Dans la salle, certains avaient l'impression que Lesage réglait ses comptes avec Lévesque. Ce dernier lui avait fait la vie dure pendant deux ans, avant de quitter le Parti libéral du Québec, en 1967. Pour l'ancien premier ministre, c'était comme une catharsis. Lesage s'excusa d'avoir parlé si longtemps, mais il dit que l'enthousiasme de l'auditoire lui rappelait d'autres temps.

Ce fut le dernier grand discours de sa carrière. Le matin même, on lui avait dit qu'il avait le cancer. Sept mois plus tard, il était mort. Pierre Trudeau avait bravé le froid pour suivre le cortège funèbre. René Lévesque, qui devait tant à Lesage, poursuivait son voyage officiel en Europe.

Comme toujours durant cette campagne, Claude Ryan fut le dernier à prendre la parole. Cela lui permettait de résumer les arguments et la situation, ce qu'il avait fait presque toute sa vie.

«C'était le rôle qui me convenait, disait Ryan, car ça m'a toujours été facile de résumer les discussions après les réunions.» Il ajoutait qu'il devait souvent «rectifier ce que d'autres orateurs avaient dit», surtout quand leurs attaques étaient trop violentes. Malheureusement, personne n'était là pour corriger Claude Ryan, qui improvisait à partir de notes, et qui pouvait aussi faire des bourdes avec la meilleure intention du monde. Ainsi à Québec, pour que la campagne se termine dans un climat de sérénité et dans un esprit de réconciliation de tous les Québécois, il avait invité René Lévesque à accepter l'inévitable défaite. Cette déclaration semblait à la fois naïve et arrogante, alors que Ryan avait voulu tout le contraire.

Le fait, pour Ryan, de parler le dernier présentait un autre inconvénient. Quand il commençait son discours, la plupart des reporters de télévision étaient déjà en retard pour leur émission. Cela n'avait pas été le cas pour Trudeau, lors de ses deux interventions publiques, à Québec et à Montréal. Ses conseillers avaient insisté pour qu'il commence à parler à vingt heures, afin que les deux réseaux de télévision en langue française — Radio-Canada et TVA — puissent rendre compte de son discours durant leurs bulletins de nouvelles.

Pour Claude Ryan, c'était différent. Chaque fois, les reporters de télévision rataient l'heure des nouvelles, soit parce que Ryan parlait trop longtemps, ou bien parce qu'ils étaient dans des endroits trop éloignés pour faire parvenir à temps leurs reportages. Ils se plaignaient en vain, si bien que certains d'entre eux soupçonnaient les organisateurs de la campagne du Non de vouloir garder leur chef dans l'ombre, car il leur apparaissait comme un élément négatif. En fait, c'est Claude Ryan qui organisait son ordre du jour de manière à favoriser ses auditoires, plutôt que les téléspectateurs.

Ryan s'est expliqué à ce propos : «Je devais choisir : ou bien faire la réunion pour les gens qui étaient présents, ou bien les utiliser comme prétextes pour parler à toute la province. Sans hésitation, j'ai fait le premier choix.»

«Je me souviens des réunions de statégie de l'exécutif, dira-t-il. Au cours des deux ou trois premières semaines, on insistait continuellement pour modifier l'ordre du jour afin que je puisse bénéficier d'un temps d'antenne à la télévision. J'écoutais tous les arguments, puis je revenais à ma première décision. »

En outre, Claude Ryan savait que, pour se conformer aux règles du fair-play, les postes de télévision devraient passer quelque chose à leurs divers bulletins de nouvelles, même s'il s'agissait d'images tournées plus tôt dans la journée. Le rôle qu'il voulait se donner était celui de l'homme qui se mêle à la foule, salue les gens et se promène dans les rues à travers la province.

Le 6 mai, il a même décidé d'aller faire du porte à porte, d'une maison mobile à l'autre, sur le chantier de LG-2, à la baie James. Il s'est présenté à la première maison, mais personne ne lui a ouvert la porte.

À la maison suivante, une femme l'a invité à entrer, pendant que les caméras continuaient à tourner, au grand désespoir de ses adjoints. Mais Claude Ryan semblait considérer cette situation comme tout à fait normale. En outre, son message devenait clair : il parlait aux citoyens ordinaires plutôt qu'aux médias. C'était l'image du politicien qui n'acceptait pas les normes imposées, et son manque de charisme tournait à son avantage.

À l'âge du jet, il a fait une campagne par petites étapes, et ça marchait ! Non seulement parce que c'était le style de Ryan, mais aussi parce qu'il défendait une cause. Soir après soir, malgré la longueur des réunions, les gens restaient là. Les discours étaient interminables, mais les auditoires étaient attentifs aux arguments qu'on leur présentait. Et toujours, sans aucune incitation, on entonnait l'*Ô Canada*. D'abord, on entendait quelques voix timides au fond de la salle, comme si c'était interdit; puis, quand le chant s'amplifiait, les orateurs se levaient.

Quoi que Ryan ait pu faire ou dire, au printemps de 1980, il défendait sa cause. Il n'était pas seul. Il avait avec lui les cousins fédéraux.

12
Les cousins

Dans l'après-midi du mercredi 7 mai, Claude Ryan présidait une réunion de son comité exécutif. Jean Chrétien était présent. Quelques heures plus tard, ils assisteraient tous deux à la grande assemblée de Québec avec Pierre Trudeau et Jean Lesage. Les rapports que reçut Claude Ryan ce jour-là, au bureau du comité du Non surplombant la Grande-Allée à Québec, étaient tous très positifs. Le pointage des listes électorales et le porte à porte annonçaient une victoire de l'ordre de 65 p. 100. M. Chrétien, délégué fédéral au comité du Non, admit que les perspectives étaient excellentes dans toutes les régions, sauf au Saguenay-Lac-Saint-Jean et sur la Côte-Nord. M. Ryan était calme et de bonne humeur. Il n'avait plus cet air agressif et inquiet qui rebutait tant de gens. Il était plutôt disposé à se montrer généreux avec tout le monde. « On se fait des amis en cours de route, dit-il en regardant le ministre de la Justice du coin de l'oeil. C'est une chose que M. Chrétien et moi avons apprise. »

Il n'en fut pas toujours ainsi, rappelle M. Chrétien. « Il y eut au début des moments très difficiles », dit-il.

La première fois que Jean Chrétien vint voir Claude Ryan après que Pierre Trudeau eut repris le pouvoir, ils furent tous deux extrêmement aigres. Ils se rencontrèrent au bureau de M. Ryan, rue Gilford, à Montréal, vers la fin de l'après-midi du 7 mars, quatre jours seulement après l'assermentation du premier ministre et de son nouveau cabinet. Tous deux avaient la susceptibilité à fleur de peau. Certes M. Ryan s'était-il montré généreux envers M. Trudeau après sa défaite de 1979 et il avait d'emblée reconnu que Pierre Trudeau était meilleur premier ministre que Joe Clark, prenant soin d'ajouter, cependant, que sa réélection lui compliquerait la vie. Il devait maintenant affronter cette réalité. C'est-à-dire qu'il devrait se défendre de l'accusation que les libéraux fédéraux mènent la barque dans la campagne référendaire et que son parti n'est qu'une succursale d'Ottawa.

Jean Chrétien, quant à lui, voulait s'assurer que lui et ses collègues du fédéral joueraient un rôle important dans la campagne.

Claude Ryan rappelle qu'au début de leurs conversations, Jean Chrétien insistait pour que les deux parties soient sur un pied d'égalité. Ryan répondit qu'il n'y aurait pas de souveraineté-association dans son mouvement. Il reprit le même argument avec Pierre Trudeau au cours de leur déjeuner du Vendredi saint, au 24 Sussex. « J'en conviens, me dit M. Trudeau, rappelle Claude Ryan. C'est ton parti qui doit diriger la campagne. »

Même si la composition du comité du Non devait plus tard se révéler sans conséquence, MM. Ryan et Chrétien eurent une violente prise de bec sur la position que devaient occuper les libéraux fédéraux au sein du bureau de seize membres. Claude Ryan serait le président, et les chefs de tous les partis représentés à l'Assemblée nationale, y compris Camil Samson, des créditistes démocrates, auraient rang de vice-présidents. Jean Chrétien serait simple membre, tout comme le représentant conservateur Claude Dupras (plus tard, président adjoint de la campagne de leadership du Parti progressiste conservateur en 1983).

« M. Chrétien voulait une place spéciale, rappelle Claude Ryan. 'Je suis le ministre fédéral de la Justice, me dit-il, et je ne peux accepter d'être au même niveau que ces gens-là.' »

« Je n'avais certes pas besoin d'ajouter le titre de vice-président du comité du Non à mon curriculum vitae, confia plus tard Jean Chrétien. Mais nous étions douze ministres libéraux fédéraux du Québec, y compris le premier ministre, et nous passions pour les créditistes démocrates-chrétiens du Québec. »

Claude Ryan dit à Jean Chrétien que c'était à prendre ou à laisser. M. Chrétien, rappelle Claude Ryan, se leva et se dirigea vers la porte, puis revint prendre place à la table. Il rongea son frein, mais il n'oublia pas de sitôt cette altercation. « Je comprends mieux Jimmy Carter maintenant, dit-il aux gens de son entourage à son retour à Ottawa. Il lui faut traiter avec l'ayatollah Khomeiny et moi, je traite avec l'ayatollah Ryanni. Tout le monde doit porter sa croix. »

Cette première rencontre entre MM. Ryan et Chrétien ne fut ni satisfaisante ni concluante. « C'était comme de négocier la forme de la table aux pourparlers de paix de Paris », rappelle Eddie Goldenberg, adjoint et confident de M. Chrétien.

Une semaine plus tard, le 14 mars, ils se rencontrèrent de nouveau au bureau de M. Ryan. « Le climat était complètement changé », rappelle M. Goldenberg.

D'abord, il y avait un blizzard épouvantable et le JetStar de M. Chrétien ne put atterrir à Dorval. Il se posa à la base aérienne

de Saint-Hubert, sur la rive sud. Un militaire conduisit le ministre de la Justice canadien à la station de métro de Longueuil. Il
fit alors le reste du trajet en métro jusqu'à la station Laurier, où
se trouvait le bureau de Claude Ryan. MM. Chrétien et Ryan furent
ensuite prévenus des résultats du sondage de l'I.Q.O.P. Ceux-ci
devaient être publiés le dimanche suivant dans *Dimanche-Matin*
et donnaient, pour la première fois, l'avance au camp du Oui, 38
à 35. Cela suffit à convaincre Claude Ryan de renoncer à ses scru-
pules à propos de la présence fédérale dans la campagne. Tandis
qu'il disait une semaine plus tôt qu'il s'agissait d'une affaire à régler
entre Québécois et que le Parti libéral du Québec était parfaitement capable de s'acquitter de ses responsabilités, il insistait maintenant pour que le fédéral prenne une part plus grande à la
campagne. C'était le jour et la nuit en comparaison de la semaine
précédente et cela ne pouvait s'expliquer autrement que par le sondage. « Maintenant, dit Jean Chrétien à Eddie Goldenberg à la sortie
de la réunion, tu vois ce qu'est la responsabilité. »

À midi, le jour de la Saint-Patrice, Eddie Goldenberg fit rapport de la rencontre au premier — et de loin le plus sombre —
des déjeuners du lundi des fonctionnaires et conseillers fédéraux
qu'il appelait « le groupe d'orientation stratégique ». C'était en réalité le groupe référendaire du mandarinat de Pierre Trudeau qui
donnerait le ton pour les deux prochains mois dans la capitale.

Il incluait Roger Tassé, sous-ministre de la Justice; Paul Tellier, l'ancien directeur du Bureau d'information de l'unité canadienne créé le lendemain de l'avènement du Parti québécois en
1976 et virtuellement dissous par le gouvernement Clark en 1979
(nommé sous-ministre des Affaires indiennes et des Affaires du
nord, M. Tellier fut ramené par M. Chrétien sur la scène du référendum et devint plus tard son sous-ministre à l'Énergie et ensuite
secrétaire du Conseil privé dans le gouvernement Mulroney);
Gérard Veilleux, alors sous-ministre adjoint des Finances, plus
tard chef du Bureau des relations fédérales-provinciales et considéré comme un homme d'avenir dans l'administration fédérale;
Claude Lemelin, aussi du ministère des Finances et plus tard adjoint
de M. Veilleux au Bureau des relations fédérales-provinciales (ex-
journaliste du *Devoir* sous Ryan, Lemelin était une sorte de Robert
Redford en version abrégée et pouvait dicter un flot ininterrompu
de notes de service plus mordantes les unes que les autres en faisant les cent pas dans son bureau de la Place Bell Canada); Bob
Rabinovitch, plus tard sous-ministre des Communications (originaire de Lachine, il avait gravi les échelons jusqu'au bureau du

Conseil privé, qui est en réalité le ministère du premier ministre et le centre nerveux de l'administration fédérale); George Anderson, du secrétariat d'État aux Affaires extérieures, et Tom Shoyama, l'ancien sous-ministre des Finances de Jean Chrétien qui se retira de la fonction publique en 1980 pour devenir professeur à l'université de Victoria. « Les gens tenaient à sa présence à cause de la qualité de ses conseils », rappelle M. Goldenberg. À l'exception de MM. Shoyama et Anderson, tous les hommes autour de la table du ministère de la Justice, rue Wellington, étaient Québécois et avaient un sens aigu non seulement des enjeux, mais aussi des susceptibilités des acteurs du référendum. Tous avaient été attirés dans l'administration fédérale par Pierre Trudeau et ses notions du rôle que devaient y jouer les Québécois.

« Vendredi dernier, dit M. Goldenberg en amorçant son compte rendu de la seconde des deux rencontres de M. Chrétien avec M. Ryan, j'ai vu un homme changé. L'arrogance avait disparu. Il a reconnu que la situation était grave et il a invité les gens du fédéral à participer pleinement à la campagne, préférablement hors du parasol du comité du Non. »

M. Ryan s'inquiétait, dit M. Goldenberg, que la victoire du 18 mai de M. Trudeau ne pousse les adversaires québécois du Parti libéral dans le camp du Oui par une sorte de réaction de méfiance. Claude Ryan avoua que l'argument du Parti québécois en faveur d'un « pouvoir de marchandage » se révélait très efficace. Les fédéralistes devaient combattre cet argument par un autre et nul n'était mieux désigné pour le réfuter que le premier ministre canadien. On s'est demandé si M. Trudeau devait s'adresser à la population avant le décret référendaire de manière que la période de télévision ne soit pas déduite du temps attribué au comité du Non et que les réseaux ne soient pas forcés d'offrir une période équivalente à René Lévesque.

« Sans le dire expressément, continua M. Goldenberg, M. Ryan a indiqué que le premier ministre devait jouer un rôle de premier plan dans la campagne, étant donné sa crédibilité dans le Québec. »

De plus, Claude Ryan n'avait pas tendance à minimiser les conséquences d'un oui au référendum, d'ajouter M. Goldenberg. Dans ce cas, estimait-il, il y avait 50 p. 100 des chances que les fédéralistes perdent le contrôle de la situation.

M. Goldenberg fit alors état des discussions délicates sur la participation fédérale au comité du Non, à savoir si les libéraux fédéraux devaient s'y joindre à titre individuel ou en tant que membres du parti, si fédéraux et provinciaux devaient se réunir conjointement (on décida finalement de tenir une réunion conjointe qui eut lieu au superbe Ramada Inn, de la rue Sherbrooke est, à Montréal, à côté du fabuleux restaurant *Sambo* et en face des pyramides du Village olympique). On se demanda même s'il était opportun que les présidents des Communes et du Sénat, Jeanne Sauvé et Jean Marchand, participent à la campagne comme ils brûlaient manifestement de le faire.

« Franchement, dit Claude Ryan, selon ce que rapporta Eddie Goldenberg, je me demande si les partis fédéraux devraient faire partie du comité. » Il dit qu'il n'avait quant à lui aucun préjugé, que c'était purement une question de stratégie. Et de perception, aurait-il pu ajouter.

Les sections fédérale et provinciale du Parti libéral étaient autonomes depuis 1964. Le 26 avril de cette année-là, le conseil général de la Fédération libérale du Québec avait décidé qu'il valait mieux former un parti complètement autonome, à la fois pour sauver les apparences et pour faciliter l'organisation, et aussi pour épargner à la famille libérale les vilaines querelles que provoquaient les orientations divergentes d'Ottawa et de Québec en matière constitutionnelle.

Le premier ministre Jean Lesage, qui assistait au conseil général, approuva la décision. Le 5 juillet, à une assemblée générale des libéraux du Québec, le parti provincial décida de se retirer de la Fédération libérale nationale. (À l'époque, le sigle du parti provincial était F.L.Q., le même que celui du groupe de terroristes qui faisaient sauter les boîtes aux lettres dans la région de Montréal. Après la scission, le sigle des libéraux du Québec devint P.L.Q. pour Parti libéral du Québec.) Comme le nota Bob Giguère, l'organisateur en chef des libéraux fédéraux au Québec, dans un message au premier ministre : « La séparation était officielle. »

Cela valait peut-être mieux de part et d'autre, ajoutait-il en guise de commentaire, puisque « ça permettra de résoudre les conflits d'intérêt qui découlent naturellement du fait que le parti est au pouvoir au fédéral et au provincial ». En outre, continuait M. Giguère dans cette note de 1964, « une organisation fédérale distincte nous permettra de consacrer notre temps et nos ressources à la politique fédérale sans être inhibés par une organisation qui consacre tout son argent et toute son énergie aux affaires provinciales ». Avec le recul, on constate que la séparation des deux partis fut une étape décisive sans laquelle l'organisation de M. Giguère n'aurait pu solliciter la candidature de MM. Pierre Trudeau, Jean

Marchand et Gérard Pelletier à l'élection de novembre 1965. Les trois ne devaient rien aux libéraux de Jean Lesage et pouvaient déterminer librement leur position sur la question du Québec.

Il y avait l'apparence des choses entre libéraux fédéraux et provinciaux en matière d'attitude et d'organisation et la réalité des choses au niveau populaire où membres et organisateurs étaient essentiellement les mêmes. En 1980, les libéraux fédéraux comptaient quelque 100 000 membres et les libéraux provinciaux, en préparation du référendum, avaient gonflé leurs rangs à plus de 200 000. Environ 80 p. 100 des libéraux fédéraux étaient aussi membres du parti provincial. Dans les comtés ruraux, cette proportion était encore plus forte. Un rouge était un rouge et ni les anciens bleus ni les nouveaux bleus — les péquistes — ne faisaient de distinction entre les deux.

La plupart des libéraux n'en faisaient pas non plus, particulièrement quand les cousins étaient au pouvoir à Ottawa et que les libéraux du Québec étaient dans l'opposition à Québec.

Les libéraux fédéraux, reportés au pouvoir à la fin de l'hiver 1980, n'étaient donc plus forcés d'être à la remorque de Claude Ryan comme ils l'avaient été seulement deux mois auparavant. M. Ryan était peut-être le chef des forces du Non, mais il n'était encore que chef de l'opposition à Québec. Pierre Trudeau était premier ministre et Jean Chrétien son ministre délégué au référendum, avec toutes les ressources intellectuelles et physiques du gouvernement fédéral à sa disposition. Et il avait fermement l'intention de s'en servir.

Le groupe de Goldenberg n'était qu'un exemple. L'une de ses fonctions, chaque lundi midi, était de mettre au point les divers scénarios fédéraux advenant une victoire du Oui ou du Non. À cette première rencontre, le 17 mars, M. Goldenberg prédit que M. Lévesque l'emporterait par une faible marge si le sondage de l'I.Q.O.P. était juste. Pour les fédéraux, c'était une perspective qui donnait le frisson et le groupe de la rue Wellington tenta d'en mesurer toutes les conséquences. «Par exemple, dit M. Goldenberg, les marchés de changes auraient été dans un état terrible le lendemain. Ce n'est pas nécessaire d'être un génie pour le savoir, mais il faut être un génie pour savoir comment s'en sortir.»

Peu de temps après cette première rencontre, M. Goldenberg rencontra le gouverneur de la Banque du Canada, Gerald Bouey, et discuta du problème avec lui.

«On pourrait faire beaucoup de choses, lui dit M. Bouey. La recommandation que je vous ferais, c'est de gagner et de gagner fort. »

À compter du jour d'assermentation du gouvernement le 3 mars, M. Chrétien consacra tout son temps au référendum. Après avoir pris connaissance du rapport de la rencontre hebdomadaire de ses fonctionnaires, il rencontrait vers la fin de l'après-midi du lundi un comité de la députation québécoise : Dennis Dawson, un jeune turc de Québec; Jean-Claude Malépart, travailleur social de l'est de Montréal; Rémy Bujold, ancien adjoint de M. Trudeau et nouveau député de la Gaspésie; André Maltais, de Sept-Îles, sur la Côte-Nord; Irénée Pelletier, de Sherbrooke; Maurice Dupras, du sud des Laurentides; Marcel Ostiguy, dc Saint-Hyacinthe, et Raymond Dupont, du comté de Chambly dans la forteresse péquiste de la rive sud. Le sénateur Maurice Lamontagne, économiste et l'un des précurseurs de la Révolution tranquille à l'époque où il enseignait les sciences politiques à l'université Laval, faisait aussi partie du comité. À l'occasion du référendum, Lamontagne entendait publier un livre faisant la somme de ses arguments économiques contre le séparatisme. Quand il est mort en 1983, on ne lui a pas donné tout le crédit qu'il méritait pour la part qu'il a prise dans la Révolution tranquille et l'avènement des francophones à Ottawa sous MM. Pearson et Trudeau.

Jean Chrétien rencontrait le comité de la députation pour recevoir le compte rendu du travail d'organisation dans chaque région du Québec et des opinions en vue de ses rencontres du mardi matin avec les ministres du Québec.

Le comité référendaire des ministres du Québec prenait en général le petit déjeuner à huit heures dans la salle du Conseil des ministres de l'édifice Langevin, où se trouvaient les bureaux des fonctionnaires du Conseil privé et de la plupart des adjoints du premier ministre. À l'origine, le comité se préoccupait de deux choses : le rôle qu'allait jouer le premier ministre canadien dans la campagne et la mise en circulation de dossiers politiquement délicats touchant le Québec.

Au début, certains ministres estimaient que M. Trudeau devait s'engager à fond dans la campagne, en s'adressant au préalable à toute la nation. M. Trudeau lui-même s'opposait à cette option. « Je vais le faire, dit-il à Jean Chrétien, mais je ne veux pas porter ombrage à M. Ryan. » En même temps, comme dit un haut fonctionnaire fédéral, « M. Trudeau savait bien qu'un discours du premier ministre vaut mille discours d'un ministre ».

Parmi les dossiers délicats se trouvaient le choix, qu'Ottawa se préparait à faire, d'un chasseur pour l'aviation canadienne et la garantie de prêt à Chrysler Corporation, de Windsor, en Ontario.

Le choix de l'avion tardait depuis longtemps. Le ministère de la Défense inclinait fortement vers le F-18A de McDonnell Douglas au lieu du F-16 de General Dynamics. La difficulté provenait non seulement du moment de l'adjudication du contrat mais aussi du fait que le fabricant du F-16 avait promis des retombées industrielles de plus d'un milliard et demi pour le Québec. La députation du Québec fit valoir que si l'on optait pour le F-18A, il faudrait s'assurer de retombées équivalentes pour le Québec. En ajoutant ici et là, les fédéraux parvinrent à réunir une somme à peu près similaire aux retombées du F-16.

Ils y arrivèrent en faisant plus ou moins cuisiner les chiffres « par des fonctionnaires qui ne peuvent être bien fiers de leur travail », fit observer René Lévesque. La garantie de prêt de deux cents millions à Chrysler fit dire à René Lévesque, devant les travailleurs de nuit à la salle du Syndicat des travailleurs unis de l'auto près de l'usine General Motors de Sainte-Thérèse, que l'Ontario retirait infailliblement de la Confédération plus d'avantages industriels et financiers que le Québec.

Les fédéraux firent tout ce qu'ils purent pour mettre rapidement en chantier toutes sortes de projets de construction et de travaux publics accentuant la présence fédérale au Québec. Jean Chrétien lui-même prit la peine de se rendre à Jonquière le 13 avril, entre deux ralliements du Non à Chicoutimi et à Val-d'Or, pour inaugurer un nouveau centre fiscal. C'était l'équivalent moderne du bulldozer le long des routes de campagne les jours de vote. Conscient, cependant, des règles sévères restreignant les dépenses des parties durant la campagne référendaire, M. Chrétien avertit ses collègues de ne pas exagérer l'utilisation des JetStar du gouvernement durant la campagne. « Assurez-vous que vous avez de sacrées bonnes raisons d'utiliser un avion du gouvernement », leur dit-il.

À la réunion des ministres du Québec le 8 avril, c'est-à-dire le lendemain de l'assemblée des Yvettes à Montréal, on se demanda si l'on devait ouvrir un débat sur l'unité nationale à la Chambre des communes au début ou vers la fin de la campagne référendaire. Les fédéraux voulaient faire contrepoids au débat très animé qui avait eu lieu à l'Assemblée nationale du Québec sur le Oui. Ils décidèrent que, s'il devait y avoir un débat, il vaudrait mieux qu'il ait lieu plus tôt que plus tard.

Ils choisirent de tourner le débat sur le Discours du trône en un débat sur le référendum. Ils auraient ainsi six jours de débats télévisés, commençant par un discours de M. Trudeau le mardi suivant, c'est-à-dire le jour du 20 mai fixé pour le vote. En Chambre, la disposition des sièges ministériels était telle que Pierre Trudeau était entouré de ses ministres du Québec, Jean Chrétien à côté de lui sur la première rangée, Francis Fox et Pierre de Bané d'un côté, Pierre Bussières et Charles Lapointe aussi dans l'oeil de la caméra, de même que Yvon Pinard, Marc Lalonde, André Ouellet et Monique Bégin. C'était un étalage, peut-être trop évident, du « French Power ».

Claude Ryan convint qu'Ottawa était tout à fait justifiable de tenir un débat, puisque, comme il le dit à Jean Chrétien à leur rencontre hebdomadaire du 28 mars, le gouvernement fédéral était jugé et condamné par contumace à l'Assemblée nationale. À commencer par le discours remarquable de M. Trudeau le 15 avril, dans lequel il réfuta les arguments en faveur du pouvoir de négociation, disant Non au Oui, les fédéraux se vengèrent férocement. Comme dans le cas de la stratégie du Parti québécois, le contenu des discours était rassemblé et revu en un seul lieu par une seule personne : le Bureau d'information de l'unité canadienne et son directeur général, Pierre Lefebvre. Sauf une exception notable et plutôt malheureuse : André Ouellet.

En Chambre, le 15 avril, M. Ouellet prit part au débat en soirée, quelques heures après le premier ministre. Parce que son intervention venait après un discours historique, que les journalistes avaient déjà les mains pleines des déclarations du premier ministre et qu'il était vraiment tard dans la soirée, personne n'en fit grand cas jusqu'à la parution du procès-verbal le lendemain. L'intervention de M. Ouellet devint alors le discours le plus rediffusé de la campagne référendaire. C'était un discours brutal, sauvage, même grossier. C'était en somme ce que beaucoup de gens attendaient d'André Ouellet, un politicien intelligent et d'instinct généralement sûr mais qui savait quelquefois très bien le dissimuler.

« On nous a monté sur les autels le Québec et on a descendu aux enfers le Canada, dit-il. Et je pense que cette farce a assez duré de nous faire accroire que le Canada c'est un mot vilain et qu'il faut forcément toujours parler du Québec. Je trouve que cette propagande envahissante fut l'oeuvre, bien entendu, systématique de séparatistes convaincus qui se sont infiltrés un peu partout dans la province de Québec... Ces séparatistes se sont appliqués à faire tache d'encre. »

Jusque-là, André Ouellet restait dans les limites d'une rhétorique partisane mais acceptable. Même sa référence aux enseignants du Québec « qui ont bourré le crâne des jeunes Québécois contre le Canada » ne déformait pas entièrement la réalité. Il était aussi notoire, comme dit M. Ouellet, que beaucoup de reporters avaient des sympathies séparatistes qui transpiraient quelquefois dans leur travail. Mais à partir de là, André Ouellet s'est répandu en invectives contre l'intelligentsia du Québec. Il s'est alors défoulé pour tous les griefs accumulés par les fédéraux, pour tout le ressentiment qu'ils éprouvaient depuis longtemps à subir leur mépris.

« Ces artistes bourrés d'argent par Radio-Canada, dit-il, qui ont déblatéré sur ce pays depuis des années, ces syndicalistes et ces politiciens, en toute liberté, ont fait ce travail de sabordage de l'unité canadienne. Il n'y a aucun doute que si ces gens-là avaient voulu faire la même chose dans n'importe quel autre pays du monde, ils se seraient fait casser la gueule, ils se seraient fait assommer et ils se seraient fait emprisonner. Même, dans plusieurs pays, ils se seraient fait fusiller pour moins que ce qu'ils ont pu faire au Canada. »

Bref, ce fut toute une envolée. La réaction, prévisible, fut immédiate. Le chroniqueur parlementaire du *Globe and Mail*, Geoffrey Stevens, écrivit un article indigné que son pupitre de Toronto résuma en un mot « Dégoûtant ». Dans *La Presse*, la chroniqueuse Lysiane Gagnon écrivit une lettre ouverte cinglante à M. Ouellet.

Des mois plus tard, quand les cendres furent retombées, André Ouellet ne chercha guère à s'en excuser. « Jean Marchand a fortement influencé ma carrière, dit-il dans son bureau un après-midi de l'automne 1980. Marchand avait un style qui faisait très débardeur, mal dégrossi. Il est évident que tous les membres d'une équipe ne peuvent être grands hommes d'État. Une équipe équilibrée compte toujours un joueur qui ne craint pas d'aller dans les coins et de donner des coups d'épaule. »

« Une équipe équilibrée, dit-il encore, doit pouvoir s'adresser à diverses clientèles. » Ce qu'il tenait pour sa clientèle était le milieu rural des anciens comtés créditistes. « Mon discours, dit-il, était l'écho de bien des opinions d'un large secteur de la société québécoise. »

Paradoxalement, c'est Claude Ryan qui défendit André Ouellet. Il apparut à ses côtés sur la même tribune deux fois par la suite et soutint que M. Ouellet avait parlé avec sincérité, même s'il eut, quant à lui, choisi des mots différents.

Au niveau opérationnel de l'administration fédérale, il y avait deux hommes clés dans la campagne, Pierre Lefebvre, du Bureau d'information de l'unité canadienne, et Richard Dicerni, brillant jeune Montréalais dont le grand talent consistait à traduire la politique dans des concepts explicites et faciles à comprendre.

M. Lefebvre, qui était alors âgé de 37 ans, venait du centre-ville de Montréal, d'un de ces quartiers où, lorsqu'il était jeune, il devait passer à travers les Anglais pour se rendre à l'école. Il avait davantage l'air d'un péquiste patenté que d'un fédéraliste. Ancien basketteur, il était grand et mince, avec le visage de Gérald Godin et la barbe de Denis Lazure.

Il s'était joint au Bureau d'information de l'unité canadienne sous Paul Tellier et Claude Lemelin au sommet de la panique séparatiste de 1977 et il y était resté après le transfert de M. Tellier par le gouvernement Clark en 1979.

Pierre Lefebvre se chargea alors du Bureau, mais il n'en restait plus grand-chose. Le gouvernement conservateur voulait mettre en relief le mandat pancanadien du Bureau plutôt que de l'orienter presque exclusivement vers le Québec comme avait fait M. Tellier sous les libéraux. « Mais nous n'avions pas de mandat », dit l'un des fonctionnaires. Dans le bureau de M. Clark, le sénateur Arthur Tremblay était chargé du dossier de l'unité et de la constitution, mais il n'eut pas vraiment le temps de s'en occuper. M. Tremblay avait une attitude différente de celle des libéraux. Ancien sous-ministre des Affaires intergouvernementales, il comprenait les péquistes assez bien pour les ignorer. Il recommanda à M. Clark une politique de négligence bienveillante du Québec, évitant toute provocation, ne donnant aucune cible fédérale au Parti québécois et laissant le champ libre à M. Ryan. M. Clark suivit ses conseils à la lettre et, à l'automne 1979, tout allait sur des roulettes. Le gouvernement Lévesque ne fut jamais aussi peu populaire ni aussi perdu que lorsqu'il fut privé de ses démons libéraux d'Ottawa.

Le vent tourna avec l'élection du 18 février et le retour de M. Trudeau. « M. Chrétien nous dit qu'il était responsable du référendum et nous demanda de lui faire une présentation », rappelle Pierre Lefebvre. M. Lefebvre et ses collègues préparèrent ainsi une présentation audio-visuelle à trois niveaux d'intensité. Jean Chrétien opta tout de suite pour la plus forte, la pizza fédérale toute garnie. Il répéta à M. Lefebvre et à ses collègues ce qu'il avait dit aux fonctionnaires d'autres ministères : « Je me charge de la politique. Vous faites le reste. »

C'est ce qu'ils firent.

En tout et partout, selon l'estimation des fonctionnaires, le fédéral dépensa cinq millions de dollars en publicité à la télévision, à la radio et dans les journaux. Cela ne tient pas compte des coûts en matériel et en ressources humaines.

Pour commencer, à l'automne de 1979, MM. Lefebvre et Dicerni commandèrent un sondage concernant les attitudes des Québécois de Decima Research, d'Allan Gregg, la maison de sondage des conservateurs. Le sondage démontra que le mot « Canada » était magique dans l'esprit des Québécois et qu'ils éprouvaient de l'attachement pour leur appartenance canadienne et pour le Grand Nord.

« Le sondage Gregg confirma l'impression que nous avions qu'il fallait, premièrement, utiliser le mot 'Canada'; deuxièmement, souligner l'utilité et la présence du gouvernement fédéral et, troisièmement, faire ressortir les avantages du fédéralisme, dit M. Dicerni.

« Le Canada était notre gros point de vente. Nous savions que, si nous pouvions transformer le Oui et le Non en un Pour ou Contre le Canada, nous gagnerions. Nos sondages le montraient clairement. Nous n'avions qu'à faire valoir l'importance du Canada pour les Québécois. »

MM. Dicerni et Lefebvre ne pillèrent pas vraiment le trésor fédéral, mais ils n'eurent aucune hésitation à tremper les doigts dans presque tous les pots de confitures de la capitale fédérale. Ils pigèrent dans tous les budgets ministériels qui pouvaient leur être utiles. Dans leur campagne de publicité, ils invoquèrent tous les arguments et firent vibrer sans hésitation toutes les cordes sensibles qu'ils percevaient dans l'électorat. Ils enregistrèrent une série de messages télévisés qui furent diffusés avant les bulletins de nouvelles, pendant les *talk show* et entre les périodes des matches de hockey. Durant six semaines, en avril et en mai 1980, le fédéral dépensa, selon une source digne de foi, près de trois millions de dollars en messages télévisés, destinés pour la plupart aux indécis.

Si vous étiez à court d'arguments pour justifier la présence du gouvernement fédéral à Montréal, vous n'aviez qu'à tourner le bouton de la télé entre les périodes des matches de la coupe Stanley et prendre connaissance des bonnes oeuvres de Transport Canada, bâtisseur et payeur de la moitié de la route transcanadienne, sans parler des trente-trois aéroports, des quarante-quatre ports et de la Voie maritime du Saint-Laurent, tous gracieusetés du Canada, pouvait-on lire en lettres lumineuses au petit écran. Pour inculquer aux Québécois le sens de la propriété du Grand Nord, on trouva, à l'occasion du centenaire de l'Arctique, un adolescent des Territoires du Nord-Ouest pour écrire à un correspondant québécois et lui parler de la vie dans son coin de pays. «Je suis un Canadien du nord et j'aime mon pays», disait-il en terminant. Ce n'est pas tout : le ministère de la Santé rappela aux téléspectateurs qu'il signait leurs chèques de rentes et d'allocations familiales et finançait les programmes «Horizons nouveaux». Et le secrétaire d'État parut au petit écran chantant l'hymne national, dans une version abrégée du film de quatre-vingt-quatre secondes produit par l'Office national du film qui se termine sur une séquence d'enfants blonds s'embrassant. Tout cela montre avec quelle ardeur le fédéral était prêt à se battre. C'était du chiqué !

La campagne fédérale était systématique et une telle propagande finit par irriter les forces du Oui, qui, malgré l'autorité et les restrictions de la Loi sur le référendum, étaient impuissantes à empêcher la moindre dépense hors du champ de compétence de la loi. Ce qui irrita encore plus René Lévesque et lui donna la preuve par quatre du machiavélisme du fédéral fut presque un accident de parcours.

Vers la fin de mars, à une réunion des ministres du Québec, le ministre de la Santé, Monique Bégin, dit en passant que son ministère se préparait à envoyer un dépliant dénonçant l'abus de l'alcool. En fait, le ministère comptait répéter le slogan qu'il avait utilisé l'année précédente : «Non, merci ! ça se dit bien.»

«Y voyez-vous quelque objection?» demanda-t-elle aux ministres réunis autour de la table.

«Ils en ont discuté pendant trente secondes, dit Eddie Goldenberg, et tout le monde a acquiescé.»

Au début de mai, lorsqu'on s'apprêta à poster le dépliant avec les chèques d'allocations familiales et de pensions de vieillesse, il y avait nettement un problème. «Non, merci !» était devenu dans l'intervalle le slogan principal de la campagne du Non. Le fédéral tomba dans le piège. «Nous avons tenté d'empêcher le maudit inséré d'être envoyé avec les chèques qui étaient expédiés deux semaines plus tôt en raison de la menace de grève postale, mais il était trop tard», dit M. Goldenberg. Jean Chrétien reconnut plus tard qu'il avait «quelques réserves» sur le dépliant. Pour ajouter à la bourde, le ministère de Mme Bégin décida de renforcer sa campagne contre l'alcoolisme par des panneaux-réclame affichant le même slogan.

Pour René Lévesque, exaspéré par les interventions fédérales, c'en était trop. On peut toujours déceler le moment où M. Lévesque va s'emporter dans un discours à la manière dont il s'amène sur la tribune et brandit une coupure de journal ou une feuille de papier. C'est ce qu'il fit le 8 mai au centre sportif de Montréal-Nord. Il exhiba une copie de la poursuite judiciaire qu'il avait intentée au gouvernement fédéral, à l'agence de publicité, à la compagnie de panneaux-réclame et à quiconque était impliqué dans l'affaire. La poursuite, dans laquelle M. Lévesque alléguait que le fédéral avait enfreint la Loi sur le référendum, fut déboutée.

Quoi qu'il en soit, l'affaire créa de sérieux tiraillements dans le camp fédéraliste. Mme Solange Chaput-Rolland, qui ne parle jamais par euphémismes, qualifia la situation d'obscène et accusa le fédéral de verser dans une «orgie» de publicité. L'organisateur en chef de M. Ryan, Pierre Bibeau, se garda de rien dire publiquement, mais il était furieux parce qu'il craignait que l'affaire du «Non, merci!» ait un impact négatif à un moment où tout allait bien pour le camp du Non. Ce genre de casse-tête était bien la dernière chose dont on avait besoin. «Je pense que Bibeau nous avait prévenus que ça n'aiderait pas, dit M. Goldenberg. Je ne peux le blâmer d'avoir fait une colère à ce sujet.»

Mais, dans l'ensemble, le groupe de M. Ryan et les cousins d'Ottawa s'entendirent comme larrons en foire. M. Dicerni, par exemple, eut à partager avec Jacques Dussault la coordination de la campagne de publicité et de propagande. C'est M. Dussault qui trouva le slogan de la campagne axée sur le bloc des indécis: «Plus j'y pense, plus c'est Non.» Il aurait mérité une médaille pour le seul fait de travailler avec M. Ryan, qui fut toujours extrêmement méfiant des publicitaires et de leurs pompes. «Cela ne devait certes pas être facile de travailler dans un secteur où on n'apprécie pas vos talents», dit M. Dicerni.

M. Dicerni travailla lui-même en coulisse, mais on le tenait à Ottawa pour un héros de la campagne référendaire. La propagande fédérale était essentiellement son idée, jusqu'aux «orateurs de poche», trousses de renseignements utiles sur les neuf régions du Québec préparées par le Bureau d'information de l'unité canadienne. Chaque trousse contenait des renseignements sur le nombre d'emplois fédéraux dans la région et des réponses aux arguments invoqués par la partie adverse. Une série de messages radiophoniques de vingt à soixante secondes répondant aux quinze pires critiques du système fédéral complétait l'information. «Ces messages ont eu beaucoup de succès, rappelle M. Dicerni, beaucoup plus que les messages télévisés qui étaient somme toute assez gentils.»

Originaire de Lachine et alors âgé de 31 ans, M. Dicerni, qui avait fait ses études au collège Sainte-Marie, ne vécut cependant pas le référendum sans problème. «Je savais que mieux je m'acquittais de mes fonctions, plus j'engendrais de divisions dans ma province», dit-il. À l'automne, comme il avait été convenu avec ses patrons avant la campagne, il partit étudier pour un an à l'École d'administration publique Kennedy de Harvard.

En avril et en mai, il joua aussi le rôle difficile d'agent de liaison entre les cousins d'Ottawa et l'hypersensible M. Ryan. À la fin de mars, les cousins avaient engagé Léonce Mercier, le directeur général de la section québécoise, dans la campagne du Non. Cela signifiait que toute l'organisation fédérale qui venait de remporter 74 des 75 circonscriptions du Québec sur les basques de M. Trudeau était plongée dans la bagarre.

«Nous sommes disposés à jouer les deuxièmes violons, avait dit M. Chrétien à M. Ryan à leur rencontre du 14 mars, mais pas les cymbales au fond de l'orchestre.»

Bien des divergences de vues et de style persistèrent entre MM. Chrétien et Ryan. Le premier était politicien professionnel. Il aimait déléguer et voulait être traité comme le client de son administration. Le second insistait pour tout superviser et tout approuver et tout devait être écrit. Rien n'existait qui n'était pas écrit. Leur rencontre du vendredi 28 mars fournit un indice de leurs divergences de fond et de style. M. Ryan demanda à M. Chrétien s'il ne voyait pas d'objection à ce qu'il prenne connaissance de l'original du manifeste *Les Québécois pour le Non*. Richard Dicerni toucha Eddie Goldenberg du pied sous la table, à ce stade de la réunion.

Malgré leurs petites frictions, M. Ryan finit par apprécier M. Chrétien. En avril, M. Trudeau, inquiet de la tournure de la campagne à laquelle il ne participait pourtant pas, envoya une lettre aux membres de la députation québécoise les invitant à proclamer leur fierté d'être Canadien. Non seulement M. Chrétien s'empressa-t-il de corriger la fausse impression de M. Trudeau au cours d'un petit conciliabule à la Chambre des communes, mais il le fit aussi publiquement. «M. Ryan était fort embarrassé par la lettre de M. Trudeau, rappelle M. Chrétien, et il était très content de ma mise au point. Je pense qu'il l'a appréciée.»

Jean Chrétien appréciait de son côté le calme de Claude Ryan. «Il n'a jamais paniqué — comme moi, d'ailleurs — dans les moments difficiles de la campagne, dit-il. Nous ne pensions pas que ça allait mal, même si le public avait cette impression. Nous savions qu'une fois que les opinions seraient polarisées, nous serions en bonne posture. Cette certitude, nous ne la tenions pas des sondages mais de notre expérience politique.»

Claude Ryan n'eut pas à se plaindre du rôle que jouèrent les cousins dans la campagne. Il ne tarit pas d'éloges en particulier pour M. Trudeau.

La réciproque n'était pas vraie. M. Ryan fut profondément offensé que M. Trudeau omette de mentionner qu'il était à la table d'honneur lors de son discours à la Chambre de commerce de Montréal. «Il n'a même pas dit mon nom», confia-t-il plus tard à ses adjoints. «L'entourage de M. Trudeau avait pourtant pris soin de lui préciser qu'il devait présenter M. Ryan», rappelle Patrick Gossage, alors secrétaire de presse du premier ministre canadien.

13
MM. Ryan et Trudeau: deux durs

Peut-être n'étaient-ils pas destinés à être amis ? Ils étaient trop semblables à certains égards, trop dissemblables dans l'ensemble. Ils s'étaient connus jeunes hommes. Ils avaient fait cause commune à l'occasion, comme dans la campagne référendaire de 1980. Le plus souvent, ils furent à couteaux tirés, comme dans le débat constitutionnel qui suivit le référendum. À la fin, tout ce qui aurait dû les unir les divisait, ces deux têtus qu'étaient Pierre Trudeau et Claude Ryan.

Ils professaient tous deux un profond attachement aux libertés individuelles et ils consacrèrent une partie de leur carrière à la réforme constitutionnelle. Ils n'avaient cependant pas les mêmes idées sur le Canada et sur la place du Québec à l'intérieur du Canada. «Ce sont deux têtes dures», dit André Raynauld, qui fut nommé par M. Trudeau président du Conseil économique du Canada et qui plus tard, à titre de membre de l'Assemblée nationale, fut l'un des premiers partisans de M. Ryan. «M. Ryan est provincialiste dans le bon sens du terme, dit-il. Et M. Trudeau est internationaliste, ouvert au reste du monde.» André Raynauld ajoute que Claude Ryan «a toujours détesté les têtes fortes».

De tempérament et d'expérience, ils étaient très près l'un de l'autre. Ils avaient tous deux été marqués par l'absence du père. Le père de M. Trudeau est mort lorsqu'il avait 14 ans. Le père de M. Ryan quitta le foyer conjugal lorsqu'il était bébé. Ils se sont tous deux mariés sur le tard, M. Ryan à 33 ans, M. Trudeau à 50. Ils étaient apparemment plus sensibles qu'ils ne voulaient bien le montrer. «Ils sont tous deux très émotifs», dit Pierre C. O'Neil, qui fut reporter au journal *Le Devoir* avant d'être attaché de presse de Pierre Trudeau, de 1972 à 1974.

Peut-être n'étaient-ils pas faits pour s'entendre ? Francis Fox, qui fut adjoint de M. Trudeau avant d'être député et qui connaissait bien M. Ryan, résume ainsi ce qui les sépare : «C'est une guerre d'intellectuels.»

Ils grandirent dans des mondes différents à l'intérieur de la même ville. M. Trudeau grandit à l'ombre des arbres d'Outremont, étudia à satiété dans les meilleures universités, alla et vint comme il lui plut pendant des années par la suite. M. Ryan grandit sur le macadam de Montréal, quitta l'université avant d'obtenir son diplôme et travailla pour gagner sa vie comme le commun des mortels. M. Trudeau entra dans la vie publique par sens de noblesse, M. Ryan par sens du devoir.

Bref, l'un était riche, l'autre pauvre.

Pierre Trudeau avait 33 ans lorsqu'il rendit visite à Claude Ryan à Rome au début des années cinquante. Il était de loin le plus mondain des deux, mais Claude Ryan, qui n'avait que 27 ans, avait une bien meilleure expérience de la vie. Tandis que Trudeau étudiait à Harvard, au London School of Economics, et à Paris dans les années quarante, ne se mêlant qu'occasionnellement au petit peuple comme lors de la grève d'Asbestos, Ryan était déjà dans le feu de l'action. Il n'avait pas 21 ans lorsqu'il devint secrétaire général de l'Action catholique. Il consacrait le meilleur de ses énergies à mobiliser des gens au service d'idées. En cours de route, il en apprit long sur le corps à corps de la politique ecclésiastique et cela lui servit d'apprentissage pour les luttes qu'il aurait à livrer dans la vie profane. Il se trouvait maintenant pour la première fois de sa vie loin de sa petite paroisse du Québec et de la petite basilique du Canada, dans la grande cathédrale de Rome où il devait étudier l'histoire de l'Église pendant deux ans au Collège grégorien.

C'est là, dans la cellule qu'il habitait, que M. Trudeau lui rendit visite. Ils prirent le déjeuner, puis firent une longue marche dans les rues de la Ville éternelle. M. Trudeau semblait en proie au doute et inquiet de l'avenir.

«Tu me fais penser au jeune homme riche de l'Évangile, lui dit Ryan. Tu te souviens de ce que le Seigneur lui a dit: de renoncer à sa fortune et de vivre comme le reste des hommes. C'est tout ce qui te sépare de nous. Tu possèdes tout cet argent dont tu ne sais que faire. Tu devrais t'en débarrasser.»

Trudeau ne dit rien et ils continuèrent leur chemin.

Ils avaient été présentés l'un à l'autre en 1948 à Montréal par un ami commun, Guy Beaugrand-Champagne, qui avait été confrère de Trudeau au collège Brébeuf. Beaugrand-Champagne avait fait la connaissance de Ryan par l'Action catholique et l'avait ensuite fréquenté à l'Institut canadien de l'éducation des adultes.

Beaugrand-Champagne n'était pas un homme d'action, mais

il nourrissait une grande admiration pour l'action et il aimait envi-sager l'avenir sous cet angle. «Nous sommes moins d'une demi-douzaine qui allons déterminer l'avenir de cette société», avait-il l'habitude de dire. Et parmi ceux-là, rappelle M. Ryan, «il comptait Trudeau et moi, Gérard Pelletier et Charles Lussier. Il ajoutait: 'Je ne sais pas ce que l'avenir te réserve, mais j'ai le sentiment que tu joueras un rôle de premier plan.' Il me disait fréquemment que je devrais rencontrer Trudeau. Un après-midi, je suis finale-ment allé chez Mme Trudeau.»

Là, dans la grande maison de briques de l'avenue McCulloch, les deux jeunes hommes parlèrent pendant des heures. «Ce fut une révélation pour moi, dit Claude Ryan une trentaine d'années plus tard. Je ne l'avais jamais rencontré auparavant. Il était très cultivé et ses propos étaient très vastes.»

Dès leur première rencontre, Claude Ryan tenta d'enrôler Pierre Trudeau dans l'Action catholique, «comme je faisais avec tout le monde à l'époque», rappelle-t-il. Mais Trudeau n'était pas clubiste, surtout à l'époque. «Il ne voulait s'attacher à aucune asso-ciation, dit M. Ryan. Il refusa de se joindre au mouvement. Il voulait garder toute sa liberté.»

Les mouvements d'action catholique furent l'école d'une géné-ration nouvelle qui fit la lutte à Maurice Duplessis dans les années 50, prit la direction du Parti libéral du Québec dans les années 60 et tint le pouvoir jusque dans les années 80. Les hommes de cette génération passeraient aujourd'hui pour des travailleurs sociaux. C'étaient alors des activistes catholiques qui jetèrent en cours de route les bases d'un mouvement social qui embrassa toutes les facettes de la société québécoise, depuis l'université jusqu'aux syndicats. N'étant ni dépendante du gouvernement ni sous la tutelle des évêques, l'Action catholique ne subissait aucune influence réac-tionnaire et elle était ouverte aux idées nouvelles. Naturellement, les meilleurs et les plus brillants éléments de la génération de Claude Ryan se joignirent au mouvement, sauf Pierre Trudeau.

M. Ryan ne fit pas partie non plus du petit cercle d'amis de M. Trudeau qui fonda *Cité Libre*, la petite revue qui devint une importante tribune intellectuelle durant les années 50. Il n'écrivit jamais dans *Cité Libre*, dit Pierre Juneau. «Ils n'auraient pas pensé l'y inviter et il n'aurait pas pensé à les rejoindre, dit-il. Ryan se méfia toujours un peu des gens élégants, éduqués et, pourrait-on dire, sophistiqués d'Outremont.»

On peut donc dire que MM. Trudeau et Ryan étaient de bon-nes connaissances dans les années 50, qu'ils étaient plus ou moins au courant de ce qu'ils faisaient l'un et l'autre, mais qu'ils évoluaient indépendamment l'un de l'autre. De temps à autre, lorsqu'il était en voyage, Trudeau adressait un mot à Ryan. « De belles lettres, rappelle ce dernier. Je me souviens d'une dans laquelle il me disait qu'il faisait le tour du monde en évaluant l'état de la liberté. » Quelquefois, leurs chemins se croisaient à l'occasion d'un de ces colloques qui avaient lieu à une fréquence industrielle à l'époque dans le Québec. M. Ryan se rappelle d'un meeting de l'Institut canadien d'éducation des adultes au cours duquel M. Trudeau tint un brillant discours sur les libertés individuelles. « Ce fut un beau discours, dit-il, mais je me vis forcer de m'opposer à lui à cette occasion. Pour lui, tout émanait de l'autorité de l'État. Je pense que le thème du séminaire était le rôle des associations volontaires dans la promotion de la liberté. Trudeau disait que toutes les associations volontaires étaient des groupes de pression et des créatures du législateur. Si le législateur n'en voulait pas, elles n'existaient pas. Je me rappelle lui avoir dit que, quelle que soit la volonté du législateur, les associations volontaires précèdent toute décision de l'autorité parce qu'elles émanent de la volonté populaire. En leur donnant un statut légal, le législateur ne fait que confirmer ce que le peuple a décidé. Nous eûmes là-dessus une vraie prise de bec.

« Je représentais le courant populaire, rappelle M. Ryan. Tout ce que j'avais accompli, je l'avais fait hors des législateurs et des gouvernements. Nous travaillions dans l'Action catholique pendant le duplessisme. Et nous nous fichions du duplessisme à l'époque. Nous conquérions la liberté à un niveau inaccessible, tout à fait hors d'atteinte de M. Duplessis. »

Même dans le temps, MM. Trudeau et Ryan différaient donc profondément d'opinion en matière publique. « Ils ont des convictions communes avec des tempéraments différents », dit André Burelle, ex-professeur de philosophie qui rédigea la plupart des discours de M. Trudeau, y compris les notes dont il se servit pour ses interventions dans la campagne référendaire. « Ils ont en commun une pensée qu'ils expriment différemment. »

Gérard Pelletier les connut très tôt l'un et l'autre et fut toujours étonné par le nombre de sources intellectuelles qu'ils partageaient. M. Pelletier fréquenta M. Ryan dans l'Action catholique et dans le journalisme. Il était rédacteur en chef de *La Presse* tandis que M. Ryan était directeur du *Devoir* et il fréquenta M. Trudeau dans la vie publique.

« C'est très, très curieux, dit-il. Leurs auteurs favoris sont les mêmes. Les catholiques anglais Lord Acton et le cardinal Newman sont assez peu connus et les deux seuls hommes que je connaisse qu'ils ont marqués sont Trudeau et Ryan. Ce sont les deux seuls qui m'aient jamais parlé d'eux. C'est Trudeau qui m'a fait connaître l'oeuvre de Newman et il en avait discuté avec Ryan, qui l'avait lue aussi. Ils ont donc des sources en commun.

« Une chose qui m'a toujours semblé influencer leur relation, dit-il, c'est que Ryan aurait voulu pouvoir étudier. Il ne pouvait pas parce qu'il n'avait pas d'argent. Trudeau, lui, put le faire. J'ai l'impression que cela a toujours gêné Ryan. Trudeau pouvait faire ce que lui ne pouvait pas . Trudeau était indépendant d'esprit et Ryan aimait dominer son entourage. »

S'ils s'étaient abreuvés aux mêmes sources intellectuelles, par contre les circonstances leur avaient forgé des personnalités différentes. La conversation de Rome en 1952 montre combien éloignés ils étaient déjà l'un de l'autre. Trudeau voulait bien suivre les voies de l'Évangile, mais il ne renoncerait jamais à sa fortune parce qu'elle lui donnait la liberté d'être comme il était et de faire ce qu'il voulait.

Ce n'est que douze ans plus tard que M. Ryan se trouva en position de commenter les vues de M. Trudeau. En mai 1964, un groupe de sept Montréalais publia un manifeste intitulé, en français, *Pour une politique fonctionnelle*, et un peu moins modestement en anglais, *A Canadian Manifesto*. Le titre français correspondait un peu mieux à l'esprit utilitaire et au ton un peu sec du texte. L'un des aspects intéressants et plutôt audacieux du document, c'est qu'au beau milieu de l'euphorie de la Révolution tranquille, il insistait pour remettre l'accent sur le lien fédéral.

Les sept auteurs du document se livrèrent par la suite à des occupations plus prosaïques. Claude Bruneau devint cadre de Power Corporation et fut nommé président de sa filiale d'assurance, Imperial Life, en 1983. L'économiste Albert Breton enseigna à l'université de Toronto et fut conseiller du premier ministre. Son frère, Raymond Breton, sociologue, se dirigea aussi vers l'université de Toronto. Ils étaient tous deux franc-saskois, c'est-à-dire francophones de la Saskatchewan. Maurice Pinard, sociologue de McGill, devint l'un des sondeurs les plus respectés du Québec; à l'élection de 1976, il prédit que le Parti québécois gagnerait 70 sièges. Il en gagna 71. Au référendum de 1980, il prédit que le Non recueillerait 57 à 60 p. 100 des suffrages; il en recueillit 59,56 p. 100. À l'élection de 1981, il prédit la réélection du Parti québécois avec 75 à 84 sièges; il en remporta 80.

Yvon Gauthier, psychanalyste à l'hôpital Sainte-Justine, resta le plus obscur du groupe.

Les deux derniers signataires devinrent les plus célèbres. Marc Lalonde devint premier secrétaire du premier ministre dans les années 60, ministre de la Santé et ministre de la Justice dans les années 70, ministre de l'Énergie et ministre des Finances dans les années 80. Il fut pendant tout ce temps au service du plus obscur des obscurs des sept, le professeur de droit Pierre Elliott Trudeau, le quinzième premier ministre du Canada.

Le groupe comprenait sept membres mais, comme dit l'un des frères Breton, un seul auteur : Pierre Trudeau.

Le manisfeste fit sensation et, la semaine de sa publication dans les journaux de Montréal, fut l'objet d'un important éditorial dans *Le Devoir* de la main du nouveau directeur du journal, Claude Ryan. Après dix-sept ans dans l'Action catholique, il était entré dans le journalisme deux ans auparavant comme éditorialiste. Il était plus ou moins entendu qu'il deviendrait directeur lorsque le titulaire d'alors, Gérard Filion, partirait. M. Filion tint promesse. Au début de 1964, M. Ryan assuma le titre de directeur du journal, maintenant la tradition suivant laquelle le poste devait être comblé par quelqu'un qui ne provenait pas du milieu du journalisme. La tradition fut encore respectée en 1981 lorsque, après un long délai, Jean-Louis Roy, du programme d'études canadiennes-françaises de McGill, fut nommé pour succéder à M. Ryan.

Même si le manifeste des sept était une oeuvre collective, M. Ryan nota qu'il était signé par « Pierre Elliott Trudeau et six autres intellectuels de Montréal ».

Comment aurait-il pu ne pas deviner que M. Trudeau était l'animateur du groupe puisqu'il avait déjà exprimé la plupart de ces opinions sur d'autres tribunes comme à *Cité Libre* ? Pierre Trudeau avait la réputation d'être la terreur du nationalisme québécois dont le manifeste disait qu'« il déforme la vision de la réalité, empêche de voir les problèmes dans leur véritable perspective, fausse les solutions et constitue une stratégie de diversion classique pour les politiciens prisonniers des faits ».

Les auteurs énuméraient alors les raisons de leur attachement au Canada.

« Nous refusons de nous laisser enfermer dans un cadre plus étroit que le Canada, disaient les sept membres du Comité pour le réalisme politique. D'abord, il y a ce fait juridique et géographique qu'on appelle le Canada... Le démanteler entraînerait une énorme dépense d'énergie et ne produirait aucun avantage.» Ils affirmaient que «les tendances les plus valables aujourd'hui [allaient] dans le sens de l'humanisme plus éclairé, de diverses formes d'universalisme politique, social et économique». Le Canada, concluaient-ils, «reproduit à une échelle réduite et simplifiée ce phénomène universel». C'était bien du Trudeau en effet. M. Ryan avait si peu de raisons d'en douter qu'il parla du «groupe Trudeau» dans un éditorial plutôt favorable au document. À propos du reproche que les sept adressaient au nationalisme, Claude Ryan fit observer : «Le groupe Trudeau s'élève avec vigueur contre cette déformation du patriotisme. Il rappelle aux hommes de bonne volonté trois vérités élémentaires : premièrement, que la politique doit reposer d'abord sur la personne, non sur la race; deuxièmement, que la politique doit être l'oeuvre de la raison, non du sentiment facile, et troisièmement, que les tendances modernes les plus valables s'orientent vers un humanisme ouvert sur le monde plutôt que vers le rapetissement des frontières.»

«J'écrivais pas mal à l'époque», dit M. Ryan en souriant, lorsqu'il relut la coupure de journal incluant son éditorial. Mais en 1964, Claude Ryan reprochait «au groupe Trudeau de traiter trop froidement les réalités nationales et culturelles, de faire trop facilement abstraction de problèmes aigus». Ce froid allait persister entre les deux après l'entrée de M. Trudeau en politique.

C'est à une conférence de presse en fin d'après-midi du vendredi 10 septembre 1965, que MM. Trudeau, Pelletier et Marchand annoncèrent leur entrée en politique fédérale aux côtés des libéraux de Lester Pearson. Tandis qu'ils donnaient lecture de leur déclaration, Claude Ryan était quelque part dans la salle, seul peut-être avec ses pensées. M. Ryan aurait pu être avec eux sur la tribune, mais il n'était pas du genre à adhérer à une équipe.

Il reconnaît qu'il était «en bons termes avec Pearson à l'époque, qu'il avait été approché par le premier ministre et qu'il avait répondu qu'il n'était pas question qu'il se présente». Le premier ministre canadien n'était pas le seul à vouloir l'attirer en politique fédérale. Il y avait aussi Fernand Cadieux, fort peu connu à l'époque mais très influent.

M. Cadieux était un compagnon d'armes de Claude Ryan. Lorsque Ryan était secrétaire général de l'Action catholique, Fernand Cadieux était le président de la section des jeunes, Jeunesse étudiante catholique. Il devint plus tard le maître à penser de tout un groupe d'intellectuels, l'un des instigateurs du groupe de recherche sociale de Maurice Pinard qui cherchait à donner une bonne base méthodologique aux recherches sociologiques dans le Québec. Il travaillait aussi en coulisse avec les auteurs du manifeste *Pour une politique fonctionnelle*, les incitant à plonger dans l'action. Tous ceux de la génération de MM. Trudeau et Ryan qui connurent Fernand Cadieux en parlent avec admiration. «Il était très près de nous tous, dit M. Ryan. C'était un homme brillant.» Jusqu'à la fin de sa vie, Fernand Cadieux fut conseiller spécial de M. Trudeau au bureau du Conseil privé. À sa mort, en février 1976, M. Ryan, qui assistait au congrès conservateur à Ottawa, téléphona sa nécrologie au *Devoir*. Les journaux passèrent ses funérailles sous silence. Parmi l'assistance pourtant se trouvait l'élite d'une génération, le premier ministre du Canada et le directeur du *Devoir*. Après l'office religieux, M. Trudeau raccompagna M. Ryan et les deux hommes parlèrent un moment comme de vieux amis.

En 1965, Fernand Cadieux s'efforçait d'amener à Ottawa les meilleurs éléments de sa génération. Il insista très fort auprès de Claude Ryan, lui disant qu'Ottawa avait besoin d'homme d'action comme lui. «Nous étions grands amis, dit M. Ryan. Je lui ai répondu que j'avais du travail plus important à faire ici et que rien ne m'y soustrairait. Je lui ai dit d'aller rejoindre ses amis s'il le voulait mais que, moi, je restais.»

Il n'y avait donc pas de doute que M. Ryan aurait pu être l'une des brillantes recrues du Québec de la promotion 65, mais il avait ses priorités. Il n'était pas non plus du genre à suivre un groupe. En observant son ami Trudeau et les autres ce jour de 1965, il dut lui venir à l'esprit qu'ils avaient fait un grand bout de chemin depuis leur flirt avec le N.P.D. jusqu'à rejoindre le monde pragmatique des libéraux. M. Trudeau était après tout l'auteur d'une attaque cinglante contre Pearson qu'il avait appelé «le défroqué de la paix» pour avoir accepté des armes nucléaires en territoire canadien. Il avait dénoncé les hommes de sa génération séduits «par la face rouge du pouvoir»; il avait fait campagne activement en faveur du candidat néo-démocrate Charles Taylor dans le comté de Mont-Royal où il s'opposerait maintenant à lui à peine deux ans et demi plus tard.

M. Ryan ne jugea pas impertinent de rappeler que les trois néophytes libéraux avaient manqué un rendez-vous avec le N.P.D.

«Ce rendez-vous, écrivit-il, c'est celui qu'espérait, sans oser le crier sur les toits, M. Robert Cliche, leader du N.P.D. Au moment même où l'idée socialiste prend corps chez nous, au moment où elle trouve des appuis croissants dans les milieux intellectuels et syndicaux, trois hommes qui contribuèrent fortement à lui préparer la voie renoncent à cette idée pour entrer dans les rangs du Parti libéral. »

M. Ryan n'était pas non plus impressionné par l'argument invoqué par les trois hommes pour justifier leur décision. « Les trois hommes ont invoqué, l'autre jour, pour justifier leur choix, leur désir de sauver le Canada. Cet argument ne m'impressionne pas trop. Il y a cent manières différentes de travailler à la réalisation intelligente de l'hypothèse canadienne. »

Il montra une certaine clairvoyance en sonnant le glas des espoirs néo-démocrates au Québec. M. Cliche fut écrasé dans le balayage de M. Trudeau en 1968 et le N.P.D. n'avait pas encore réussi à remporter un seul siège au milieu des années 80. « À l'époque, confia plus tard M. Ryan, j'entretenais encore l'espoir que le N.P.D. ouvre une nouvelle voie au Canada. Ces gens avaient été très près du N.P.D. C'en était fini pour des années à venir et je trouvais cela un peu triste. »

Ce n'était toutefois que le commencement pour M. Trudeau et ses collègues. En moins d'un an, M. Trudeau était secrétaire parlementaire du premier ministre. En moins de deux ans, il était ministre de la Justice.

C'est à ce titre qu'il se heurta au *Devoir* pour la première fois. À Québec, où il devait prononcer un discours devant l'Association du barreau canadien, en septembre 1967, il rencontra les journalistes à une conférence de presse un peu turbulente et dénonça sans réserve la position constitutionnelle du premier ministre Daniel Johnson qui se résumait dans le slogan « Égalité ou indépendance ». M. Trudeau la qualifia d'« énorme farce » et de « connerie ». Il ne tarda pas à recevoir la réponse du directeur du *Devoir* à cette remarque insolente et plutôt vulgaire.

« Le Pierre Trudeau des années 50, écrivit-il, aurait au moins fait l'effort d'étudier et de discuter avec précision pareilles propositions. Il ne les aurait pas nécessairement épousées. Il les aurait au moins analysées, disséquées avec loyauté. La conclusion aurait pu être négative : elle aurait au moins été fondée sur une apparence de raisonnement. »

Dans le même éditorial, intitulé « L'attitude déplorable de M. Pierre Elliott Trudeau », M. Ryan parlait aussi de son « arrogance », de son « intransigeance » et de « sa tendance détestable à juger de haut et de loin des problèmes dont l'intelligence lui échappe peut-être ». Ce fut l'une des critiques les plus dures qu'adressa M. Ryan à M. Trudeau. Et, des années plus tard, il ne s'en excusait toujours pas. « Cette critique vaudrait encore aujourd'hui, dit-il après sa défaite à l'élection de 1981. Je pense que c'est l'une de ses faiblesses, l'une des failles de son tempérament. Il est si porté à la logique qu'il déforme l'argument de son adversaire et le présente de façon à pouvoir le contredire facilement. Mais il laisse des points essentiels de l'argument lui échapper. »

À la fin de 1967, il était évident que MM. Ryan et Trudeau ne s'entendaient pas du tout. Dans les premiers jours de la campagne pour la succession de Lester Pearson à la direction du Parti libéral du Canada, M. Ryan ne montrait guère d'enthousiasme pour la candidature de M. Trudeau. Dans l'évaluation qu'il fit des candidats dans *Le Devoir*, c'est tout juste si M. Trudeau se classa parmi les finalistes. Dans le deuxième d'une série de trois éditoriaux, le 3 avril 1968, M. Ryan élimina huit noms de la liste des candidats que le journal était susceptible de favoriser. Restaient Paul Hellyer, Mitchell Sharp et Pierre Trudeau. M. Ryan se préparait à appuyer M. Sharp le lendemain, mais, dans l'intervalle, le ministre des Finances se retira inopinément de la course et donna son appui à M. Trudeau. M. Ryan n'en fit pas autant. Il reconnut que, « sur le plan de l'excellence intellectuelle, M. Trudeau [était] un homme supérieur à M. Hellyer ». Il ne put néanmoins surmonter ses réserves à propos de la position constitutionnelle de Pierre Trudeau et de son opposition inflexible à la notion d'un Québec différent des autres provinces de la Confédération. M. Ryan le dit brutalement : « Nous estimons que, sur ce problème, la position rigide et trop souvent négative qu'a épousée M. Trudeau traduit mal la pensée d'un très grand nombre de ses concitoyens québécois. »

M. Ryan donna donc son appui à M. Hellyer. « J'avais le sentiment à l'époque que M. Trudeau n'était pas mûr pour être premier ministre, dit-il. Il n'était pas l'homme de la situation pour le Québec. Je pensais que nous devions mettre le peu de poids que nous avions derrière M. Hellyer. »

M. Trudeau a toujours prétendu plus tard qu'il ne lisait jamais *Le Devoir*, mais il le lisait certainement à cette époque et ses intimes disent qu'il ne pardonna jamais à M. Ryan de ne pas avoir soutenu sa candidature au congrès libéral du 4 au 6 avril 1968. « Je pense que M. Trudeau ne l'a jamais oublié », dit André Ouellet.

M. Ryan alla plus loin avec M. Trudeau en 1968. À l'élection du 25 juin, il soutint les conservateurs de Robert Stanfield et son frère Yves brigua les suffrages sous l'étiquette conservatrice dans Montréal. « Cela ne m'a jamais étonné, dit Gérard Pelletier, parce que j'ai toujours pensé qu'il avait des tendances conservatrices. Il a souvent déploré dans ses articles qu'il n'y ait pas de parti conservateur pour véhiculer le point de vue conservateur au Québec. Il avait un penchant naturel pour M. Stanfield. Il aimait l'homme et son type de conservatisme. »

Il aimait aussi la thèse des « deux nations » défendue par les conservateurs après leur colloque de Montmorency en 1967. Il la préférait de loin au concept d'unité que Pierre Trudeau proposait au pays, ce printemps-là. Après la victoire de M. Trudeau, M. Ryan se fit plus conciliant. Dans un article intitulé « Le début d'une nouvelle ère », il reconnut le caractère décisif du mandat de M. Trudeau et lui offrit ses « félicitations sincères ».

« Le chef du gouvernement a droit, sans préjudice du droit sacré à la dissidence que chacun conserve en démocratie, à la collaboration de tous ceux qui veulent faire du Canada un grand pays. Il serait mesquin de la lui refuser au lendemain d'un résultat comme celui d'hier », ajouta Claude Ryan.

Il tendait à Ottawa une branche d'olivier et au nouveau premier ministre canadien une invitation à lui téléphoner. Mais M. Trudeau n'était pas près de l'appeler, ce qu'en revanche M. Ryan ne lui pardonna jamais.

« Il m'en fit l'aveu un jour, dit Gérard Pelletier. Il écrivit un ou deux articles à propos de Trudeau qui me parurent proprement stupides. Il avait droit de ne pas être d'accord, mais je le trouvais vraiment mesquin. Je lui ai demandé pourquoi il était si mesquin envers Trudeau. Il me dit : ' Tout le monde vient chez le directeur du *Devoir* pour lui demander son avis et Trudeau n'est jamais venu. ' Cela m'en dit long à propos de Ryan. Mais Trudeau n'a jamais sollicité l'avis d'aucun directeur de journal. »

Surtout pas après les événements d'octobre 1970.

14
Les héritiers
de Lord Acton

D e l'avis général, les relations entre MM. Trudeau et Ryan ne furent jamais pires qu'au cours de la crise d'octobre 1970. L'hostilité fut déclenchée par la fameuse affaire du gouvernement provisoire. Y eut-il vraiment complot et M. Trudeau y crut-il vraiment?

L'affaire commença plutôt innocemment autour d'une table dans le bureau du directeur du *Devoir*, rue Notre-Dame avant que le journal n'emménage rue Saint-Sacrement. On était le 11 octobre 1970, le lendemain de l'enlèvement de Pierre Laporte, ancien reporter politique du *Devoir* et ministre du Travail dans le gouvernement Bourassa. M. Ryan convoqua une réunion d'urgence de son comité éditorial, le dimanche après-midi, pour discuter de l'escalade de la crise qui avait éclaté le lundi précédent avec l'enlèvement de l'attaché commercial de la Grande-Bretagne à Montréal, James Cross, par une autre cellule du Front de libération du Québec.

Outre M. Ryan, Michel Roy, Jean-Claude Leclerc, Vincent Prince et Claude Lemelin étaient présents à la réunion.

«L'enlèvement de Laporte, la veille, avait sérieusement aggravé la crise, dit Michel Roy. M. Ryan jugeait que la situation politique était grave. Il craignait que le gouvernement du Québec ne soit mis en tutelle par celui d'Ottawa. Il estimait que le gouvernement Bourassa devait être renforcé.»

On parla à bâtons rompus comme toujours dans ce genre de réunions, retournant toutes les hypothèses. M. Ryan se voyait évidemment dans un rôle plus important que celui de simple directeur de journal. Il se voyait comme une sorte d'émissaire. Des contacts presque quotidiens qu'il avait avec M. Bourassa, il déduisait que le premier ministre n'était pas maître de la situation. D'autre part, les membres du comité éditorial soupçonnaient qu'Ottawa se préparait à adopter une ligne dure. Ils jugeaient inacceptable que le fédéral prenne la situation en main. Québec deviendrait alors le pantin d'Ottawa.

L'hypothèse que Robert Bourassa admette dans son cabinet quelques personnalités en vue pour former un gouvernement d'union fascinait Claude Ryan. L'un des hommes mentionnés dans cette conjecture était Lucien Saulnier, qui arrivait à la fin de son mandat de président du Comité exécutif de Montréal. Il était le bras droit du maire Jean Drapeau et le contact de Claude Ryan à l'hôtel de ville, car les relations entre le maire et le directeur du *Devoir* étaient déjà mauvaises. Dès la fin de la réunion, M. Ryan alla en discuter avec M. Saulnier à sa résidence de l'Île-Bizard. M. Saulnier, particulièrement tendu durant cette période, refusa d'en parler. L'affaire eut dû ou eut pu s'arrêter là. Mais, presque sur-le-champ, M. Saulnier informa les autorités supérieures de sa conversation avec M. Ryan.

« C'est M. Saulnier qui m'appela, très agité, pour me dire qu'on me trahissait, qu'on voulait me poignarder dans le dos », rappelle Robert Bourassa.

Lucien Saulnier n'en resta pas là. Il en informa aussi Marc Lalonde, alors le premier secrétaire de Pierre Trudeau, qui gérait la crise pour le compte du premier ministre.

Dix ans après, M. Lalonde reconnut qu'il avait été informé « très rapidement » de la conversation par M. Saulnier. À partir de là, dit-il, l'affaire s'enfla d'elle-même.

« Même s'il ne s'agissait que d'une hypothèse, dit-il, l'idée n'avait pas de sens. Elle était inimaginable. Peut-être ne fût-ce qu'une erreur, mais c'en était une grosse, une grave erreur de jugement, d'abord d'avoir considéré l'affaire sérieusement, puis d'en avoir parlé à un homme en place. Et si M. Saulnier avait dit oui, qu'est-ce qui se serait passé ? »

Marc Lalonde en informa aussitôt Pierre Trudeau, qui en discuta avec Robert Bourassa « le mardi ou le mercredi ».

« Trudeau était furieux au téléphone, dit M. Bourassa. Il y croyait. Il pensait que Ryan en était bien capable. »

M. Trudeau discuta du prétendu complot avec M. Bourassa, en présence du maire Drapeau, la semaine suivante. M. Laporte était déjà mort. Son corps avait été abandonné dans le coffre d'une voiture le samedi 17, le lendemain de la proclamation des mesures de guerre par le premier ministre canadien. L'un des événements qui menèrent à la loi d'urgence fut le communiqué émis par M. Ryan et quelques autres personnalités, dont René Lévesque et les chefs syndicaux Louis Laberge et Marcel Pépin, invitant le gouvernement Bourassa à négocier la libération des « prisonniers politiques » réclamée par le F.L.Q. M. Ryan s'en expliqua à ses lecteurs, disant qu'il avait reçu un coup de fil de M. Lévesque en fin d'après-midi du 14 octobre l'invitant à appuyer la déclaration. La publication du communiqué le lendemain put contribuer à donner l'impression que la volonté de résistance au F.L.Q. était chancelante parmi l'élite intellectuelle et politique du Québec. M. Trudeau et ses conseillers avaient cette préoccupation en tête, en plus des rapports confus qu'ils recevaient au sujet des manifestations étudiantes.

Marc Lalonde reconnut plus tard que le communiqué émis par Ryan, Lévesque et les autres « fut peut-être un facteur » dans l'invocation des mesures de guerre, en ce sens qu'il était « un signe de déchéance de la légitimité politique au Québec ».

« Je n'ai jamais cru à la possibilité d'un putsch, mais cela montrait comment la situation était délicate. Dans les circonstances, mal informés, nous ne savions plus qui était l'ennemi. Personne ne savait et la situation politique se dégradait. »

Comme dit M. Lalonde, le ballon du gouvernement provisoire s'enfla de lui-même. M. Trudeau y crut de toute évidence. À partir de là, le bruit fit le tour des salons d'Ottawa et on ne fit plus très bien la distinction entre la conversation de MM. Ryan et Saulnier et le communiqué.

Un article anonyme à la une de l'édition du lundi 26 octobre, du *Star* de Toronto gonfla l'affaire hors de proportion. Sur la foi de « sources près du pouvoir », l'article affirmait que « le gouvernement Trudeau avait finalement été poussé à l'action parce qu'il avait acquis la conviction qu'existait un plan en vue de remplacer le gouvernement de Robert Bourassa ».

L'article ne nommait ni les sources ni les conspirateurs. Il n'était pas signé non plus, mais la rumeur l'attribuait à Peter C. Newman, qui était alors rédacteur en chef du journal et qui conservait encore tous ses contacts fédéraux de l'époque où il était correspondant dans la capitale.

« Il y avait plein de méprises dans cette histoire, dit Newman. On s'est d'abord demandé pourquoi je n'avais pas signé l'article. Je ne l'ai pas signé parce que je n'en étais pas le seul auteur. Et c'était la procédure habituelle lorsqu'un article était une oeuvre collective. » Newman soutient qu'au moins deux autres reporters du *Star* vérifièrent le contenu de l'article et qu'il fut rédigé plus ou moins au pupitre. « L'autre méprise, dit-il, c'est que j'y croyais. Je n'ai jamais dit que j'y croyais. L'important, de toute façon, c'est qu'ils y croyaient. Je rapportais ce qu'ils croyaient. Et c'est vrai qu'ils y croyaient, comme il s'est avéré plus tard. » Newman nie qu'il tenait le renseignement de M. Trudeau, mais il se peut qu'il ait voulu protéger sa source.

L'affaire ne s'arrêta pas là. Trois jours plus tard, le 29 octobre, le *Star* de Montréal reprit l'histoire du complot sous la plume de son chef de bureau de Québec, Dominique Clift :

> Les milieux du gouvernement fédéral croient fermement que Claude Ryan, directeur du *Devoir*, proposa de former un gouvernement provisoire de salut public pour remplacer le gouvernement chancelant de Bourassa et rétablir l'unité chez les Canadiens français du Québec.
>
> Malgré les dénégations qu'il a publiées dans *Le Devoir* cette semaine, Ryan a approché quelques personnalités éminentes à l'époque leur disant que le gouvernement Bourassa risquait de s'effondrer et que divers citoyens de marque devraient prendre les affaires en main et assurer la continuité du gouvernement de la province.

M. Ryan devint livide lorsqu'il lut l'article et avec raison. Clift n'avait pas vérifié ses renseignements auprès de lui et le *Star* rapportait les rumeurs comme du comptant. Il fut forcé d'écrire un long récit relatant l'affaire dans le détail, dans son journal du lendemain. « Ni avec M. Lévesque, ni avec M. Pépin, ni avec Louis Laberge, ni avec aucun autre des signataires du communiqué conjoint ai-je en aucun temps discuté d'une hypothèse de gouvernement provisoire. En outre, aucun d'eux ne m'a fait part d'une telle hypothèse. »

Assailli par une meute de reporters le même jour à Ottawa, M. Trudeau dit qu'il tenait « de bonne source » qu'on envisageait de former un gouvernement provisoire. Prié de commenter le récit de M. Ryan, le premier ministre dit qu'il comprenait qu'il ait voulu « s'en décharger la conscience », alors que M. Ryan n'avait évidemment rien fait de tel. Puis, paraphrasant la célèbre maxime de Lord Acton, il dit : « Qu'avait dit Acton ? Que l'absence de pouvoir corrompt et que l'absence absolue de pouvoir corrompt absolument. » C'était méchant. D'autant qu'il paraphrasait l'un des auteurs favoris de Ryan.

L'affaire mourut. Des années après, Gérard Pelletier, le meilleur ami de M. Trudeau, reconnut que « Trudeau [avait] agi beaucoup trop vite dans l'histoire du cabinet parallèle.

« Et lorsqu'il cita Lord Acton, ajouta-t-il, il fut vraiment … mais il était dans une situation difficile, il faut l'avouer. Je comprenais son impatience, mais il est allé trop loin parce qu'il n'y avait pas grand-chose là. »

Durant la crise d'octobre, M. Pelletier était rentré chez lui à Montréal pour observer de près ce qui s'y passait. « À Ottawa, dit-il, l'image qu'on vous renvoie est déformée. » Il ne prit jamais au sérieux l'affaire du gouvernement parallèle. « Ce n'était pas brillant de la part de Ryan d'imaginer qu'un tel et un tel devraient être admis dans le cabinet, dit-il, mais de là à parler d'un gouvernement parallèle, il y a une marge. »

Le pire de cette « maudite crise d'octobre, dit Albert Breton, c'est qu'elle touchait Trudeau de trop près ». Quelques semaines plus tard, en janvier 1971, M. Trudeau reçut huit intellectuels québécois, dont Claude Ryan et Guy Rocher, qui avaient auparavant rendu visite à M. Bourassa.

« La conversation était glacée, rappelle M. Ryan. Elle dura deux heures. Je pense qu'il voulait nous consacrer au moins autant de temps que nous en avait consacré Bourassa pour que nous ne puissions pas dire qu'il nous avait traités à la légère. »

Il se passa ensuite près de trois ans avant que Claude Ryan ne revoie Pierre Trudeau, seul ou avec d'autres. Vers la fin de 1973, les gens de l'entourage de M. Trudeau insistèrent pour qu'il invite M. Ryan à dîner au 24 Sussex. Ce ne fut pas facile. « Il fallait lui tordre le bras pour qu'il accepte de s'asseoir avec Ryan », dit Marc Lalonde. À l'élection de 1974, Claude Ryan mit aussi de l'eau dans son vin et soutint M. Trudeau pour la première fois. Il ne remonta pas pour autant dans l'estime du premier ministre. Après sa défaite de 1976, Robert Bourassa reçut un coup de fil de M. Trudeau qui s'empressa de lui faire observer que Ryan l'avait laissé tomber dans son discours post-électoral devant la Chambre de commerce de Montréal.

Le 3 mai 1978 : Claude Ryan était invité à déjeuner avec le premier ministre Pierre Trudeau au 24 Sussex. La veille, il avait reçu le chef conservateur Joe Clark chez lui à Outremont. Brian Mulroney, qui avait organisé la rencontre, dit aux reporters qu'il n'était que le chauffeur pour l'occasion. Aux remontrances de M. Trudeau, M. Ryan riposta que sa porte était toujours ouverte et que le premier ministre pouvait venir chez lui comme il lui plaisait. Un an, jour pour jour, M. Trudeau se prévalut de l'invitation. (Photo de Chuck Stoody, La Presse canadienne)

La succession de M. Bourassa était une autre histoire. Lorsque surgit le nom de Ryan, M. Trudeau n'y fit pas objection. Les fédéraux ne pouvaient se prononcer officiellement en faveur d'un candidat. Toutefois, ils pouvaient en mener large dans la campagne, puisque leur clientèle québécoise était à peu près la même que celle du parti provincial. À cet égard, personne n'avait plus de poids que Marc Lalonde, le lieutenant québécois de M. Trudeau. Les libéraux fédéraux ne firent pas opposition à M. Ryan et il semble même qu'ils l'appuyèrent.

« Avant la campagne de 78, rappelle Gérard Pelletier, Trudeau dit devant moi à quelqu'un qui lui demandait son avis : 'Oui, je pense que Ryan pourrait battre Lévesque.' »

Quelle que fût leur animosité personnelle, MM. Trudeau et Ryan comprirent au printemps 1978 qu'ils étaient tous deux du même bord. La question était de savoir qui était le capitaine de l'équipe. Jusqu'au référendum, ils savaient qu'il leur faudrait passer par-dessus leurs divergences d'opinion sur la question constitutionnelle. L'idée qu'ils se faisaient de leur pays et de la place que le Québec devait y occuper était la pierre de touche de leur carrière, la seule chose qui leur tint vraiment à coeur. Lorsque Claude Ryan publia son Livre beige sur la réforme constitutionnelle en janvier 1980, M. Trudeau s'abstint de répondre à ceux qui lui demandaient de le commenter. On était alors à un mois à peine de l'élection qui le reporta au pouvoir. M. Ryan, de son côté, garda le silence lorsque M. Trudeau s'empressa d'écrire une nouvelle page d'histoire constitutionnelle après le référendum.

Ces épisodes n'avaient pas encore eu lieu lorsqu'ils se rencontrèrent au 24 Sussex pour un long déjeuner un froid après-midi de mai, environ un mois après l'accession de M. Ryan à la direction du parti. M. Trudeau, qui entrevoyait une élection vers le milieu de l'année 1978, était furieux que M. Ryan ait reçu à dîner chez lui, la veille, le chef conservateur Joe Clark. Le dîner avait été organisé par un ami de M. Ryan, Brian Mulroney, à titre de faveur pour Joe Clark. À la fin du dîner, MM. Clark et Ryan parurent à la porte pour se donner la main et s'échanger des sourires sous l'oeil des caméras de la télévision nationale. L'événement dissipa l'impression de front commun Trudeau-Ryan que les libéraux fédéraux avaient cherché à créer. Il donna aussi à entendre aux électeurs de l'Ontario qu'avec la présence de M. Ryan, celle de M. Trudeau n'était plus indispensable à l'unité nationale. M. Ryan était aussi une figure nationale et il était alors au sommet de sa popularité, préféré à Lévesque au Québec par la marge de 2 à 1, ce qui est un peu étonnant quand on pense à ce qui est arrivé par la suite. Quoi qu'il en soit, M. Trudeau était furieux contre M. Ryan.

« Quand Clark veut te voir, tu l'invites chez toi. Quand je veux te voir, je dois t'adresser une invitation officielle, lui dit-il.

— Pierre, répliqua M. Ryan, ma porte t'est toujours ouverte. Tu n'as même pas besoin de me prévenir. Tu seras toujours le bienvenu. Je croyais que tu le savais. »

M. Trudeau se prévalut de l'invitation le printemps suivant, au terme d'une campagne désastreuse.

Ce fut tout ce dont avait rêvé l'entourage de Pierre Trudeau. Claude Ryan devenait politicien : il rendait service à ses amis. Et il pensait sincèrement que nul n'était mieux désigné que M. Trudeau pour diriger le pays. Il restait strictement neutre dans la campagne, mais il confia à son chef de cabinet Pierre Pettigrew que le pays avait besoin d'un homme d'expérience qui était respecté dans le monde occidental. « Il nous faut un homme d'envergure internationale de manière que le Canada joue pleinement son rôle », lui dit-il.

Après la défaite de M. Trudeau le 22 mai, M. Ryan apparut comme le défenseur incontesté de la cause fédéraliste. Non seulement était-il le chef des forces fédéralistes en vertu de la loi référendaire, mais encore s'empressa-t-il de combler le vide laissé par la défaite des cousins d'Ottawa. M. Trudeau était relégué au rôle qu'il jugerait opportun de lui confier. Joe Clark, le plus jeune premier ministre de l'histoire, décida quant à lui de se tenir au-dessus de la mêlée, autant par opportunisme que par nécessité. En retranchant les motifs d'irritation des relations entre Québec et Ottawa, il n'offrait sagement aucune cible à M. Lévesque.

M. Ryan put ainsi se permettre d'être généreux lorsque M. Trudeau annonça sa retraite, le matin du 21 novembre. À l'Assemblée nationale cette journée-là, M. Ryan se leva pour proposer une motion de remerciement à M. Trudeau pour les services qu'il avait rendus au pays. M. Ryan lui rendit ensuite hommage dans une tirade aussi généreuse qu'extravagante et il dénonça les critiques adressées à l'ancien premier ministre, donc par implication les siennes. « Il y en a qui vous feront croire que l'attachement de M. Trudeau pour le Canada se traduisait par une conception irréaliste de l'avenir et du destin du Québec, dit-il. Si M. Trudeau est attaché au Canada, c'est parce qu'il considère que le Canada pose le plus grand défi. » Il conclut en formulant l'espoir que « le courage, l'esprit et l'intelligence de M. Trudeau [resteraient] encore longtemps à la disposition des Québécois et du Canada».

C'en était trop pour René Lévesque, qui se permit dans sa réponse de rappeler à Claude Ryan qu'il avait soutenu Robert Stanfield en 1968. De retour dans son bureau, M. Ryan reçut un coup de fil de Pierre Trudeau et ils rirent beaucoup du fait que le Parti québécois ait été forcé d'endosser une motion de félicitations à son ennemi juré, «Lord Elliott». Ils convinrent de se voir quelques jours plus tard à Montréal. M. Ryan était impatient de savoir comment M. Trudeau entendait se comporter à titre de leader déchu.

«Je compte rester en fonction jusqu'au congrès, lui dit M. Trudeau.

— Alors, je tiens à te dire que je ne traiterai qu'avec toi et personne d'autre jusqu'à la fin, répondit M. Ryan. Tu peux être certain que je ne participerai à aucune intrigue.»

C'est sur cette base que se poursuivit leur relation, confia plus tard M. Ryan. «Je ne pouvais que me féliciter de mon comportement, étant donné surtout la tournure des événements», dit-il.

La tournure des événements, ce fut naturellement la chute de Joe Clark en décembre et la décision de M. Trudeau de rester à la barre. M. Ryan n'y trouvait pas particulièrement motif à réjouissance. Le retour de M. Trudeau, d'une part, risquait de lui porter ombrage. Avec sa réélection le 18 février, il était aussi possible que les Québécois aient moins d'hésitation à voter Oui au référendum puisqu'ils auraient l'assurance que M. Trudeau dirait Non au mandat qu'ils auraient donné à M. Lévesque. C'était une sorte de jeu d'équilibre qu'en l'absence de constitution, les Québécois avaient inscrit dans la boîte de scrutin. Ce n'est pas par hasard que les Québécois affectionnent le vieux dicton «Bleu à Québec, rouge à Ottawa».

Néanmoins, M. Ryan dit à Herbert Marx, l'un de ses collègues de l'Assemblée, en janvier, que M. Trudeau faisait un bien meilleur premier ministre. Et, le soir de l'élection, son adjoint Pierre Bibeau dit qu'il semblait «très heureux pour Trudeau».

Mais en deçà de quelques semaines, les relations étaient de nouveau tendues entre libéraux fédéraux et provinciaux, au sujet de la direction de la campagne référendaire. À l'Assemblée nationale, durant une période de trois semaines en mars, les libéraux de M. Ryan en prirent un coup. Avec les sondages préliminaires indiquant une victoire possible du Oui, on vint près de paniquer à Ottawa. Les gens de l'entourage de M. Trudeau voulaient qu'il s'adresse à la nation et qu'il se lance à fond dans la campagne. Le Vendredi saint, le premier ministre invita M. Ryan à déjeuner au 24 Sussex. « On s'agite autour de moi et on me dit que la campagne ne va pas, dit-il. Est-ce que ça va ou ça ne va pas ? »

M. Ryan lui dit de ne pas s'inquiéter, que tout allait finir par s'arranger. Le premier ministre dit qu'il était disponible et qu'il irait où Ryan lui demanderait d'aller. Finalement, le premier ministre ne fit que quatre interventions durant la campagne, une à la Chambre des communes, le 15 avril, et trois dans le Québec, en mai. À deux réunions à Québec et à Montréal, MM. Trudeau et Ryan s'assirent l'un à côté de l'autre, enfin compagnons d'armes.

Mais l'alliance fit long feu. Le jour du référendum, le 20 mai, M. Trudeau appela Ryan chez lui et lui dit qu'il allait procéder rapidement à la récupération de la constitution. M. Ryan dit qu'il y avait certaines conditions à satisfaire. Dès le lendemain, fort de la victoire référendaire, M. Trudeau annonça à la Chambre des communes qu'il comptait procéder à toute vapeur. Le ministre de la Justice, M. Jean Chrétien, ferait le tour du pays et s'entretiendrait avec tous les premiers ministres des provinces avant qu'ils soient convoqués à une conférence au 24 Sussex, au début de juin. En même temps, M. Ryan réclamait des élections au Québec pour établir clairement qui devait se charger de la négociation avec Ottawa. Il craignait que Trudeau, dans son empressement d'écrire une page d'histoire, ne confère une nouvelle légitimité au gouvernement Lévesque.

Lorsque, après l'échec du sommet de septembre, M. Trudeau proposa en octobre de rapatrier unilatéralement la constitution en y insérant une charte des droits, M. Ryan, en fut horrifié et qualifia la mesure d'« immorale » devant ses adjoints.

M. Lévesque tenait désormais une excuse pour retarder l'élection jusqu'au printemps 1981. En gagnant du temps, il pouvait dépolariser le vote des Québécois. Il ne courait aucun risque puisque c'était, de toute façon, sa seule chance de l'emporter.

M. Ryan dit plus tard à propos de Trudeau : « Il m'a royalement eu. »

Après cela, et particulièrement après la défaite de M. Ryan, il était inévitable que l'amertume de naguère dans leurs relations remonte à la surface. Personne ne s'étonna vers la fin de 1982 lorsque Claude Ryan, maintenant déchu du leadership, se fendit d'un long article pour son ancien journal, attaquant M. Trudeau et souhaitant son départ prochain. « Le plus tôt sera le mieux pour le Québec et tout le pays », concluait-il.

Lorsque M. Trudeau annonça finalement qu'il se retirait de la politique le 29 février 1984, M. Ryan lui décocha encore quelques flèches toujours par la voie de son ancien journal.

Louant la sagesse de sa décision, il dit qu'il était prêt à reconnaître que M. Trudeau avait exercé « un leadership exceptionnel ». Il lui reprochait cependant sa « vision inflexible de l'unité canadienne » qui le plaça souvent « en opposition au Québec alors qu'il aurait dû explorer tous les moyens d'établir une collaboration fertile avec le Québec ».

M. Ryan cita la crise d'octobre et la bataille constitutionnelle comme exemples du « genre de pays auquel la conception de M. Trudeau [pouvait] logiquement aboutir ».

« Ce genre de pays, disait-il, sera toujours inacceptable pour des milliers de Québécois, même bien des fédéralistes. »

Il dit qu'il garderait néanmoins de M. Trudeau « le souvenir d'un homme d'une grande franchise, d'une exquise courtoisie et d'une remarquable simplicité ». Il ajouta qu'il l'avait toujours trouvé plus agréable dans l'intimité qu'en public et conclut : « Mais cela ne veut pas dire que nous ne reconnaissons pas que l'homme public qu'est M. Trudeau a dominé la scène politique canadienne depuis 20 ans. »

M. Ryan eut au moins le dernier mot dans leur relation et il le dit élégamment.

Le 3 mai 1979 : Pierre Trudeau, qui n'est plus considéré comme le chef indispensable des forces fédéralistes, rend visite à Ryan à sa demeure du boulevard Saint-Joseph. Trudeau, qui est en train de perdre une élection, a besoin de l'aide de Ryan. Après le renversement de la situation, un an et demi plus tard, le premier ministre réélu n'a pas voulu rendre service à son collègue en remettant à plus tard le rapatriement de la constitution. « Il m'a royalement eu », avouera Ryan, plus tard. Ils se connaissaient depuis trente-cinq ans, mais ils n'avaient jamais été amis. Ils étaient à la fois trop semblables et trop différents.

15
Elliott, le fils chéri

L'homme au complet gris fit la queue comme tout le monde au bureau de scrutin le jour du référendum.

Les scrutateurs — Mmes Delphine Flavelle et Lois Colon, représentant le Parti libéral du Québec, et un jeune péquiste du nom de Christian Côté — ne le reconnurent pas.

«Qui êtes-vous? demanda l'une des femmes sans se donner la peine de lever la tête.

— Pierre Trudeau, répondit-il. La femme, estomaquée, lui demanda s'il était vraiment celui qu'il prétendait être. Une fois qu'il eut établi son identité, on s'entendit sur son occupation: premier ministre du Canada. Adresse: 1255, boulevard Laird, là où se trouvait son bureau du comté de Mont-Royal.

— Mais vous n'habitez pas dans le comté, protesta le jeune scrutateur délégué par le camp du Oui.

— C'est vrai, dit Michel Robert, procureur du premier ministre. Mais il a un domicile ici.

Tandis qu'il tirait la situation au clair, M. Trudeau s'amusa à jouer au ping-pong avec le jeune péquiste dans le sous-sol de l'église Saint-Joseph, de Ville Mont-Royal, juste en face de son bureau. On avait pris soin d'installer un lit de camp dans le bureau au cas où l'on voudrait contester son droit de voter dans le comté. Finalement, les scrutateurs lui donnèrent raison, sauf le péquiste qui omit de se prononcer.

Le vendredi 2 mai 1980, M. Trudeau était venu sans fanfare à Montréal parler aux membres de la Chambre de commerce. C'était la deuxième des quatre interventions qu'il fit durant la campagne, chacune d'elles religieusement écoutée et magnifiquement rédigée. Un jour, on se référera aux textes référendaires de Pierre Trudeau pour déterminer le climat de l'époque. Ce qui était assez singulier, ce premier vendredi ensoleillé de mai, c'était qu'il revienne à Montréal à titre de premier ministre. Le 21 mai de l'année précédente, il avait fait ses adieux de premier ministre à l'occasion d'une visite au Forum où, en compagnie d'un parent, il avait assisté à la victoire des Canadiens sur les Rangers de New

York dans le dernier match de finale de la coupe Stanley. C'était la veille de l'élection générale de 1979. En temps ordinaire, M. Trudeau se serait assis dans le champ de vision des caméras de la télé derrière le banc des Canadiens. Dans les circonstances, les réalisateurs avaient reçu des ordres sévères de ne pas lui donner de temps gratuit à la télévision devant un auditoire de quinze millions de téléspectateurs, douze heures avant l'ouverture des bureaux de scrutin. Mais, la chance aidant, M. Trudeau attrapa une rondelle qui passa par-dessus la bande vers la fin de la troisième période. Les gens de sa section lui firent une ovation monstre et le réalisateur dut tourner la caméra dans sa direction pour observer ce qui s'y passait. Et voilà qu'apparut sur l'écran, brandissant une rondelle souvenir, celui qui ne devait pas être vu à la télévision ce soir-là. Après le match, son ami Serge Savard, le capitaine des Canadiens, s'arrangea pour qu'on l'invite dans la chambre des joueurs pour une brève interview de télévision et une gorgée de champagne. Dans le Québec, il y a un vieux dicton qui dit : comme vont les Canadiens, ainsi va le Parti libéral. C'est absurde, bien entendu, sauf qu'il est vrai que les travailleurs d'élections sont de meilleure humeur au printemps si les Canadiens gagnent. Pour les gens de l'entourage de M. Trudeau ce soir-là, la victoire des Canadiens semblait de bon augure.

Mais le lendemain n'allait pas être heureux pour Pierre Trudeau. Vingt-quatre heures plus tard, du Château Laurier à Ottawa, il concédait la victoire pour la première fois de sa vie. Dans le Québec, où on tirait une grande fierté de ce fils favori, on ne se réjouit pas. On frissonna même à l'idée que le reste du pays avait décidé de l'écarter du pouvoir, au moment où les troupes avaient le plus besoin de son autorité morale pour les soutenir durant la campagne référendaire.

Ces appréhensions n'étaient pas fondées. Avec la défaite de M. Trudeau, le débat entre lui et René Lévesque se dépersonnalisa et passa à un autre niveau : on discuta de la souveraineté-association par rapport au fédéralisme ou du Québec par rapport au Québec et au Canada. On se rendit compte qu'avec le départ de M. Trudeau et de ses ministres, M. Lévesque n'avait plus de cible. Dans le document impatiemment attendu qu'il devait produire sur la souveraineté-association, il lui faudrait apporter des réponses aux questions qu'on se posait. Le premier ministre Joe Clark semblait résolu à ne pas provoquer le gouvernement Lévesque et à retrancher du débat fédéral-provincial tout ce qui pouvait être motif d'irritation. Passant par-dessus les objections de certains membres québécois du parti, il nomma Arthur Tremblay au Sénat. Ancien sous-ministre de l'Éducation et des Affaires inter-gouvernementales dans le Québec, M. Tremblay connaissait tou-tes les nuances de la politique sur la Grande-Allée. C'était une nomination courageuse. M. Tremblay devint vite le principal con-seiller constitutionnel de M. Clark et il lui conseilla, pour l'ins-tant, de ne rien faire.

Cela semblait aller. Le 14 novembre, le Parti québécois per-dit deux autres élections complémentaires, cette fois dans des com-tés qu'il détenait jusque-là. Dans Prévost, au nord de Montréal dans les Laurentides, les libéraux l'emportèrent par la marge éton-nante de 2 à 1 dans un bureau de scrutin situé dans un secteur étudiant. On enregistra un résultat encore plus étonnant dans la forteresse péquiste de Maisonneuve, dans l'est de Montréal, où Robert Burns l'avait emporté facilement pour le Parti québécois, même dans les années de disette 1970 et 1973. Chaque fois que les libéraux faisaient porter l'élection sur la question de l'indé-pendance, semblait-il, ils l'emportaient à coup sûr.

Tandis que Claude Ryan savourait la victoire, Pierre Trudeau s'adaptait péniblement au rôle de chef de l'opposition. Comme si cette offense ne suffisait pas, il semblait que le référendum allait se gagner sans lui. S'il participait à la campagne, ce serait à la discrétion de M. Ryan. Rentrant de Toronto par avion après avoir assisté à un congrès des libéraux de l'Ontario, M. Trudeau resta un long moment à regarder par le hublot, songeur. Quelques-uns des membres de son entourage qui l'accompagnaient ce mardi matin sont persuadés que c'est à ce moment qu'il prit la décision de quit-ter. Le lendemain 21 novembre, il l'annonça officiellement. L'ère Trudeau prenait fin.

Deux jours plus tard, M. Trudeau vint remplir quelques enga-gements à Montréal. À l'École des hautes études commerciales, il fit la connaissance d'une nouvelle génération d'étudiants. Ce n'était plus le même genre d'étudiants qu'on avait connus sous le régime Bourassa ni le même Trudeau que celui qui s'était pro-duit quelquefois dans les universités du temps qu'il était premier ministre. Il ne se sentit pas forcé de justifier son mandat et on ne lui demanda pas de le faire. On lui demanda plutôt de faire part de ses idées sur le référendum, sur le Livre blanc du Parti québécois et sur son hypothèse de négociation « entre égaux ». On lui demanda aussi s'il pensait que les jeunes Québécois avaient des raisons de rester attachés au régime fédéral, maintenant que le « French Power » s'était effondré. Pendant l'heure que dura la période de questions, il donna l'impression d'un homme libre. « L'une des grandes qualités du fédéralisme, dit-il, c'est la tension créatrice qui existe entre les deux niveaux de gouvernement. Parfois, c'est un peu gênant. Elle donne lieu à de petites crises qu'il serait préférable d'éviter. Mais il y a toujours cette tension, cette négociation entre les deux pouvoirs... Les désaccords sont dans la nature des choses. » Il parla de la recommandation de la Commission Pépin-Robarts en faveur d'un système partiel de représentation proportionnelle et dit qu'elle atténuerait les disparités de la représentation régionale à Ottawa. Les libéraux ne comptaient alors aucun député de l'ouest même s'ils y avaient recueilli 25 p. 100 des suffrages et les conservateurs étaient sous-représentés dans le Québec. Il y aurait même du mérite à explorer le système français, dit-il. « Et on ne saurait m'accuser de vouloir remplacer Sa Majesté par le président Trudeau car il n'en est plus question », dit-il.

À ce stade, il n'était même plus question du premier ministre Trudeau.

L'idée de son départ semblait angoisser l'auditoire qui remplissait le Buffet Rizzo, près de la municipalité à prédominance italienne de Saint-Léonard, dans le nord-est de Montréal. M. Trudeau s'assit à une table en bordure du plancher de danse et fut assiégé par des meutes de mères et de filles qui voulaient le toucher, lui parler et se faire tirer le portrait avec lui. Pour la plupart d'entre eux, il était le seul premier ministre qu'ils aient connu. Pour quelques-uns, il était aussi l'homme qui leur avait permis ou avait permis à leurs parents de venir au Canada. M. Trudeau avait toujours eu une affinité particulière avec les auditoires des minorités ethniques. Lorsqu'il disait que le Canada était une terre privilégiée, ces auditoires savaient d'expérience ce dont il parlait. Et lorsqu'il disait que les Canadiens étaient un peuple de pleurnichards, ils savaient qu'il ne parlait pas d'eux. En leur parlant quelques minutes cette journée-là, il sentit leur chagrin de le voir partir. Il chercha à les rassurer, leur disant qu'il serait toujours avec eux. Mais lorsqu'il partit pour Ottawa, sur la banquette arrière d'une Pontiac fraîchement louée, il leur sembla qu'il partait pour toujours.

Moins de trois semaines plus tard, le hasard donna à Pierre Trudeau une autre chance de creuser sa niche dans l'histoire. Avec la défaite du gouvernement Clark sur son budget d'austérité et le pays de nouveau en campagne électorale à la mi-décembre, M. Trudeau rentra à Montréal pour réfléchir à ce qu'il ferait. Il vit surtout des parents et des amis durant cette fin de semaine chez sa soeur, Suzette Rouleau, à Outremont. À un vieil ami qui lui demandait ce qu'il allait faire, il répondit que s'il revenait sur sa décision, il gagnerait l'élection, resterait deux ou trois ans premier ministre, puis ferait ce qu'il a envie de faire.

Il opta finalement pour une autre campagne électorale. Avec une avance de 20 points dans les sondages, il ne risquait guère de perdre puisque les déplacements de voix au cours d'une campagne dépassent rarement 5 p. 100. Le budget conservateur et la taxe d'accise de 18 cents sur l'essence lui procuraient un thème idéal qui touchait toutes les régions et tous les portefeuilles. La personnalité de Joe Clark et l'opinion qu'en avaient les Canadiens — qui n'était pas flatteuse — lui procuraient un autre thème, muet celui-là. Durant deux mois, M. Trudeau parcourut le pays en prétendant s'intéresser au prix de l'essence et en ne disant presque rien à propos de la constitution et du référendum, les deux sujets qui lui tenaient vraiment à coeur. Après l'élection, il aurait tout le temps voulu pour en parler.

Les événements se précipitèrent après l'élection du 18 février. Le lendemain de l'assermentation du nouveau cabinet Trudeau, l'Assemblée nationale fut convoquée pour amorcer le débat impatiemment attendu de trente-cinq heures sur la question du référendum.

M. Trudeau avait incontestablement formé un « cabinet de référendum ». Jean Chrétien était ministre de la Justice et chargé de la campagne du référendum. L'ancien maire de Québec, Gilles Lamontagne, était ministre de la Défense, chargé de la tâche délicate de choisir un avion de combat qui non seulement ferait l'affaire des Forces armées, mais procurerait le plus de retombées pour l'industrie québécoise d'aéronautique. André Ouellet reprenait son portefeuille des Consommateurs et cumulait les Postes. Marc Lalonde était ministre de l'Énergie; Monique Bégin, ministre de la Santé; Francis Fox, secrétaire d'État et ministre des Communications. Pierre de Bané, de la région du Bas-Saint-Laurent, Pierre Bussières et Charles Lapointe, de la région de Québec, et Don Johnston, de la communauté anglophone de Montréal, complétaient l'équipe ministérielle du Québec. En tout, il y avait 11 ministres du Québec, y compris M. Trudeau. Mais, comme la suite des événements allait le démontrer, ils n'eurent guère le temps de savourer les honneurs de la victoire.

Le débat de trois semaines à l'Assemblée nationale les mit vite sur la défensive. Avant même la fin du débat, le premier sondage de la campagne, publié le 16 mars dans l'hebdomadaire *Dimanche-Matin*, révéla un virage important en faveur du Oui. Les troupes de Ryan, déconcertées, se demandaient comment contre-attaquer et les fédéraux se demandaient comment venir à leur rescousse sans avoir l'air de prendre la direction de la campagne. Ils avaient cependant un gros atout dans leur manche : Pierre Trudeau. La question était de savoir quand et comment le jouer.

« Nous recherchions le meilleur effet, dit plus tard Jean Chrétien. En même temps, nous ne voulions pas porter ombrage à Ryan. Je pense que nous avons réussi. »

La question était de savoir ce que M. Trudeau dirait et quand il le dirait. Gérard Pelletier, le confident intellectuel de M. Trudeau, vint de Paris s'entretenir longuement avec le premier ministre et passer en revue les points qu'il devrait aborder au cours de la campagne. Ils convinrent de reprocher au Parti québécois de poser une question aussi ambiguë par manque de courage. Pour combattre le fameux argument à propos du « bargaining power » dont le Oui investirait le gouvernement du Québec, M. Trudeau établirait dès le départ l'impossibilité de la négociation. Puis, il demanderait à M. Lévesque ce qu'il ferait advenant un Non. Finalement, il exploiterait la fierté du Canada, la fierté d'être Canadien et la fierté que tiraient les Québécois de la personne même de M. Trudeau.

Le premier ministre s'entoura d'un petit cercle de quatre conseillers : Patrick McDonald, ancien adjoint de M. Pelletier; DeMontigny Marchand, ancien adjoint de M. Trudeau qui venait d'être nommé sous-secrétaire d'État après un bref séjour à l'ambassade de Paris sous le régime Clark; Claude Morin, ex-chef de cabinet de Francis Fox, à ne pas confondre avec le Claude Morin du cabinet Lévesque, et André Burelle, le fabricant de mots qui consignait sur papier les paroles et les idées que M. Trudeau consignait dans sa tête. Morin était l'archiviste et l'organisateur, celui qui recueillait toutes les coupures de journaux et la documentation dont M. Trudeau aurait besoin et celui qui réglait les détails de chacune de ses apparitions publiques. Burelle, admit-on plus tard, était le plus important des quatre. Il ne put hélas assister à deux discours clés de M. Trudeau à Montréal. « Ce fut un peu comme d'élever un bébé sans pouvoir le présenter au monde », dit-il.

Pour ceux qui pensaient que M. Trudeau avait perdu contact avec les auditoires anglophones, voire avec lui-même, ces discours référendaires auraient été une révélation. Ils ne contenaient aucune insulte, aucune grossièreté, aucune bourde. Comme disait un jour un adjoint de M. Trudeau : « Il peut être brillant pendant trente minutes et tout gâcher dans trente secondes. » Durant la campagne référendaire, même s'il parlait toujours de mémoire, M. Trudeau ne fit aucune gaffe. Il était sûr de lui-même, sûr de ce qu'il disait, sûr de la façon dont il voulait le dire. Ses discours allaient de crescendo en crescendo. Il avait aussi pris la mesure de ses adversaires.

À la Chambre des communes le 15 avril, dans un discours qu'écoutèrent religieusement les députés de tous les partis, conscients de l'importance historique du moment, M. Trudeau résuma l'idée qu'il se faisait du Canada et de la place du Québec à l'intérieur du Canada. « Enfin, dit-il, que représente ce sentiment d'appartenance à un pays qu'on nomme citoyenneté, que représente l'amour du pays qu'on nomme patriotisme ? Une partie de la réponse se trouve dans nos débats, dans nos politiques, dans nos lois et dans la constitution de ce pays. Une partie de la réponse se trouve dans la géographie et dans l'histoire de ce pays, qui sont, en un sens, des notions collectives, l'histoire étant le récit des choses que nous avons accomplies ensemble dans le passé. » Après avoir parlé encore un moment sur un ton élevé, M. Trudeau fit feu sur le Parti québécois. « J'aurais espéré, pour ma part, que ce moment historique soit envisagé avec plus de franchise et plus de courage, même par le Parti québécois, dit-il. J'avais exprimé le souhait, dès janvier 1977, que la question posée au moment du référendum soit claire, qu'elle soit posée bientôt et qu'elle soit définitive, en tout cas pour qu'on n'en parle plus pour au moins une génération... Elle n'est pas définitive, parce que dans le texte même de la question, on voit qu'il y aura éventuellement un autre référendum, et certainement, elle n'est pas claire puisqu'elle est basée sur une ambiguïté voulue par le Parti québécois... »

Et Pierre Trudeau dit — ce que seul le premier ministre pouvait dire — ce qu'il ferait si les électeurs du Québec répondaient Oui à la question posée par René Lévesque. « Le premier ministre québécois, M. Lévesque, devra commencer par reconnaître que le mandat qu'il a de négocier la souveraineté-association est un mandat fort ambigu. Il devra commencer par reconnaître que pour s'associer, il faut s'associer avec quelqu'un. » Et, puisque le premier ministre du Canada et tous les premiers ministres des provinces rejettent l'association, ils n'auraient rien à discuter.

« M. Lévesque dira peut-être alors : Eh bien, puisqu'il n'est pas question de discuter d'association, discutons de souveraineté pure et simple. La réponse forcément sera : Mais, M. Lévesque, vous n'avez pas de mandat pour discuter de souveraineté... Moi, premier ministre canadien, je ne suis pas non plus mandaté pour en discuter avec vous parce que votre souveraineté, vous la définissez dans votre question comme étant le pouvoir exclusif de faire vos lois, de percevoir vos impôts et d'établir vos relations extérieures. Voilà qu'il n'y a même pas deux mois, le peuple québécois, de concert avec le reste du pays, vient d'élire sans aucune ambiguïté un gouvernement pour siéger à Ottawa, précisément pour faire des lois pour l'ensemble du pays, pour lever des impôts et en redistribuer le fruit dans l'ensemble du pays et pour vaquer aux relations extérieures. Donc, nous venons de recevoir du peuple québécois un mandat d'exercer la souveraineté pour l'ensemble du pays.»

M. Trudeau répondait donc clairement au Oui par un Non. Il se demanda alors si M. Lévesque, inversement, répondrait au Non par un Oui.

«Que fera-t-il si le Non l'emporte?» demanda-t-il vers la fin du discours qu'il prononça à la Chambre de commerce le 2 mai. «Le savez-vous? demanda-t-il à l'auditoire. M. Lévesque le sait-il? Et, s'il le sait, nous le dira-t-il? Je souhaiterais que chacun de nous pose cette question au chef du gouvernement du Québec : que ferez-vous si le Québec répond Non? Nous avons droit de savoir, nous voulons savoir et, si vous ne daignez pas répondre, nous saurons que votre référendum est un piège...»

Comme le fit observer plus tard l'un des membres du groupe référendaire de M. Trudeau : «Le premier ministre ne laissait à M. Lévesque que deux options : ou bien, il évitait la question et alors nous le tenions; ou bien, il répondait et alors nous pouvions contre-attaquer.»

M. Trudeau avait lancé sa ligne comme un vieux pêcheur à la mouche tend la sienne dans les ruisseaux du Labrador. Et M. Lévesque, en bonne grosse truite, mordit à l'hameçon.

À peine deux heures après le discours de Pierre Trudeau, René Lévesque convoqua une conférence de presse pour lui donner sa réponse. «Nous continuerons de tourner en rond», dit-il. Il ajouta que les gouvernements rempliraient leurs obligations l'un envers l'autre, qu'ils se parleraient. Il répondit donc à la question sans pouvoir y répondre parce qu'elle impliquait la défaite de son option, «hypothèse à laquelle nous refusons de croire», dit-il.

La campagne commença à subir ce qu'on pourrait appeler

l'effet Trudeau. Il était évident que le premier ministre canadien distrayait M. Lévesque. La sérénité que René Lévesque affichait durant les premiers jours de la campagne fut rudement mise à l'épreuve à mesure que lui parvinrent des résultats moins favorables. Puis, il y avait les déclarations que faisait M. Trudeau à propos de l'impossibilité de la négociation dans l'éventualité d'une victoire du Oui et les questions qu'il posait à M. Lévesque advenant la victoire du Non. Les démarcheurs du Non reprenaient ces arguments dans leur porte à porte chez les indécis.

Par-dessus tout, il y avait la fierté émanant de la présence de M. Trudeau, facteur qui apparut encore plus tangible lors de ses dernières apparitions à Québec et à Montréal, à la fin de la campagne.

Quelle que fût leur allégeance, les Québécois tiraient une certaine fierté du rôle que jouait Pierre Trudeau sur la scène internationale. Ils ne se préoccupaient pas plus que le reste des Canadiens de la politique étrangère ou de la place du Canada dans le monde, mais ils étaient flattés de le voir s'adressant au Congrès américain, en compagnie du président américain sur le parterre de la Maison blanche ou participant au sommet économique des Sept ou à la conférence du Commonwealth. Un sondage pour le compte de l'hebdomadaire *Dimanche-Matin*, au moment de sa retraite en 1979, établit sa cote de popularité à 84 p. 100. À Québec le 7 mai, il exploita à fond sa position de chef de l'État et de fils favori. Il vint à Québec par avion de Vancouver où il avait rencontré le premier ministre japonais Masayoshi Ohira et il avait décidé de passer outre aux funérailles du maréchal Tito en Yougoslavie. À bord du JetStar ministériel, il dit à Burelle qu'il devrait peut-être tirer parti de cette décision dans son discours. Ce soir-là, il dit à la foule réunie au palais des congrès de Québec : « Moi, j'ai voulu me rendre ici pas pour vous donner un coup de main, mais parce que j'avais besoin, je sentais le besoin d'être en famille. »

M. Trudeau jouait à ce stade un rôle considérable dans la campagne, renforçant le camp du Non et démoralisant l'autre. M. Lévesque commit alors deux graves impairs. Le premier fut d'inviter M. Trudeau à prendre part à un débat télévisé, signe certain que le camp du Oui était en difficulté.

M. Trudeau prit la peine de rédiger lui-même un communiqué refusant l'invitation et rappelant à M. Lévesque qu'en vertu de sa propre loi référendaire, il lui fallait traiter avec le chef du comité du Non, Claude Ryan. «Contre l'esprit et la lettre de sa propre loi référendaire, disait le communiqué, [M. Lévesque] me

demande de court-circuiter le comité du Non et son chef Claude
Ryan pour débattre directement avec lui la question référendaire.
Ma réponse est claire : non, merci. » C'était une charmante petite
pointe qui toucha René Lévesque au bras. Mais le second impair
de M. Lévesque allait permettre à M. Trudeau de l'écraser sans
merci le lendemain soir, dans un ralliement décisif à Montréal.

Durant le week-end qui suivit le discours de M. Trudeau à
Québec, M. Lévesque fit observer que M. Trudeau portait aussi
le nom d'Elliott et qu'il n'était donc pas Québécois pure laine.
Sa remarque passa inaperçue, sauf dans un petit entrefilet publié
par le *Globe and Mail* qui n'échappa guère à l'attention de Claude
Morin, du groupe Trudeau. Lorsque le groupe se réunit le lundi
12 mai, il montra la coupure de journal au premier ministre.
« Quelques-uns des membres du groupe dirent qu'il ne fallait pas
y attacher d'importance, rappelle Morin. Mais il était clair que
M. Trudeau souhaitait en parler. » Burelle dit que la remarque de
M. Lévesque était « un cadeau extraordinaire » et il se mit en frais
de rassembler les noms de péquistes à consonance anglaise.

Tandis qu'il se préparait pour son discours du mercredi à Montréal, M. Trudeau se faisait presser de toutes parts de promettre
solennellement qu'un vote pour le Non ne serait pas interprété par
son gouvernement comme un vote pour le statu quo constitutionnel.

Jean Chrétien alla déjeuner à sa résidence du 24 Sussex le
jour même. « Je lui dis que c'était un moment historique et que
son discours devait être du même ordre », rappelle-t-il. Il dit qu'il
incita M. Trudeau à promettre une réforme de la constitution. Il
mentionna aussi la remarque de M. Lévesque et eut l'impression
que le premier ministre en entendait parler pour la première fois.
M. Trudeau lui demanda ce qu'il en pensait et Chrétien répondit :
« Vas-y, Pierre. Donnes-y la claque ! »

M. Trudeau prononça ce soir-là le discours de sa carrière,
celui qui allait rester le mieux gravé dans la mémoire des gens
des deux camps. La scène, au Centre Paul-Sauvé, donnait davantage l'impression d'un concert rock que d'une assemblée politique. La foule en sueur scandait le nom de Trudeau. Elle le reven-
diquait comme l'un des siens. Presque au début de son discours,
il s'engagea à procéder à la réforme de la constitution, mit les
sièges de ses députés du Québec en jeu et promit qu'il n'aurait
pas de relâche jusqu'à ce que le travail soit fait.

Mais le clou du discours fut le passage de deux minutes portant sur son nom.

« Bien sûr, mon nom est Pierre Elliott Trudeau, s'écria-t-il.

Oui, Elliott, c'était le nom de ma mère, voyez-vous. C'était le nom des Elliott qui sont venus au Canada il y a plus de deux cents ans. C'est le nom des Elliott qui se sont installés à Saint-Gabriel-de-Brandon où vous pouvez encore voir leurs tombes au cimetière, il y a plus de cent ans. C'est ça, les Elliott.

« Mon nom est québécois, mon nom est canadien aussi, et puis c'est ça mon nom.

« Laissez-moi vous dire le ridicule dans lequel cette sorte d'argumentation méprisante de M. Lévesque tombe, puisqu'il choisit de qualifier mon nom. Pierre-Marc Johnson, c'est pourtant un ministre. Johnson, est-ce un nom anglais ou français ? Et Louis O'Neil, l'ancien ministre, et Robert Burns et Daniel Johnson ? C'étaient des Québécois ou non ?

« Puisqu'on parle de noms, je voyais dans le journal d'hier que le président des Inuit québécois, les Esquimaux, ils vont voter non eux autres. Bien, savez-vous son nom ? C'est Charlie Watt. Ce n'est pas un Québécois ? Ils sont là depuis l'âge de pierre. Ce n'est pas un Québécois, M. Watt ? »

Ce fut le coup de grâce intellectuel et émotif de la campagne référendaire. Parce que M. Trudeau faisait à ce moment référence à l'histoire et à l'expérience de son peuple, dont chaque membre presque possède une goutte de sang anglais ou irlandais. Il y avait, dans le Québec, des O'Connell, des O'Keefe et des O'Neill qui ne parlaient pas un mot d'anglais. Les propres attachés de presse de M. Lévesque s'appelaient Gratia O'Leary et Robert Mackay. Le public sentit tout de suite le ridicule de l'argumentation et se

Le 14 mai 1980 : Trudeau est acclamé par des milliers de personnes au Centre Paul-Sauvé, dans l'est de Montréal. Le ministre de la Justice, Jean Chrétien, qui a eu plusieurs discussions avec Ryan depuis le retour des libéraux à Ottawa, il y deux mois, présente Trudeau comme « la fierté du Québec et la fierté du Canada ». Dans un des grands discours de sa carrière, Trudeau promet de tout risquer pour obtenir des réformes constitutionnelles. Pour certains, les résultats obtenus sont très différents de ce qu'ils avaient rêvé. (Photo Tedd Church) mit à scander «Elliott, Elliott» au lieu de «Trudeau, Trudeau».

Après l'assemblée, la présidente de la Chambre des communes, Mme Jeanne Sauvé, confia au premier ministre qu'elle était au bord des larmes et il avoua qu'il était ému lui aussi. Mais il ne prit pas le temps d'attendre les félicitations. À l'arrière, une voiture l'attendait pour l'amener au boulevard Métropolitain sous lequel était garée sa limousine qui le ramena à Ottawa.

«Quelqu'un veut que je le raccompagne?» lança-t-il à la ronde. Mais tous restèrent à Montréal pour célébrer son triomphe. Longtemps après, on ne put s'empêcher de se demander quel homme, après un tel discours, rentrerait seul à la maison comme si de rien n'était.

16
Le gros village :
20 mai 1980

L e duplex de Claude Ryan, sur le boulevard Saint-Joseph, à Outremont, illustre bien comme le Québec est petit, qu'il n'est vraiment rien de plus qu'un gros village. Avant que M. Ryan ne l'achète au milieu des années 60, le rez-de-chaussée avait servi de local au Groupe de recherche sociale. Maurice Pinard et ses collaborateurs s'y étaient réunis pour mettre au point une méthodologie des études sociologiques du Québec. Lorsque la famille Ryan y emménagea, le locataire de l'étage n'était nul autre que Marc Lalonde qui, comme Pinard et Trudeau, fit partie du groupe des sept qui rédigea le manifeste *Pour une politique fonctionnelle* en 1964. Pendant des années par la suite, M. Ryan se plut à désigner Lalonde comme son ancien locataire.

C'est à cette modeste maison de brique rouge que M. Trudeau se rendit ce matin ensoleillé du 20 mai 1980, jour du référendum, au terme duquel une génération de Québécois tiendrait sa réponse.

M. Ryan venait tout juste de déposer son vote au sous-sol de l'église Saint-Viateur, avenue Laurier, où pendant des années il avait croisé des gens comme Camille Laurin et Jacques-Yvan Morin, deux apôtres de l'indépendance, et échangé des plaisanteries avec eux au sortir de la messe.

M. Trudeau connaissait la maison puisqu'il connaissait Ryan depuis plus de trente ans. Ce qu'il ne savait peut-être pas, c'est qu'elle n'était qu'à quelques mètres de l'avenue Nelson où habitait Guy Beaugrand-Champagne, l'homme qui les avait présentés l'un à l'autre.

M. Trudeau sirota son café tandis que l'attendait sur le parterre devant la maison l'homme qui devait l'accompagner au bureau de scrutin. À titre de procureur de M. Trudeau, Michel Robert avait mission de répondre à toute contestation du lieu de domicile du premier ministre dans la circonscription de Mont-Royal. Quelques mois plus tard, M. Robert agit de nouveau comme procu-

reur du premier ministre au sommet de septembre sur la
constitution. Plus tard encore, il eut mission de plaider la cause
fédérale du rapatriement de la constitution devant la Cour suprême
du Canada. M. Robert s'abstint de se présenter à la porte avec
le premier ministre pour ne pas embarrasser leur hôte. Car lui
et Ryan étaient à couteaux tirés. Michel Robert était celui qui avait
invité Claude Ryan à prononcer le discours de circonstance au congrès libéral de 1977 et il avait été l'un des tout premiers partisans
de la candidature de Ryan à la direction du parti. À la demande
de M. Ryan, il avait accepté de présider le Comité Pro-Canada
qui devait rassembler toutes les forces du Non, puis, en opposant
son veto au projet d'organisation de la campagne référendaire,
M. Ryan l'avait forcé à dissoudre le Comité. Alors, comme tout
autre avocat de village, Michel Robert s'en était allé trouver un
autre client.

MM. Trudeau et Ryan ne se rappelaient peut-être pas pourquoi Guy Beaugrand-Champagne, qui habitait aujourd'hui au coin
de la rue voisine, les avait présentés l'un à l'autre, pensant qu'ils
seraient un jour les chefs de file de leur génération. Cette intuition s'était aujourd'hui concrétisée, même s'ils avaient pris des
voies différentes au fil des ans. C'est un autre homme de leur génération, René Lévesque, qui les avait amenés au point où ils étaient
ce jour-là. C'est finalement M. Lévesque qui avait fait mettre aux
voix la question qui avait absorbé le plus clair des énergies de leur
génération et qui avait été la source de tant de divisions. Dans
le camp fédéraliste, on l'appelait la question constitutionnelle. Dans
le camp indépendantiste, c'était la question nationale.

MM. Trudeau, Ryan et Lévesque traitèrent la question en leur
qualité de chefs de leur génération. Et quoi qu'on pensât de leurs
idées, il fallait admirer leur dessein. Chacun s'était engagé dans
la politique à un âge mûr, avec un projet défini, non pas pour se
faire connaître mais pour faire quelque chose. Trudeau avait 46
ans lorsqu'il prit le chemin d'Ottawa en compagnie de Gérard Pelletier et de Jean Marchand pour mettre le système fédéral à
l'épreuve. René Lévesque avait 37 ans et il était la grande vedette
du journalisme parlé au Canada français lorsqu'il décida de se joindre à l'équipe libérale de Jean Lesage en 1960 pour amorcer la
Révolution tranquille. Et Claude Ryan, le plus jeune des trois en
dépit des apparences, avait 53 ans lorsqu'il prit la tête des libéraux du Québec en 1978 avec l'intention de trouver un moyen terme
entre les positions de MM. Trudeau et Lévesque. Chacun avait
réuni autour de lui des gens aussi remarquables par leurs idées

que par leur nombre. Le Québec de leur génération et de celle qui suivit produisit une qualité de leadership hors de toute proportion avec l'importance d'une petite société de six millions de personnes.

« Le Québec équivaut à l'Indiana, dit Michel Robert. Il a la même population et la même base industrielle. » Pourtant, le Québec des générations de Trudeau et de Robert produisit les personnalités dominantes de la scène politique canadienne et celles qui engagèrent le débat le plus passionnant. Peut-être était-ce attribuable justement au fait que le Québec était un gros village où tous se connaissaient. « Il est normal que les gens d'un petit peuple se connaissent mieux », dit Claude Forget, ex-ministre des Affaires sociales dans le deuxième gouvernement Bourassa, qui devançait Bourassa d'un an à la faculté de droit de l'Université de Montréal, dans les années 50.

Gérard Pelletier s'était entretenu de la question avec John Turner, à savoir comment il se faisait que le Québec avait produit tant de leaders alors que le Canada anglais en était si démuni. Selon M. Turner, rappelait M. Pelletier quelques années plus tard, c'était parce que les meilleures têtes du Canada anglais avaient tendance à graviter vers le secteur privé.

Michel Robert appartenait à la génération subséquente, à celle qui avait été déchirée par la question nationale dans les collèges et les universités. Les membres de sa génération sortirent des collèges classiques comme Brébeuf et Sainte-Marie et se dirigèrent vers les facultés de droit de Montréal et de Laval. Vingt ans plus tard, ils prirent à leur tour les rênes de leur génération. Du temps de Robert à l'Université de Montréal émergèrent Robert Burns, le brillant parlementaire et premier leader du gouvernement Lévesque en Chambre, Pierre Marois et Bernard Landry, aussi membres du cabinet Lévesque, et Francis Fox, qui devint adjoint de M. Trudeau puis ministre à Ottawa.

En même temps, un groupe encore plus important de futurs leaders sortait des facultés de droit et de sciences sociales de Laval. Dans un parlement étudiant, Jean Garon, qui devint plus tard ministre de l'Agriculture dans le gouvernement Lévesque, posait comme le premier chef du Québec indépendant. Le chef de l'opposition était Brian Mulroney qui dirigeait une horde inusitée de futurs conservateurs comprenant Michael Meighen, plus tard président du Parti progressiste conservateur, Jean Bazin et Michel Cogger, qui font aujourd'hui partie de l'entourage intime du premier ministre conservateur. Siégeaient aussi dans ce parlement croupion deux futurs membres du cabinet Lévesque, Clément Richard et Denis de Belleval, et le futur ministre fédéral André Ouellet. Ceux-là n'étaient encore que les hommes en vue. Derrière eux se trouvait une ribambelle d'étudiants qui prendraient plus tard les commandes de la fonction publique du Québec et des postes de premier plan dans l'administration fédérale.

Parmi eux, ils formaient un réseau aussi serré que tout ce qui s'était vu jadis au Canada anglais. «Ce n'est pas compliqué, dit Mulroney une vingtaine d'années plus tard, nous nous connaissions tous. Il n'y avait que deux écoles de droit, Montréal et Laval. Nous n'avions pas de contacts avec les gens de McGill.» Par la suite, même lorsqu'ils devinrent ennemis mortels à propos de la question nationale, les hommes et les femmes de cette génération restèrent amis personnels.

Ils furent pratiquement les derniers de cette école d'élites extrêmement liées. À la fin des années 60, les collèges classiques firent place aux cégeps qui se multiplièrent comme des champignons. Au début des années 80, il y avait plus d'une quarantaine de collèges dans la province. De même, tandis qu'il n'y avait auparavant que les universités Laval et de Montréal, l'université de Sherbrooke et l'université du Québec, avec ses multiples campus, se développèrent à pas de géant dans les années 70 et 80. Il n'y aurait plus de générations comme celle que représentait l'homme debout sur le parterre de la maison de Claude Ryan le matin du référendum. Non seulement les étudiants étaient-ils désormais dispersés à travers tout le système d'éducation, mais, avec la fin des années 70, ils se dirigeaient vers d'autres carrières et s'inscrivaient dans les facultés de commerce. Ce n'était plus le Québec de leurs pères parce que leurs pères l'avaient changé. Quels que soient les résultats que réservait la soirée du 20 mai, les hommes et les femmes de la génération de Trudeau, de Ryan et de Lévesque avaient porté la question nationale à son aboutissement, sinon à sa solution définitive.

M. Trudeau avait des idées sur le sujet, mais il ne les partagea pas toutes avec M. Ryan. Il dit qu'il voulait procéder rapidement sur la question de la constitution après le référendum. Ce qu'il ne dit pas, ce que personne n'aurait pu imaginer, ce contre quoi M. Ryan aurait protesté de toutes ses forces, c'est à quelle vitesse. Lorsque M. Trudeau quitta M. Ryan ce matin-là, ce fut vraiment la fin de leur alliance tourmentée. Dans la voiture qui les menait vers le bureau de scrutin de Mont-Royal, Michel Robert lui posa la question qui était sur toutes les lèvres ce jour-là : quel serait le résultat du vote ? M. Trudeau était moins optimiste qu'on eut pu l'imaginer sur les chances du Non. Il prévoyait que le Non recueillerait de 55 à 57 p. 100 des suffrages. Peut-être redoutait-il le pire puisqu'une victoire de 55 p. 100 du Non serait en fait une victoire morale du Oui, lui donnant la majorité des suffrages francophones. Vraisemblablement, il ne faisait que reprendre la prédiction de Jean Chrétien, fondée sur les sondages fédéraux qui indiquaient une victoire par la marge de 10 à 12 points.

L'homme qui salua M. Trudeau sur le trottoir devant chez lui avait éprouvé ses propres moments d'incertitude durant cette fin de semaine de la fête de la reine. Le samedi, M. Ryan visitait les quartiers du Non à Sainte-Foy, en banlieue de Québec, lorsqu'il reçut un appel téléphonique de son organisateur en chef, Pierre Bibeau, de Montréal. Il venait d'apprendre les résultats d'un sondage de l'I.Q.O.P. qui seraient publiés dans l'édition du lendemain du *Dimanche-Matin*. Ils n'étaient pas réjouissants. Le sondage, fait au milieu de la semaine, prédisait une victoire de 52 à 48 du Oui, renversant l'avance de 52 à 48 du Non de la semaine précédente. Il était invraisemblable que se soit produit un revirement de quatre points en l'espace de quelques jours. Bien sûr, il n'y avait pas eu de tel revirement. Mais M. Ryan fut quand même ébranlé. «Il revint du téléphone, blanc comme un drap», dit Bernard Langevin, qui l'accompagnait. Claude Ryan était très inquiet, dit le député libéral Jean-Claude Rivest, «non pas tant du sondage que de l'effet qu'il aurait». Le lendemain, une fois qu'ils eurent examiné avec soin les chiffres et la méthodologie de l'I.Q.O.P., les organisateurs du Non furent rassurés. Le sondage eut l'effet salutaire d'une douche froide sur les forces du Non qui avaient tendance à se bercer d'illusions puisque leur pointage indiquait une victoire fédéraliste de l'ordre de 60 à 63 p. 100. «Vous ne savez pas comment ça a réveillé les gens», dit Léonce Mercier, l'ex-président de la campagne de leadership de Raymond Garneau prêté au Comité du Non par l'aile québécoise des libéraux fédéraux dont il était le directeur général.

L'autre camp avait aussi reçu en primeur les résultats du sondage de l'I.Q.O.P. du président de la compagnie, Jean-Pierre Nadeau. Mais les forces du Oui, un peu démobilisées et qui auraient eu besoin qu'on leur remonte le moral, n'y crurent pas non plus. La meilleure hypothèse qu'elles tiraient de leur sondage était une défaite de 52 à 48 du Oui et leur scénario le plus probable prévoyait une victoire de 58 à 42 des forces fédéralistes. À sa conférence de presse du dimanche après-midi, René Lévesque parut désabusé, voire morose, alors qu'il aurait dû jubiler devant les résultats du dernier sondage. Manifestement, il n'y croyait pas. Quelques-uns dans le camp du Oui ont sans doute pensé que les résultats avaient été cuisinés par l'autre camp pour rallier les indécis.

L'entourage de M. Ryan, quant à lui, présumait qu'on avait manipulé les chiffres pour présenter l'hypothèse la plus favorable au Oui. Il est certain que M. Ryan lui-même ne se serait pas donné autant de peine le dernier jour de la campagne. Depuis le 13 avril, il n'avait pas pris un seul jour de congé. Il était manifestement si enrhumé qu'il avait du mal à parler. À la demande de sa femme, il avait annulé son dernier engagement de la campagne, à Louise-ville, et s'y était fait remplacer par Robert Bourassa. Il ne serait même pas sorti du lit ce matin-là pour assister à un déjeuner parois-sial dans la banlieue de Laval n'eût été le sondage de l'I.Q.O.P. Dans les circonstances, il croyait nécessaire de se montrer et de réfuter les projections du sondage. Très peu de reporters croyaient au sondage. Don MacPherson, du réseau anglais de Radio-Canada, plus tard chroniqueur politique du journal *The Gazette* reflétait bien l'attitude des journalistes lorsqu'il demanda à l'un de ses col-lègues : « Comment aimerais-tu posséder des parts de l'I.Q.O.P. ce matin ? » Sérieusement, les reporters passèrent la semaine en revue pour voir s'ils eussent pu déceler quelque indication d'un revirement de quatre points. Il y avait bien eu la controverse au sujet des dépenses de publicité du gouvernement fédéral qui avait pu provoquer un ressac, mais certes pas de l'ordre de quatre points sur une question aussi fondamentale que le pays. Néanmoins, il leur fallait obtenir la réaction de M. Ryan au sondage.

Marc Lalonde dit qu'il n'y croyait pas. « C'est impossible », dit-il, s'appuyant sur les sondages fédéraux qui indiquaient une victoire du Non de l'ordre de 57 p. 100. M. Lalonde s'apprêtait à partir pour Paris en vue d'une rencontre des ministres de l'Éner-gie. Il allait passer la soirée du référendum en compagnie de Gérard Pelletier, recevant les résultats en direct de Radio-Canada. À un certain moment durant la soirée, Lalonde proposa d'aller à la Mai-son du Québec sabler le champagne avec le délégué général Yves Michaud qui, avec ses invités, regardaient les résultats à la télé-vision grâce à une liaison avec Radio-Québec. « J'ai autant le droit que quiconque d'y aller », dit M. Lalonde. M. Pelletier avait l'impression qu'il plaisantait. De toute façon, ils restèrent bien tranquilles, évitant ainsi sans doute une bourde diplomatique.

Il était plus de minuit à Paris au moment de la fermeture des bureaux de scrutin dans le Québec. La population se rendit aux urnes en nombre record. Des 4 367 134 votants inscrits, 3 673 842 répondirent à la question référendaire, une proportion étonnante de 85,61 p. 100. Durant la première et la dernière heure, les deux heures de pointe du scrutin, de longues files faisaient la queue à la porte des bureaux de vote, généralement situés dans les sous-sols d'églises et les gymnases d'écoles. Dans certains bureaux, particulièrement dans le secteur anglophone de l'ouest de l'île de Montréal, où plusieurs votants se plaignirent d'avoir été inutilement harcelés par les scrutateurs du Oui, le vote se prolongea longtemps après la fermeture officielle.

Puis la province et le pays attendirent les résultats. Au 425, boulevard Saint-Joseph, chez M. Ryan, la maison était pleine d'amis. M. Ryan commençait à se remettre de son rhume et il avait suffisamment repris confiance pour prédire que le Non recueillerait 62 p. 100 des suffrages, pronostic qu'il avait fait cinq semaines plus tôt lors d'un déjeuner en compagnie de MM. Bourassa et Lesage au Club de la Garnison de Québec. Ce soir-là, M. Ryan était entouré de quelques-uns de ses amis et conseillers. Bernard Langevin, son secrétaire de tournée, était à peu près le seul membre de son entourage politique présent chez lui. Les autres l'attendaient au quartier général du Non dans le vieil auditorium de Verdun, depuis Bibeau jusqu'à Herb Laviolette, le pilote d'Air Canada qui était capitaine du DC-9 nolisé par le camp du Non et surnommé le DC-Non.

Au 24 Sussex, à Ottawa, M. Trudeau avait réuni une demi-douzaine de collègues et de membres de son personnel. La présidente des Communes, Mme Jeanne Sauvé, s'y trouvait, en compagnie du secrétaire particulier de M. Trudeau, Jim Coutts, du secrétaire du Conseil privé, Michael Pitfield, de DeMontigny Marchand, du groupe référendaire du bureau du premier ministre, du secrétaire de presse Patrick Gossage et d'André Burelle.

Deux téléviseurs étaient en marche dans le salon, l'un réglé sur le réseau français, l'autre sur le réseau anglais de Radio-Canada, et les gens se disputèrent sur la question de savoir s'ils devaient élever le volume de l'anglais ou du français. M. Trudeau n'en fit pas de cas, impatient qu'il était d'entendre les résultats.

Ils ne furent pas longs à venir. Dès les premiers rapports provenant du fond de l'est de la province, il sembla évident que les forces du Non allaient remporter une victoire significative. Une demi-heure après la fermeture des bureaux, les jeux étaient faits. Dix minutes plus tard, Radio-Canada proclama M. Ryan et le camp du Non vainqueurs.

Au Centre Paul-Sauvé, le traditionnel rendez-vous du Parti québécois les soirs d'élection, René Lévesque était étrangement seul ce soir de défaite. Alors qu'il avait été littéralement assiégé par ses partisans en larmes le soir de la victoire du Parti québécois en 1976, il était maintenant seul sur la tribune en compagnie de sa femme Corinne, qui tenait une rose. À l'écart, derrière, se tenait Lise Payette, le seul membre du cabinet Lévesque qui daigna faire face à la musique. Elle avait commis la pire bourde de la campagne du Oui en mars avec la remarque qui avait déclenché le mouvement des Yvettes, l'événement le plus spontané de la campagne.

M. Lévesque avait toujours été gracieux dans la défaite. Dix printemps auparavant, il était venu au même endroit consoler les membres de son parti de n'avoir remporté que sept sièges tandis qu'ils avaient recueilli 23 p. 100 des suffrages à l'élection de 1970. Ce soir-là, il dit que c'eût été une victoire morale pour un nouveau parti que de remporter une demi-douzaine de sièges. C'était du Lévesque en pleine forme, désamorçant une situation qui aurait pu être explosive. De même, le soir du référendum de 1980, il se réconforta du fait que 40,5 p. 100 de l'électorat avait endossé le mandat de souveraineté-association. « Il faut l'avaler celle-là », commença-t-il, en concédant que la défaite était plus douloureuse que toute autre défaite électorale. Il reconnut que les Québécois voulaient de toute évidence donner une autre chance au fédéralisme et dit que « la balle [était] maintenant dans le camp du fédéral ». Dans l'ensemble, son discours fut aimable et émouvant, sauf sa dénonciation de l'entrée « scandaleuse » de Trudeau et des fédéraux dans la campagne. Regardant la télévision dans le quartier de Ryan à l'auditorium de Verdun, Jean Chrétien ne put s'empêcher de murmurer que Lévesque était « un maudit hypocrite ».

La réaction fut toute différente au salon du 24 Sussex. Tous ceux qui y étaient avouèrent plus tard que M. Trudeau éprouva du chagrin pour M. Lévesque. Lorsque quelqu'un fit observer au premier ministre qu'il paraissait ému par le discours de M. Lévesque, il protesta. « J'aurais eu beaucoup plus de peine pour lui s'il avait été battu sur une question honnête », dit-il.

M. Trudeau avait une façon de dissimuler ses pensées et ses émotions. Lorsque le résultat devint évident ce soir-là, il se tourna vers Burelle et lui dit : « Si je comprends bien, je n'aurai pas besoin du texte du Oui. »

Il y avait bel et bien un tel texte et il existe toujours dans les dossiers de Burelle sous clé, à Ottawa. Sans doute sera-t-il publié un jour, lorsque sera levé l'embargo de 30 ans sur les documents d'État et que la plupart des acteurs de cette génération seront morts et enterrés. Ce n'est qu'alors que les Québécois sauront ce qu'aurait dit M. Trudeau advenant une victoire du Oui. Burelle se contente de dire que la déclaration de M. Trudeau aurait été « dans la logique de ses discours antérieurs ».

Quoi qu'il en soit, M. Trudeau n'eut pas à s'en préoccuper ce soir-là, même s'il voulait sans doute aider à panser les plaies. Il n'y avait qu'un texte pour le Non, pas un texte pour 51 p. 100 et un autre pour les 59,5 p. 100. En le rédigeant, dit plus tard Burelle, « nous souhaitions seulement que Lévesque ne puisse pas dire que c'était à cause de l'anglais ».

M. Trudeau n'apporta aucun changement au texte, mais il y fit une addition. À gros traits de plume, il écrivit une simple phrase en haut de la première page du texte français : « Jamais je ne me suis senti aussi fier d'être Québécois et Canadien. » C'était sa réponse au discours de M. Lévesque du soir d'élection 1976 dans lequel il avait dit qu'il n'avait jamais été aussi fier d'être Québécois. M. Trudeau pouvait ajouter « et Canadien ».

Le texte en main, M. Trudeau se prépara à aller parler à la nation depuis la tribune de la presse de la rue Wellington, à cinq minutes du 24 Sussex. Mais comme le reste du Québec et du Canada, il dut attendre que M. Ryan ait fini de parler. Et il attendit, attendit, attendit.

Sur les deux téléviseurs dans le salon de la résidence du premier ministre canadien, M. Ryan donnait l'impression d'être mauvais gagnant. Ce n'était pas tant à cause des mots qu'il disait que de sa façon de les dire. Il semblait s'être gravement mépris sur l'occasion. Il se livra à un discours grossièrement partisan plutôt que de tenter de jeter du baume sur les plaies et de réconcilier les Québécois, comme il entendait d'ailleurs faire. Mais, entre le moment où il quitta la maison et le moment où il monta sur la tribune à Verdun, quelque chose survint qui le mit hors de lui.

Les organisateurs de la soirée avaient prévu que M. Chrétien le présenterait et ils avaient fait venir le ministre de la Justice dans ce but. Ce fut leur première erreur puisque, en théorie, seuls les chefs des trois camps devaient prendre la parole. M. Ryan s'était entendu là-dessus avec M. Trudeau par téléphone au début de la soirée. M. Trudeau avait dit que M. Ryan devait parler le premier au nom des fédéralistes puisqu'il avait mené la campagne et M. Ryan avait décidé que M. Trudeau devait avoir le dernier mot à titre de premier ministre du Canada.

M. Ryan voulait aussi éviter qu'on ne perçoive les gens du fédéral comme les grands vainqueurs de la journée. Il s'était montré très ennuyé au début de la soirée lorsqu'il avait vu que Jean Chrétien agissait comme commentateur à la télévision de Radio-Canada. Pour M. Chrétien, venu à Montréal après avoir voté dans sa circonscription de Shawinigan, la soirée était une douce vengeance. «Ah! c'est un merveilleux studio, avait-il dit en entrant à Radio-Canada, dans un magnifique immeuble bâti par le fédéral.»

M. Ryan ne se réjouit pas de voir M. Chrétien à la télé. «J'estimais que, puisque nous avions travaillé en équipe, il ne seyait pas qu'un membre de l'équipe fasse ses commentaires avant que le chef d'équipe ait parlé. Je pensais qu'il aurait dû me consulter avant d'accepter l'invitation. Et ça, c'était le début.»

Sous les estrades du vieil auditorium de Verdun, il se passa ensuite une scène que n'étaient pas près d'oublier ceux qui en furent témoins. À son arrivée, M. Ryan distribua les poignées de mains comme à l'accoutumée et embrassa les femmes présentes, Solange Chaput-Rolland et Aline Chrétien notamment, sur les deux joues.

Lorsque M. Lévesque eut terminé son discours, l'un des organisateurs de la soirée, Pierre Brodeur, vint prévenir M. Ryan que ce serait à son tour de parler. Il dit que M. Chrétien monterait d'abord sur la tribune, dirait quelques mots et le présenterait. M. Ryan, encore sous l'effet de son rhume et épuisé par la dure campagne qu'il avait faite, fit ce que tout être exaspéré aurait fait dans les mêmes circonstances. Il explosa. Il craignait comme la peste qu'on perçoive les fédéraux comme ceux qui avaient sauvé sa campagne. Son secrétaire de tournée, Bernard Langevin, crut aussi déceler un brin de jalousie du fait que MM. Trudeau et Chrétien reçoivent autant de crédit vers la fin de la campagne. «Je me souviens d'avoir dit un mot ou deux à Chrétien», dit plus tard Ryan.

Il avait dit plus qu'un mot ou deux. «Non, non, non, dit-il à Brodeur. Personne d'autre que moi ne va parler. Je suis le chef des forces du Non et je vais parler.»

M. Chrétien, à quelques pas de lui, parut consterné. Sa femme lui dit de laisser aller, mais M. Ryan se tourna vers lui et lui dit qu'il était le chef. «Très bien, dit Chrétien. Ce n'est pas moi qui ai demandé à venir ici.» Plus tard, M. Chrétien s'efforça de minimiser l'incident en disant que «Ryan était nerveux ce soir-là». Mais l'incident rouvrit le fossé entre eux et, dans un sens plus large, entre les deux camps fédéralistes. Il dérouta aussi M. Ryan. Plutôt que de monter sur la tribune et de dire qu'il était temps de panser les blessures, comme il avait projeté de faire, il fonça dans la salle en renâclant comme un boeuf enragé. Les gens présents dans la salle eurent l'impression qu'il prononça un discours hautement partisan. À la télévision, l'impression fut pire encore et ne cessa par la suite de hanter M. Ryan. Il somma le gouvernement de « tirer la leçon du référendum, c'est-à-dire de se plier à la volonté populaire telle qu'exprimée au référendum ». Il le mit en demeure de démissionner et de convoquer une élection qui permettrait de déterminer qui négocierait le nouveau fédéralisme au nom du Québec. Fut-il encore directeur du *Devoir*, c'eût été un bon éditorial pour le lendemain. Mais en tant qu'homme politique, c'était une grave erreur. D'abord, il faisait de la nouvelle alors qu'il y en avait déjà trop pour la journée. On n'attendait rien d'autre de lui que de se montrer généreux. Il avait bien l'intention de l'être, mais il avait laissé ce discours à la porte. Le discours qu'il devait prononcer était celui qu'il avait répété la veille à Lachute, ville bilingue de son comté d'Argenteuil, au nord-ouest de Montréal.

Là, la veille du scrutin, il avait réussi à s'élever au-dessus des tensions et du tumulte de la longue campagne. Il avait puisé à l'intérieur de lui le meilleur de ses sentiments. « Une chose que j'ai apprise sur les genoux de ma mère, avait-il dit en parlant des anglophones et des francophones du Canada et du Québec, c'est que nous sommes différents mais que nous devons nous aimer. » Derrière le ton austère de son discours de la victoire persistait quand même un peu de ce message de fraternité. « Ce soir, au moment où je quittais la maison pour me rendre ici, dit-il à Verdun, un jeune homme d'environ 18 ans m'a abordé. Il m'a dit : 'M. Ryan, j'ai voté oui aujourd'hui, mais je veux vous féliciter pour la belle campagne que vous avez faite.' J'ai remercié ce jeune homme et je lui ai dit que son attitude devait nous servir d'exemple à tous. »

Il eut un mot de remerciement pour les femmes qui avaient participé à la campagne, les Yvettes « de Gaspé, de Rimouski, de Sept-Îles, de Québec, de Chicoutimi, de Valleyfield, de Joliette, de Trois-Rivières, de Shawinigan, de Sherbrooke, de Saint-Jean, de Saint-Hyacinthe et de partout au Québec ». Son discours avait la cadence d'un discours de campagne, mais l'occasion était mal choisie. En l'entendant, nombre de Québécois se formèrent de lui une opinion défavorable ou renforcèrent la mauvaise opinion qu'ils s'en faisaient.

Car la bataille pour le coeur et l'esprit des Québécois, pour utiliser le cliché en usage, était loin d'être terminée. En un sens,

M. Lévesque perdit l'esprit mais gagna le coeur des Québécois en entonnant *Gens du pays*, la chanson de Gilles Vigneault qu'il avait appelée « notre hymne national par anticipation ». Il lança aussi un nouveau slogan pour le Parti québécois en terminant son discours par : « À la prochaine ! » Comme dit Patrick Gossage : « Pas étonnant que M. Trudeau ait éprouvé de la sympathie pour lui. »

M. Ryan avait gagné leur esprit, mais il perdit leur coeur. C'est donc à M. Trudeau que revint la tâche de tirer la conclusion de l'événement et il le fit, au dire même de M. Ryan, avec « grâce et élégance ».

« Nous vivons ce soir la démocratie dans ce qu'elle a de plus beau et de plus douloureux à la fois », dit-il. C'était le mot de réconfort que les Québécois des deux camps attendaient. À la fin, M. Trudeau était ce que M. Ryan n'était pas : un acteur politique. Ayant reproché au Parti québécois de ne pas avoir le courage de ses convictions, M. Trudeau disait maintenant qu'il ne pouvait s'empêcher de penser « à tous les tenants du Oui qui se sont battus avec tant de conviction et qui doivent ce soir remballer leur rêve...

« Cela, dit-il, m'enlève le goût de fêter bruyamment la victoire. »

Il poursuivit, disant :

« À mes compatriotes du Québec blessés par la défaite, je veux simplement dire que nous sortons tous un peu perdants de ce référendum. Si l'on fait le décompte des amitiés brisées, des amours écorchées, des fiertés blessées, il n'en est aucun parmi nous qui n'ait quelque meurtrissure de l'âme à guérir dans les jours et les semaines à venir. »

Ainsi passèrent à l'histoire le jour et la campagne du référendum. De novembre 1976 à mai 1980, ce fut une période excitante pour ceux qui vivaient au Québec, trois ans et demi de débat intense sur la question d'un pays. Et, le plus remarquable, c'est qu'à travers tout cela, il n'y eut jamais un instant de colère. Comme avait l'habitude de dire M. Ryan à tout propos : « Formidable ! Formidable ! »

17
Le printemps silencieux

Plus tard, les sondeurs et les bonzes parleraient du phénomène comme de la dépolarisation du Québec. C'était une façon savante de dire que, dans l'esprit des votants, le référendum était terminé et, avec lui, l'alignement des forces qui rejetèrent l'option péquiste en 1980.

Personne ne sait exactement comment cela s'est produit, moins que quiconque Claude Ryan, parce qu'il a refusé d'autoriser les fonds nécessaires aux sondages qui auraient permis de l'expliquer durant l'automne 1980 et l'hiver 1981. En un sens qui n'est guère scientifique mais fort observable, la dépolarisation s'est amorcée autour de la table de famille des Québécois à Noël 1980. Durant les quatre périodes précédentes des fêtes, les réunions de famille s'étaient ressenties des divisions qui déchirèrent la société québécoise durant la période référendaire. Maintenant que tout était terminé, les votants étaient nettement soulagés de pouvoir se remettre aux affaires de la vie quotidienne. Un fait remarquable survint au début du Nouvel An. En changeant leurs plaques d'immatriculation, les Québécois décidèrent de mettre au rancart les plaques « Québec », « Québec-Canada » ou « Canada » qu'ils avaient affichées sur le devant de leurs voitures. Plus qu'un millier de sondages, cela signalait la fin du référendum. Mais pratiquement personne ne s'en aperçut.

Personne, sauf René Lévesque.

En février 1981, M. Lévesque parlait de remporter 72 des 122 sièges de la nouvelle Assemblée nationale. On ne pouvait s'empêcher de penser qu'il était inconscient ou alors qu'il fumait de drôles de cigarettes. En fait, il tenait de son sondeur, Michel Lepage, l'assurance que le Parti québécois émergeait en bon état de la dépolarisation de l'opinion. Pourvu qu'il ne soit pas question d'indépendance à l'élection —, et M. Lévesque avait vu à ce que son parti n'en parle pas —, le Parti québécois avait de bonnes chances de l'emporter. La question du référendum une fois réglée, l'électorat aurait tendance à exprimer sa satisfaction envers le gouvernement et son degré de satisfaction était très élevé. Quant au concours de popularité entre MM. Lévesque et Ryan, le premier l'emportait presque par défaut. M. Lévesque avait une qualité que M. Ryan n'avait pas. S'il n'était pas toujours en état de grâce politique, il avait la faculté de se faire pardonner. M. Ryan, d'autre part, passait pour un homme mesquin, vestige d'un passé dominé par les curés. Beaucoup d'électeurs avaient encore en mémoire le discours agressif qu'il avait prononcé le soir du référendum.

À la fin de 1980 et au début de 1981, le sol se dérobait sous ses pieds et il ne s'en rendait pas compte.

C'est que M. Ryan avait développé une aversion pour les sondages ou il répugnait, en tout cas, à dépenser l'argent du Parti libéral pour des sondages.

« Ce n'est pas sage ni habile, dit Yvan Corbeil, président de la maison de sondage CROP en octobre 1980. Je pense que Ryan se rend un mauvais service. »

Normalement, dit Corbeil, M. Ryan aurait pu compter tirer quelque bénéfice d'autres sondages, ceux de CROP pour le compte du gouvernement fédéral ou ceux de Sorecom pour les journaux de Québec et de Montréal. C'est ainsi que, durant la période du référendum, l'entourage de Claude Ryan obtenait des renseignements qu'il ignorait.

Vers cette époque, M. Ryan eut une longue discussion dans le parc de stationnement d'une station de télévision avec Maurice Pinard, le George Gallup des sondeurs québécois. Non seulement Pinard avait prévu l'élection du Parti québécois en 1976, à un moment où Claude Ryan, directeur du *Devoir*, insistait sur l'importance des sondages, mais il avait prédit, à un demi-point près, les résultats du référendum. Il allait aussi prédire que le Parti québécois enlèverait de 76 à 84 sièges à l'élection de 1981 et il tomba presque pile. Sa prédiction de 1981 se fondait sur un sondage mené sur le terrain par la maison Sorecom de Soucy Gagné, son ancien collaborateur dans le Groupe de recherche sociale. Dans l'une de ces coïncidences uniques au Québec, le Groupe de recherche sociale logeait au 425, boulevard Saint-Joseph et Gagné habita un moment à l'étage. Plus tard, Claude Ryan acheta la maison. Les relations professionnelles et personnelles de Claude Ryan et de Maurice Pinard dataient donc de longtemps. Et voilà qu'ils avaient cette discussion acerbe sur la nécessité et l'utilité des sondages.

Les renseignements sur lesquels M. Ryan appuyait son travail provenaient des quatre élections complémentaires du 17 novembre, l'une dans la forteresse libérale d'Outremont et les trois autres dans des circonscriptions des Cantons de l'Est détenues auparavant par l'Union nationale. Comme on pouvait s'y attendre, les libéraux l'avaient emporté facilement dans Outremont avec un candidat qui était le portrait tout craché de M. Glad, Pierre Fortier. Ils l'avaient aussi emporté dans les trois comtés des Cantons de l'Est mais, dans deux d'entre eux, Mégantic-Compton et Johnson, le Parti québécois était arrivé deuxième. Dans Johnson, il n'avait perdu que par quelques centaines de voix. En regardant les résultats de près, comme le firent M. Lévesque et son entourage, on pouvait constater que le vote de l'Union nationale passait du côté du Parti québécois, si la question de l'indépendance n'était pas en jeu. M. Ryan et son entourage, manifestement, n'en tinrent pas compte. Ils avaient maintenant un dossier de 11 à 0 dans les élections complémentaires, en plus de la grande victoire du référendum. Pourquoi n'envisageraient-ils pas avec optimisme l'élection générale, du moment que M. Lévesque oserait affronter l'électorat ? C'est alors, entre la fin de 1980 et le début de 1981, que le climat politique se transforma. Claude Ryan, trop têtu pour s'entourer d'un météorologue, fonça dans la tempête.

En perdant la dernière ronde d'élections complémentaires, René Lévesque prouva simplement que son parti serait balayé dans une élection générale ce jour-là, quatre ans et deux jours après son arrivée au pouvoir. Normalement, il aurait convoqué une élection. C'eût été son inclination. Il ne lui plaisait pas de rester en fonction plus de quatre ans, même s'il devait perdre. Il allait maintenant rester au pouvoir durant les mois d'hiver, la saison politique la plus difficile au Québec. Et ses perspectives de réélection au printemps étaient sombres. Néanmoins, M. Lévesque avait deux bonnes raisons de s'accrocher : toutes deux s'appelaient Pierre Trudeau.

C'était M. Trudeau qui, le premier, s'était rendu à la limite constitutionnelle de cinq ans de son mandat de juillet 1974 : il avait retardé l'élection jusqu'en mai 1979. S'il était acceptable qu'il s'accroche au pouvoir fédéral, les fédéralistes québécois ne pouvaient décemment reprocher à M. Lévesque de faire la même chose au niveau provincial.

Puis, il y avait la précipitation de M. Trudeau à rapatrier la constitution avec, enchâssées, une formule d'amendement et une charte des droits. M. Trudeau fit part de son projet le soir du 3 octobre, deux semaines seulement après l'échec de la conférence des premiers ministres en septembre à Ottawa.

Dire que M. Ryan en fut scandalisé serait un euphémisme. Dès le lendemain du référendum, le 21 mai, il avait publiquement mis M. Trudeau en garde contre toute précipitation. Il l'avait prié surtout de ne pas procéder avant que les Québécois aient eu l'occasion de remplacer leur agent négociateur dans une élection générale. Depuis la conversation qu'il avait eue avec lui dans sa bibliothèque le matin du référendum, M. Ryan avait une bonne idée de ce que le premier ministre canadien entendait faire.

« Il m'avait dit qu'il voulait procéder rapidement, confia plus tard M. Ryan. Il était déterminé à rapatrier le document. Je lui ai dit qu'il y avait certaines conditions à satisfaire. Nous ne sommes pas allés beaucoup plus loin. La conversation était amicale. Je ne pouvais certes pas déduire qu'il voulait procéder de la façon dont il l'a fait, à partir de ce qu'il m'a dit. »

Le lendemain de la déclaration surprenante de M. Trudeau en octobre, la journée de M. Ryan commença comme toutes les autres. Il quitta la maison à neuf heures et demie, monta sur la banquette avant de sa Pontiac nolisée par le gouvernement et demanda au chauffeur de laisser l'une de ses filles à l'école. Il avait sous le bras, comme à l'accoutumée, une serviette regorgeant de documents. Plus tard dans la journée, il devait rencontrer les journalistes. Il lui faudrait dire quelque chose à propos de la question qui l'absorbait et le passionnait par-dessus tout.

Dans l'intimité de son bureau de la rue Gilford ce jour-là, il pesta contre le moment et la portée du projet de M. Trudeau. En public, il se trouva coincé dans une position inconfortable entre son allié nominal, M. Trudeau, et son ennemi juré, M. Lévesque. « Ne vous en faites pas pour Claude Ryan, dit-il aux journalistes. Ce n'est pas la première fois que je suis coincé. » Mais il ne parvint jamais à se tirer de celle-là. D'une part, il déplora le caractère unilatéral du projet fédéral. D'autre part, il se réjouit de la formule d'amendement de Victoria, qui donnait au Québec un droit de veto régional et enchâssait les droits linguistiques des minorités, cause dont il avait été le champion inlassable durant son séjour à la direction du journal *Le Devoir*.

Quoiqu'il déplorât l'unilatéralisme de la proposition Trudeau et fût horrifié qu'elle intervienne à ce moment, il n'y pouvait rien puisqu'il n'était que chef d'opposition d'une législature provinciale. Avant de parler au nom du Québec, il lui fallait un mandat exprimant, comme il disait, « la volonté souveraine du peuple ». Pour l'instant, et jusqu'à nouvel ordre, l'agent négociateur du Québec était René Lévesque et le projet Trudeau lui donnait le prétexte dont il avait besoin pour se maintenir au pouvoir durant l'hiver.

La fin de semaine de l'Action de grâces, les premiers ministres provinciaux se réunirent à Toronto et un front commun des six provinces dissidentes sembla se dessiner. La Nouvelle-Écosse était encore hésitante, mais elle allait vraisemblablement se ranger. Pour mettre ce front commun en place, M. Lévesque aurait besoin de temps et il le prit. Au cours des six prochains mois, jusqu'à l'élection, l'alliance des provinces dissidentes absorberait le plus clair de ses énergies. Ce n'était, bien entendu, qu'une alliance de circonstance et elle allait s'écrouler en une seule nuit de novembre à Ottawa, tandis que René Lévesque dormait paisiblement de l'autre côté de la rivière, à Hull. M. Lévesque lui-même aurait fort à faire pour expliquer sa signature de la déclaration des huit provinces dissidentes le 16 avril 1981, trois jours seulement après sa victoire électorale. Dans le manisfeste du 16 avril, pour préserver l'unanimité, M. Lévesque renonça au droit de veto du Québec et adhéra à la formule de Vancouver, qui exigeait l'assentiment de sept provinces représentant la moitié de la population pour amender la constitution. Il contenait une clause de retrait volontaire à l'intention des provinces qui ne voudraient pas être liées par l'amendement, avec pleine compensation financière, clause qui fut biffée plus tard malgré les protestations de M. Lévesque.

Paradoxalement donc, le démon centralisateur Trudeau maintenait le veto du Québec avec la formule Victoria et le premier ministre autonomiste du Québec y renonçait avec la formule de Vancouver. C'était une position que n'avait jamais soutenue et que n'aurait jamais pu soutenir aucun chef libéral. À tout hasard, cela survint après une élection dans laquelle M. Lévesque n'avait ni recherché ni obtenu un mandat de réforme constitutionnelle, pas plus que M. Trudeau n'avait sollicité de tel mandat à l'élection fédérale de 1980. Tout ce que dit M. Lévesque durant la campagne tenait dans le slogan du Parti québécois : « Faut rester forts ». Ce fut une campagne brillamment montée d'images du populaire premier ministre entouré de ministres forts comme Jacques Parizeau.

Lorsque M. Lévesque annonça finalement la dissolution de l'Assemblée le 12 mars, les libéraux entreprirent ce qu'eux et la plupart des observateurs présumaient être leur retour triomphal au pouvoir. En fait, l'élection était un coup de dés à ce stade. Dans l'esprit de péquistes habiles comme Claude Charron, l'élection pouvait se gagner ou se perdre durant la campagne. Selon le partage des voix avec les tiers partis, le Parti québécois pourrait former le gouvernement avec aussi peu que 44 p. 100 des suffrages exprimés. Les libéraux, avec leur surcroît de suffrages anglophones, devaient l'emporter par une marge d'au moins 51 à 45 sur le Parti québécois pour prendre le pouvoir. Même avant la campagne, les plus optimistes des organisateurs libéraux, comme Jim McCann, prévoyaient une lutte serrée, de l'ordre de 52 à 44 en faveur des libéraux. En d'autres termes, avec un revirement de cinq points au cours de la campagne, les résultats pourraient favoriser le Parti québécois par une marge de 49 à 47 p. 100 des suffrages exprimés, lui donnant une majorité confortable à l'Assemblée nationale.

Un mois avant l'élection, ni l'un ni l'autre camp ne pouvait compter l'emporter. Le résultat dépendrait en bonne partie de la campagne.

Le stratège principal du Parti québécois, Michel Carpentier, avait conçu une campagne qui prenait en considération certaines réalités. En premier lieu, l'itinéraire du premier ministre devait tenir compte du fait qu'il avait 58 ans même s'il était la vedette incontestable de l'équipe. En second lieu, puisque le gouvernement était plus populaire que son option ou même que le parti, la campagne devait exploiter à fond les talents des ministres réputés comme Jacques Parizeau et Pierre-Marc Johnson. Les membres de l'équipe Lévesque, pratiquement invisibles durant la campagne référendaire, se mirent à apparaître dans les messages télévisés. Le comité de la campagne du Parti québécois tenait aussi à améliorer l'image du gouvernement chez les femmes et les agriculteurs. Du côté des agriculteurs, il suffisait d'envoyer en tournée le ministre de l'Agriculture, Jean Garon. Bien qu'économiste diplômé de Laval, M. Garon projetait l'image d'un paysan qui savait en remontrer aux gars de la ville. Pour rallier les femmes, le Parti québécois bombarda la radio de messages destinés à les rassurer et à leur rappeler tout ce que le gouvernement avait fait pour améliorer leur statut.

Le premier ministre en était à sa huitième campagne en vingt ans et il savait ménager ses forces. Sa journée type commençait vers onze heures. Il servait un *gainesburger* de promesse électorale à la meute de journalistes qui le suivaient puis, comme il le fit à Laval le 2 avril, il allait déjeuner avec un groupe cible, en l'occurrence 800 personnes âgées qui constituaient l'âme même de la respectabilité petite-bourgeoise. M. Lévesque prenait d'ordinaire quelques instants de repos après le déjeuner, avec peut-être une séance de photographie en fin d'après-midi, suivie en soirée d'une grosse assemblée à l'intention des militants et de la presse régionale.

Durant les deux premières semaines de la campagne, M. Lévesque passa toute une boîte de *gainesburgers*. La plus curieuse de ses promesses électorales était son programme d'habitation. Il promettait que toute famille avec un enfant de moins d'un an serait admissible à un prêt hypothécaire de 10 000$ à faible taux d'intérêt et qu'une portion de la dette serait remise à la naissance de chaque enfant supplémentaire. Un quotidien de langue française titra son compte rendu : « La revanche du berceau ».

Plutôt que de ridiculiser l'avalanche de promesses de M. Lévesque, M. Ryan donna l'impression de vouloir l'égaler. Durant la deuxième semaine de la campagne, il amorça sa propre escalade, y compris un programme d'aide à l'habitation offrant un octroi de 5000$ à quiconque achèterait une maison de moins de 50 000$. Il eut aussi des égards pour les femmes, promettant notamment des allocations familiales du moment que la grossesse serait certifiée par un médecin. Au niveau doctrinal, cela menait à la conclusion que le foetus était un être vivant et devait être traité comme tel. Au niveau pratique, cela encouragerait les femmes enceintes à voir leur médecin dès le début de la grossesse et donnerait des bébés plus en santé. La promesse contenait des aspects intéressants, mais elle fut tournée en dérision. Claude Ryan donnait l'impression de s'engager dans un concours de rattrapage avec René Lévesque.

M. Ryan se contredisait aussi puisqu'il n'avait cessé de répéter depuis des mois que les temps étaient difficiles et commandaient au gouvernement de dépenser prudemment. L'escalade de promesses était telle de la part des deux chefs qu'elle rappelait ce dicton politique de l'Île-du-Prince-Édouard : « Si ça bouge, donnez-lui une pension, sinon pavez-le. »

Les promesses que fit M. Ryan durant la deuxième semaine de la campagne ne furent pas ses premières erreurs. La semaine précédente, en voulant répondre aux railleries de Roch Lasalle qui rappelait qu'il avait endossé le Parti québécois en 1976 et suivait peut-être ses propres conseils dans le secret de l'isoloir, il avait de nouveau prêté le flanc aux soupçons de mesquinerie qui pesaient sur lui.

Le chef de l'Union nationale parlait en fait à travers son chapeau puisque M. Ryan, conformément à la recommandation qu'il avait faite en éditorial, avait voté en 1976 pour le candidat qu'il jugeait « supérieur » dans son comté d'Outremont, le libéral André

Raynauld. Plutôt que de faire cette précision ou tout simplement d'ignorer les railleries de M. Lasalle, M. Ryan rembarra brutalement le chef de l'Union nationale et dit qu'il n'avait pas l'envergure ni la profondeur de vues qu'on attend d'un chef politique.

« Je pense que ça saute aux yeux », ajouta-t-il. Il n'avait pas tort et c'eût été de la part d'un éditorialiste, une observation tout à fait normale. Mais, dans la bouche d'un adversaire, particulièrement d'un homme qui, comme Claude Ryan, ne projetait pas une image très favorable, ça semblait fat et présomptueux. Pis encore, c'était politiquement stupide. L'Union nationale n'allait nulle part et il n'avait donc rien à gagner en attaquant son chef. L'ancien électorat de l'Union nationale, d'autre part, devait trouver un refuge. Si M. Ryan mettait en doute l'intelligence du chef de l'Union nationale, que pouvait-il penser de sa clientèle ?

M. Ryan mit quelques jours à faire oublier cette bourde et en commit une autre plus grave aussitôt après. Le jeudi de la deuxième semaine, il dit que l'adjointe du président de l'Assemblée était inefficace, mais qu'il fallait la comprendre. « C'est une femme », dit-il. Dieu sait ce qu'il voulait dire. Louise Cuerrier était inefficace, mais la remarque de M. Ryan lui coûta encore quelques voix. À ce stade, les premiers sondages parurent. Ils révélaient qu'il était en sérieuse difficulté et qu'il lui faudrait désespérément tenter de regagner le terrain perdu.

Le 28 mars, les grands quotidiens du samedi publièrent les résultats des premiers sondages de la campagne. Ils contenaient de mauvaises nouvelles pour Claude Ryan. Le sondage de CROP, dans *La Presse*, donnait au Parti québécois une avance surprenante de neuf points, 41 à 32. Le deuxième, dans *The Gazette* et *Le Soleil*, était encore pire en un sens. C'était un sondage de Sorecom, commenté par Maurice Pinard. Il donnait le Parti québécois en avance 44 à 38 ou 50 à 44 en tenant compte des indécis. Cela voulait dire que M. Ryan non seulement ne tenait pas son bout, mais perdait constamment du terrain. Sans perdre de temps, les libéraux convoquèrent une réunion d'urgence de leur comité de direction de la campagne l'après-midi même, rue Gilford.

Claude Ryan était inquiet. Il demanda ce qu'il devait faire pour gagner. On lui dit brutalement que la deuxième semaine avait été une catastrophe. On lui conseilla de porter la bataille au niveau de l'option séparatiste du Parti québécois et de faire ressortir le calibre de l'équipe libérale. On décida également que Madeleine Ryan ferait campagne à ses côtés.

Le reste de la campagne, pour la première et la seule fois de ses cinq ans de politique, il se remit entre les mains des professionnels du parti. Il se dit disposé à faire tout ce qu'ils jugeraient nécessaire, et tout ce qu'il ne jugerait pas trop inconfortable, pour gagner.

Deux jours plus tard, le 30 mars, M. Ryan commença à dire que la menace séparatiste ne s'était pas dissipée avec le référendum de mai. «Beaucoup de gens pensent que le problème du séparatisme est disparu avec la défaite du Parti québécois au référendum, dit-il dans une tribune téléphonique à la radio de Montréal. Mais la seule façon de dire clairement au reste du Canada que nous voulons rester dans le régime fédéral, c'est d'élire le seul parti qui défend une position fédéraliste claire.»

Un événement plus lourd de conséquence survint le même jour. Claude Ryan parcourait la région de Valleyfield l'après-midi lorsque parvint la nouvelle de l'attentat contre le président Reagan, à Washington. L'incident avait de quoi faire réfléchir tout politicien nord-américain, particulièrement celui qui s'exposait aux dangers d'une campagne électorale. À leur façon, MM. Ryan et Lévesque en furent tous deux conscients ce soir-là tandis qu'ils faisaient campagne à quelques milles l'un de l'autre sur la rive sud de Montréal. M. Lévesque, entouré de quatre gardes du corps nerveux, fit une entrée triomphale au centre sportif de Longueuil où l'attendaient 2000 militants péquistes. C'était une soirée bien organisée au cours de laquelle on entendit les témoignages de cinq résidants de la région expliquant pourquoi ils allaient renouveler leur appui au gouvernement. Il y eut une présentation audiovisuelle, suivie du discours du premier ministre. Ce qu'il dit importa peu. La foule lui fit une ovation monstre. C'était une question de magie. Il l'avait toujours eue. Il l'avait encore.

Claude Ryan ne l'avait jamais eue et ne l'aurait jamais. C'était la différence entre les deux. Une fois mise de côté la question de l'indépendance, toutes choses étant égales, M. Lévesque l'emporterait toujours dans un concours de popularité. Madeleine Ryan, qui voyageait avec son mari pour la première fois le 31 mars, tenta de tourner à la légère ce genre de comparaison qu'un journal venait de faire. «S'il s'agit d'un concours de beauté, dit-elle, j'ai bien de la pitié pour Mme Lévesque.»

On était au début de la journée la plus longue, et sans doute la moins fructueuse, de la campagne de son mari. Au cours de la journée, il parcourrait 2200 kilomètres par avion — à bord d'un Convair nolisé d'Innotech Aviation de Dorval — jusqu'à Sept-Îles, aux Îles-de-la-Madeleine et à Gaspé avant de se retirer pour la nuit à Chicoutimi. Partout où il alla, il tenta d'arrêter la saignée. Mais à mesure qu'avançait la journée, il apparaissait clairement qu'il n'était que spectateur. À Sept-Îles, il apprit que la haute cour de Terre-Neuve avait tranché en faveur des provinces dans leur contestation de la résolution Trudeau sur la constitution. Aux Îles-de-la-Madeleine, il s'assura qu'Ottawa en référerait à la Cour suprême du Canada. Il aurait dû se rejouir des événements de la journée puisque, dès l'origine, il avait soutenu que certains passages de la résolution étaient inconstitutionnels, comme en avait décidé la cour de Terre-Neuve, et que le seul moyen de sortir de l'impasse dans laquelle étaient enfermés Ottawa et les provinces était de retourner à la table de négociation. Mais même lorsque M. Trudeau battait en retraite, M. Ryan semblait hors du coup comme virent les journalistes qui l'interrogeaient à l'aéroport des Îles-de-la-Madeleine. Au royaume du Saguenay, M. Ryan n'eut toujours pas de répit. Le lendemain, un appel téléphonique d'une station de radio de Montréal le tira du lit pour lui demander ce qu'il pensait de la démission de M. Trudeau. M. Ryan prit la question au sérieux jusqu'à ce que son adjoint, Pierre Pettigrew, lui fasse observer qu'on était le premier avril et qu'il s'agissait d'un poisson d'avril. Au déjeuner, M. Ryan raconta l'histoire aux journalistes qui l'accompagnaient, mais ils ne le trouvèrent pas pour autant plus sympathique, simplement plus naïf. Plus tard dans la journée, il visita encore Roberval et Dolbeau avant de rentrer à Montréal. Les libéraux perdirent chacune des circonscriptions qu'il visita durant cette épuisante tournée de deux jours.

La blague peut-être la plus cruelle dont il ait été victime au cours de la campagne survint à bord de l'avion, ce soir-là. Le reporter de télévision Ralph Noseworthy posa sur sa tête une réplique en papier journal de la couronne du pape. M. Ryan prit bien la plaisanterie et tout le monde à bord de l'avion se paya une pinte de bon sang. Mais plutôt que d'illustrer son côté humain, les photos dans les journaux semblèrent montrer l'infortune d'un homme que les journalistes prenaient plaisir à ridiculiser, bref un perdant.

Durant la dernière semaine de la campagne, Claude Ryan mit les bouchées doubles. Le 7 avril, son autobus remonta l'autoroute 20 vers Québec où son personnel espérait qu'il se fasse photographier en compagnie de M. Trudeau à l'occasion de la première du film *Les Plouffe*. Le premier ministre tarda à arriver d'Ottawa et M. Ryan dut quitter le Château Frontenac avant son arrivée pour participer à une assemblée à Sainte-Foy. Ce fut donc M. Trudeau qui fut photographié au bras de la vedette du film, Denise

Filiatrault. La photo parut dans tous les journaux du lendemain. Elle témoignait éloquemment de la fin des chicanes du référendum puisque le 15 novembre 1976 Mme Filiatrault était du nombre des artistes qui avaient salué l'avènement de René Lévesque sur la scène du Centre Paul-Sauvé.

M. Ryan projeta à son tour une assemblée monstre le lendemain soir au Centre Paul-Sauvé. Comme la soirée Pierre Trudeau onze mois plus tôt, elle devait être une manifestation de force en plein coeur de la forteresse péquiste de l'est de Montréal. Parce qu'on ne manquerait pas de la comparer à la soirée Trudeau, les organisateurs libéraux avaient mission de remplir le centre sportif d'une foule enthousiaste, ce qu'ils firent sans mal. Mais chacun des 9000 militants qui s'y pressèrent aurait pu s'occuper utilement à autre chose ce soir-là, comme de frapper aux portes. Le ralliement était l'exemple parfait du grand risque pour de petits bénéfices, l'indice certain d'une campagne en déroute. M. Ryan parla vingt minutes et fit l'un des meilleurs discours de sa carrière, assez tôt cette fois pour que les nouvelles de la télévision aient le temps d'en faire état. Les organisateurs de la soirée espéraient seulement que les comptes rendus soient positifs et donnent l'impression que la campagne libérale reprenait de l'élan. « Qu'est-ce qu'on peut faire d'autre ? » gémit l'organisateur Jim McCann. Il cherchait ainsi à justifier l'effort et les ressources investis dans la soirée. « Il nous faut du répit », ajouta-t-il.

Ils n'eurent pas de répit.

Les libéraux abordèrent la dernière semaine de la campagne avec pessimisme. Les événements ne tardèrent pas à confirmer leurs pires appréhensions.

Vers la fin de l'après-midi du vendredi 9 avril, Pierre Bibeau s'assit dans un coin du restaurant *La Niçoise*, à quelques pas des quartiers de la rue Gilford. Il attendait les résultats d'un sondage de Sorecom qui devaient être publiés dans la *Gazette* du lendemain. Il avait été prévenu qu'ils n'étaient pas réjouissants. « Nous avons de meilleurs outils que les sondages », avait dit Bibeau au début de la campagne, faisant allusion au système de pointage apparemment infaillible du parti. Mais il savait qu'il avait tort. Il savait aussi que Sorecom était Sorecom et que Maurice Pinard n'était pas le dernier venu. Il commanda un double scotch, voulant se préparer au pire. Il dut bientôt en commander un second. Le sondage de Sorecom révélait que les libéraux tiraient de l'arrière dans toutes les régions de la province, sauf dans l'ouest de l'île de Montréal. C'était pire que le sondage précédent de Pinard. M. Ryan avait perdu un point au cours des deux dernières semaines et les libéraux le cédaient au Parti québécois par la marge de 37 à 45 p. 100 des suffrages. L'analyse de Pinard indiquait que le Parti québécois s'acheminait vers « une victoire certaine » et peut-être un balayage de l'ordre de 76 à 84 sièges.

Bibeau reçut la nouvelle calmement et n'en parut pas autrement surpris. « Il n'y a pas de doute, dit-il en parlant du Parti québécois, qu'ils nous ont avalés tout rond durant la campagne. »

Il ne perdait quand même pas tout espoir.

Lorsque les libéraux examinèrent en détail les chiffres de Pinard le lendemain, ils constatèrent avec stupéfaction qu'ils avaient un recul de 26 points dans la vallée de l'Outaouais. Ils n'obtiendraient donc pas un seul siège le lundi (c'était une aberration qui s'expliquait par la concentration de votants de même tendance dans la zone d'échantillonnage; Maurice Pinard ajusta les chiffres pour tenir compte du phénomène). Pierre Bibeau et ses adjoints avaient une autre façon d'interpréter les chiffres. Ils s'attribuaient tout le bénéfice de la marge d'erreur de 4 p. 100, ce qui leur donnait 41 p. 100 des voix et les plaçait sur un pied d'égalité avec le Parti québécois. Puis, ils s'attribuaient comme à l'accoutumée les deux tiers des votes des indécis. Ils terminaient ainsi en tête 51 à 45. « Ne soyez donc pas si déprimés », dit Bibeau à ses troupes le samedi après-midi.

M. Ryan, de son côté, termina le week-end en invitant ses partisans de Longueuil à garder le front haut.

Sur un ton méditatif, il ajouta que le sort du parti était désormais entre les mains d'une « force supérieure » et que « la volonté du Père » serait celle qui prévaudrait en dernière analyse.

C'était une profession de foi en même temps qu'une façon touchante de dire qu'il n'y pouvait plus rien. Lorsque ses organisateurs eurent vent de sa déclaration, ils frémirent. La « main de Dieu » continuait d'exercer ses ravages.

Le jour du scrutin, M. Ryan alla voter tôt avec la première vague de retraités et de religieuses à une école située à deux coins de rue de chez lui, à Outremont. Il croisa Maurice Sauvé, qui avait été l'organisateur en chef de Jean Lesage vingt ans auparavant. M. Sauvé lui montra qu'on pouvait interpréter les chiffres de Pinard de manière optimiste et dit que les libéraux pouvaient encore remporter 66 sièges et être majoritaires à l'Assemblée. M. Ryan acquiesça.

Ce fut le seul moment de la journée où il eut l'avance.

En coulisse le soir, dans une station de télévision de Montréal, Paul Desrochers se substitua à l'ordinateur de CFCF. En compagnie de l'ancien trésorier du parti, Claude Desrosiers, il détermina vite les résultats. Il prit un dépliant contenant les photos des 122 candidats libéraux et en raya 80 avant que l'émission ne commence. C'était un soir de règlement de comptes pour Desrochers dont M. Ryan avait refusé les services. Ce fut Desrochers qui concéda la victoire au Parti québécois une demi-heure après la fermeture des bureaux de scrutin. Le Parti québécois remporta 49 p. 100 des suffrages exprimés contre 46 pour les libéraux et 80 sièges contre 42.

Les bureaux étaient fermés depuis près de quatre heures et les résultats connus depuis plus de deux heures, lorsque M. Ryan se présenta enfin à son quartier général du Cégep du Vieux-Montréal. À son arrivée, il ne restait plus que quelques douzaines de militants dans la salle. Les libéraux restaient fidèles à leur tradition d'abandonner le navire qui coule. Ils avaient fui Bourassa de la même façon le soir de l'élection de 1976. Un trait admirable chez les péquistes, c'est qu'ils sont toujours restés jusqu'à la fin aussi bien dans la défaite que dans la victoire depuis 1970. M. Ryan, qui avait semblé mauvais gagnant le soir du référendum, parut bon perdant le soir de l'élection d'avril. «Je félicite le Parti québécois et son chef, dit-il, et je leur souhaite un mandat fructueux.»

«Nous restons à vos côtés, M. Ryan», lui dit Bibeau lorsqu'il fit son entrée dans la salle venant de Lachute. M. Ryan n'était pas dupe. Il dit à l'auditoire de la télévision qu'il discuterait de son avenir en temps opportun avec les autorités du parti.

Il n'eut pas le temps de terminer sa phrase. À l'autre bout de la ville, René Lévesque décida qu'il en avait assez entendu et fit son entrée triomphale au Centre Paul-Sauvé. La télé se transporta chez le gagnant.

Paul Desrochers se souvint qu'un vieux sage lui avait dit en se berçant que le parti qui remporterait le référendum perdrait l'élection, en vertu du système d'équilibre que l'électeur québécois inscrit dans la boîte de scrutin.

M. Ryan lui-même à qui on avait demandé s'il préférait remporter l'élection ou le référendum avait répondu sans sourciller: «L'élection!» Il l'avait maintenant perdue. Après tout ce travail, il avait tout perdu et n'avait rien gagné.

18
Claude Ryan :
les derniers jours

Après les moments pénibles de la contestation de son leader-ship, Claude Ryan ne savait plus quand il avait décidé d'abandonner la lutte.

« Je ne peux pas vous le dire avec précision, je n'en suis pas certain », déclarait-il en quittant la tumultueuse conférence de presse où il avait annoncé sa décision. Cela se passait le 10 août 1982, dans un salon de l'hôtel Reine-Élisabeth, à Montréal. La salle était pleine d'amis, mais aussi d'ennemis politiques. Ryan reconnaissait la gravité de sa situation, en quittant la direction du parti six semaines avant un examen de son rôle à un congrès politique. Il se reconnaissait perdant, sinon il aurait dû subir des humiliations. Son frère Yves était de cet avis, l'hiver précédent.

En un sens, cette décision était déjà inscrite dans l'orientation de M. Ryan depuis le soir de sa défaite, un an et demi plus tôt. Ce soir-là, en concédant la victoire, il avait clairement indiqué que son propre rôle serait discuté par les instances compétentes du parti.

Au lendemain de la défaite, presque tous les membres du parti s'estimaient compétents pour présenter une opinion concernant la direction. Tous ceux qui avaient fait du porte à porte au cours des semaines précédentes étaient au courant de l'état d'esprit des électeurs. Les organisateurs professionnels de la rue Gilford obser-

Pourquoi cet homme rit-il ? C'est à l'automne de 1981.
Ryan avait dit, un jour, à Bourassa qu'il aimerait mieux
perdre les élections sans lui, que les gagner avec lui :
c'était fait. Bourassa, qui n'était pas responsable de la
défaite, pouvait aspirer à la direction quand le parti déci-
derait de balancer Ryan. (Photo de James Seeley)

vaient avec horreur la campagne de M. Ryan qui refusait de suivre leurs conseils. On évoquait déjà les noms de Raymond Garneau et de Robert Bourassa. Pour M. Garneau, en tant que président de la Banque d'Épargne de la Cité et du District de Montréal, il n'était pas question de politique. Cependant, il se souvenait de son amertume, après sa défaite comme candidat à la direction du parti en 1978, et de l'attitude hautaine de M. Ryan à son égard.

Quant à l'ancien premier ministre Bourassa, il se souvenait certainement du conseil que lui donnait M. Ryan en 1979, de ne pas tenter de retour en politique avant dix ans, et malgré ses efforts au cours du référendum, il n'avait pas réussi à rentrer dans les bonnes grâces du chef. Claude Ryan le considérait toujours comme superficiel, et obsédé par les sondages. Aux élections de 1981, il avait eu la bonne fortune de ne pas avoir été candidat. La campagne avait été menée par M. Ryan, et c'est lui seul qui subirait les conséquences de la défaite.

Le 14 avril, les mécontents se comptaient par milliers : des simples membres aux cousins d'Ottawa; des politiciens de la rue Gilford aux partisans inconditionnels de MM. Garneau et Bourassa qui demeuraient silencieux depuis des années. Un consensus s'établissait en faveur du départ de Claude Ryan, qui consentait à partir, mais sans être mis à la porte. « Franchement, je savais que je serais le premier à être soulagé », avouait-il en 1981. Cependant, il ne permettrait pas de révolution de palais.

Dans l'esprit de M. Ryan, il y avait d'autres questions prioritaires pour l'automne.

Au cours d'une réunion du conseil général du parti, en septembre, M. Ryan décida de revenir sur la question des perspectives constitutionnelles des libéraux. Pour sa part, il voulait reprendre certaines thèses nationalistes-fédéralistes qu'il avait défendues au *Devoir*. Il en était arrivé à cette conclusion au cours de ses premières vacances depuis des années avec sa famille, à Cape Cod, les deux premières semaines d'août. « Une défaite oblige à un retour sur soi-même, disait-il à Graham Fraser, de la *Gazette*. Alors, il faut examiner sa conscience, se regarder dans le miroir et se dire, 'qui suis-je', puis se comporter en conséquence. » En se promenant sur les plages de Cape Cod, il avait décidé de retourner à ses sources intellectuelles et à sa conception du rôle du Québec au sein du Canada. Durant ses vacances, il écrivit une première version de 125 pages de son testament électoral qu'il livrerait plus tard, à Québec.

Finalement, ce fut un document de 55 pages qu'il lut, comme

d'habitude, la tête penchée sur le texte. Pour ceux qui l'ont écouté avec attention, c'était l'explication la plus claire et la plus logique de la défaite libérale. Malgré des réformes internes aux plans des finances et de l'organisation, malgré une augmentation de 34 à 46 p. 100 du vote national, disait M. Ryan. « Premièrement, notre clientèle est plus âgée que celle du P.Q. Deuxièmement, elle est plus concentrée. Environ 60 p. 100 des électeurs qui nous ont appuyés le 13 avril sont situés dans la partie du territoire québécois qui va de la région de Montréal à la frontière de l'Ontario. Troisièmement, notre clientèle est fortement majoritaire chez les électeurs de la communauté anglophone et des communautés ethniques, mais elle est minoritaire chez les électeurs francophones. Quatrièmement, notre clientèle est nettement minoritaire chez les jeunes et chez les travailleurs syndiqués. »

Pour les organisateurs du parti, Claude Ryan traduisait en langage électoral cette réalité brutale : le parti avait perdu contact avec l'ensemble des électeurs québécois.

Et il insistait, dans une partie de son discours, sur le thème du Québec d'abord.

« Nous devons être, penser, agir et prendre position comme un parti qui est fondamentalement et résolument québécois », disait-il.

À l'intention de ceux qui auraient pu en douter, il précisa que « les Albertains font la même chose ». Il faut rendre à Ottawa ce qui est dû à Ottawa, et au Québec ce qui est dû au Québec. Entre les libéraux fédéraux et les intérêts du Québec, « il faut d'abord choisir les intérêts du Québec et non ceux des libéraux fédéraux ».

Ce discours créa des remous, mais pas nécessairement ceux que M. Ryan prévoyait. Il établissait des positions en fonction de la bataille imminente au sujet de la constitution.

Une semaine plus tard, le 28 septembre, la Cour suprême du Canada rendait son jugement : six contre trois en faveur du droit légal d'Ottawa d'agir unilatéralement, mais sept contre deux lui faisant une obligation morale de consulter les provinces, en vertu d'une convention non écrite de la constitution canadienne. Qu'est-ce que cela voulait dire ? Selon Michel Robert, procureur de la partie fédérale dans cette affaire : « Légalement, ça veut dire que nous avons gagné. Politiquement, ça reste à voir. »

Pour les libéraux de Claude Ryan, ce fut une semaine de confusion et de tortures mentales. Le vendredi 2 octobre, l'Assemblée nationale fut appelée à voter sur une résolution du gouvernement s'opposant à un rapatriement unilatéral et réclamant

la présence d'Ottawa à la table de négociations. C'était une résolution ambiguë et diluée qui aurait pu être rédigée au bureau de
M. Ryan, et dont la rédaction visait son appui. D'ailleurs, il vota
pour la résolution avec trente-deux de ses collègues. Neuf votè-
rent contre.

Mais ce vote ne reflétait pas les dissensions au sein du parti.
Selon les informations internes, la moitié de la députation voulait
contester la position du chef du parti, jusqu'au moment où le chef
parlementaire Gérard D. Lévesque intervint. Pour la première fois,
en un quart de siècle de vie politique, il s'est fait des ennemis au
sein du parti. Il a demandé aux députés de voter avec le chef, non
pas à cause de Claude Ryan, mais à cause du parti. Il utilisa la
raison, la persuasion et les menaces. Ce fut une semaine de tactiques d'intimidation féroces dans les corridors des libéraux, au
deuxième étage de l'hôtel du gouvernement. « Vous ne pouvez pas
imaginer à quel genre de pressions on me soumet », disait John
Ciaccia, le député récalcitrant de Mont-Royal, le comté fédéral
de Pierre Trudeau.

Pour M. Ryan, il s'agissait de faire un choix entre les cousins et l'intérêt général du Québec. Quant aux députés récalcitrants,
ils étaient obligés par leur clientèle de faire un choix entre Pierre
Trudeau et René Lévesque.

Au cours de la conférence constitutionnelle de « la dernière
chance », en novembre, les libéraux du Québec se sont trouvés
de nouveau marginalisés. René Lévesque utilisait, comme point
de discussion, la résolution d'octobre « adoptée à l'unanimité des
partis à l'Assemblée nationale ». À mesure que les pourparlers
avançaient et qu'il était question d'adopter la charte des droits
d'Ottawa, en échange de la formule d'amendement de Vancouver — qui n'accordait aucun droit de veto à aucune province —,
M. Ryan dut se contenter d'envoyer un télégramme à René Lévesque pour le supplier de ne pas abandonner le droit de veto. Seule
la postérité pourrait tenir compte de ce message. René Lévesque,
abandonné par ses alliés provinciaux la troisième nuit de la conférence, n'eut pas à faire un choix concernant le veto. Il l'avait
tout simplement perdu. Pour M. Ryan, l'accord de novembre ravi-
vait la querelle constitutionnelle : il était écartelé entre les fédéraux et les péquistes. Il était en faveur des droits des minorités
contenus dans la charte, il était pour les droits à la mobilité ; il
était même prêt à considérer ce qui serait une compensation raisonnable pour la clause de retrait volontaire de la formule d'amendement. Il aurait pu démontrer que le droit de veto réclamé par

le Québec faisait partie de la convention constitutionnelle, telle que définie par la Cour suprême du Canada, attendu que Jean Lesage et Robert Bourassa avaient exercé ce droit *de facto*, sinon *de jure*, dans le passé.

De nouveau, ce fut un déchirement parmi les libéraux du Québec. M. Trudeau avait placé M. Ryan dans une situation difficile. À la fin, M. Trudeau consentit à des compensations financières dans les domaines culturel et éducatif, selon le voeu de plusieurs membres de la députation québécoise à Ottawa, ainsi que de M. Ryan. Cela représentait une espèce de victoire *in absentia* pour Robert Bourassa, qui avait lancé le slogan de « souveraineté culturelle », ce que la formule d'amendement réalisait à peu près, pour toutes les provinces qui voudraient s'en prévaloir.

Claude Ryan ne pouvait se satisfaire de victoires morales, face aux dures luttes qui s'annonçaient à l'Assemblée nationale. Il pouvait au moins se réjouir du virage pris par le Parti québécois à son congrès de décembre, qui occultait l'«association», mettait l'accent sur l'indépendance, et suggérait qu'une majorité des sièges aux prochaines élections provinciales suffirait à engager le processus en vue de la souveraineté. M. Lévesque menaça de démissionner et dut organiser un «Renérendum» qui permit aux membres de réaffirmer l'orientation étapiste du Parti québécois, le traitement équitable des minorités et la nécessité d'obtenir une majorité des votes plutôt que des sièges avant d'enclencher le processus de l'indépendance.

Dans l'intervalle, les libéraux avaient repris leurs discussions à propos de la direction et M. Ryan lui-même y réfléchit longuement au cours des vacances de Noël.

Il convoqua ses deux frères, Yves, le maire, et Gerry, le juge, comme chaque fois qu'il devait prendre une importante décision concernant sa carrière. Les trois hommes eurent une franche discussion.

« Tu as une pente difficile à remonter, cette année, lui dit Yves, maire de Montréal-Nord depuis vingt ans, le plus pittoresque et le plus pragmatique des trois. Je crois que tu peux réussir, mais tu dois le savoir. Est-ce possible ? »

Pour Yves, afin d'en juger, Claude devait se demander si ses partisans de la première heure lui accordaient encore leur appui. Si oui, Claude devait se battre. Sinon, il se trouverait dans l'«abjecte situation» d'être battu au congrès. Bref, il avait deux choix : «Rester ou partir.» Claude Ryan tint compte des conseils de son frère Yves.

Mais à l'hiver de 1982, il n'était pas encore décidé à partir. À la veille d'une réunion du conseil général, à la fin de janvier, il expliqua : «Deux notions d'action politique s'affrontent au sein du Parti libéral du Québec. La première se résume à démolir l'adversaire et à gagner les élections. La seconde implique la recherche d'idées en vue d'un programme réalisable au pouvoir. Il est évident que je représente la seconde tendance. Si cela n'est pas possible, ma place n'est pas ici, mais je ne partirai pas sans me battre.»

La voix de Claude Ryan se faisait méprisante quand il parlait de ceux qui le critiquaient dans les journaux sous le couvert de l'anonymat. «Je trouve ça répréhensible», disait-il. Par ailleurs, il ne laissait pas paraître de tristesse et d'amertume dans sa défaite. «S'il ne ressent pas d'amertume, ce n'est pas un Ryan, dit son frère Yves. S'il ressent de l'amertume et le montre, c'est un Ryan.»

Au printemps de 1982, M. Ryan pouvait parler de sa situation avec un certain humour. Après un discours au Canadian Club de Montréal, en mai, un reporter lui demanda s'il irait prendre le métro. Il faisait allusion au fait que Claude Ryan s'était un jour vanté de rencontrer les gens dans le métro. «Pas aujourd'hui, répondit-il en riant. Peut-être quand je retournerai à la vie privée, ce que certains voudraient me voir faire le plus tôt possible.»

C'était vrai, mais il fallait convaincre Claude Ryan de démissionner, au lieu de tenter de le mettre à la porte, en lui disant qu'il y allait de son devoir autant que de ses intérêts.

Tout se joua au cours de l'été de 1982. Le choix des délégués au congrès du leadership serait terminé à la fête du Travail. M. Ryan devait décider d'entrer dans la lutte, s'il avait suffisamment d'appuis. Il entreprit donc de faire le bilan de ses forces de 1978. S'il pouvait encore les rallier, il se battrait. Sinon, il partirait.

Vers la fin de juin, il s'entoura d'un comité de gens fidèles chargés d'évaluer la situation.

Il y avait Guy Saint-Pierre, l'ancien ministre du Commerce dans le gouvernement Bourassa, qui avait présidé la campagne au leadership de Claude Ryan. Il y avait Jacques Lamoureux, le brillant organisateur qui avait été remplacé par M. Bibeau après le congrès et qui avait repris son poste à la demande de M. Ryan. En tant qu'organisateur pour André Ouellet au niveau fédéral, il pouvait aussi connaître les sentiments des libéraux d'Ottawa. Il y avait deux fidèles de la députation : Thérèse Lavoie-Roux et Pierre Fortier. Il y avait John Parisella, ancien organisateur du West End, qui tâterait le pouls des non-francophones. Il y avait aussi Jean Corbeil, maire d'Anjou et son fils Michel; Michel Gaudette, assistant de M. Ryan, et Jean-Pierre Hogue, psychologue, l'époux de Claire, secrétaire particulière de M. Ryan.

Le mercredi 4 août, le comité évalua la situation. Elle était encore plus sombre qu'au début de l'été.

« Un mois plus tôt, nous avions l'impression de pouvoir renverser la situation », faisait remarquer M. Saint-Pierre. Maintenant, ils devaient admettre, individuellement et collectivement, que les appuis de M. Ryan s'effondraient dans tout le parti. Ainsi, Guy Saint-Pierre s'était donné pour mission de persuader d'éminents libéraux qui avaient quitté la politique active de se prononcer en faveur du leadership de Claude Ryan. En réalité, à en juger par les noms sur sa liste, son rôle consistait à mettre M. Ryan devant les faits et à le convaincre de prendre la décision qu'il prit finalement.

Par exemple, l'appui d'André Raynauld était impensable. Il avait quitté la politique un an plus tôt, dépité de la façon dont M. Ryan l'avait traité depuis le moment où il s'était présenté à la direction. Il était exclu également que Claude Forget signe car il avait quitté l'automne précédent; autrement, il serait resté. Mais la plus grande surprise fut la défection de Claude Castonguay, de Québec. L'ancien ministre des Affaires sociales dans le premier gouvernement de M. Bourassa était maintenant directeur de plusieurs compagnies. Il refusa de signer. M. Castonguay avait été le symbole de l'élite intellectuelle du parti. Éminent représentant des groupes de la Grande-Allée, il jouissait du respect des conseils d'administration de Montréal. Il s'était toujours bien entendu avec M. Ryan, et en 1978, ils avaient conclu un accord qui les engageait à ne pas se présenter l'un contre l'autre.

Guy Saint-Pierre dut avouer qu'il revenait les mains vides. M. Ryan en prit note, sans rien dire. Mais le refus de M. Castonguay fut pour lui un choc terrible.

Ce n'était pas la seule mauvaise nouvelle. Mme Lavoie-Roux devait trouver des appuis dans la députation. À part elle-même et M. Fortier, elle avait recueilli quatre noms sur quarante et un : Herb Marx, de D'Arcy McGee, et Reed Scowen, de Notre-Dame-de-Grâce, qui ne reflétaient ni l'un ni l'autre les sentiments de leur association de comté; ce qui était également le cas de Christos Sirros, de Laurier, dont les électeurs étaient surtout Grecs, Italiens et Portugais. Enfin, il y avait Daniel Johnson, de Vaudreuil-Soulanges, qui déclarait au sujet de M. Ryan : « J'ai toujours dit que je l'appuierais aussi longtemps qu'il resterait. » Mais on le soupçonnait de vouloir se défendre de l'accusation de convoiter la direction.

Un nom en particulier brillait par son absence : celui de Gérard D. Lévesque, le chef parlementaire qui avait soutenu Claude Ryan, comme il avait soutenu Robert Bourassa et Jean Lesage avant lui. Gérard D., le symbole du parti, refusait de signer. Il voulait rester au-dessus de la mêlée. Pour M. Ryan, il devenait clair qu'il n'y aurait pas de lutte. Jean Parisella n'avait pas eu plus de succès auprès des dirigeants de la communauté anglophone que les autres auprès de l'establishment et de la députation.

Selon M. Gaudette, la situation dans les comtés autorisait un optimisme modéré. Mais M. Ryan voyait clairement les résultats des réunions tenues en juillet, dans Charlevoix et Rimouski. Dans Charlevoix, il avait obtenu l'appui de quatre des seize délégués. Si Claude Ryan s'engageait dans cette bataille, il pouvait s'attendre à de nombreuses humiliations.

M. Saint-Pierre suggérait de reporter la décision à plus tard et de tenter encore une fois de rallier certains éléments, mais il ne croyait pas que cela changerait grand-chose. Il disait plus tard : « Si M. Ryan s'était engagé dans ce processus, il aurait fallu qu'il reste jusqu'au premier septembre. »

Avant de se mettre au lit, ce soir-là, Claude Ryan avait décidé de ne pas continuer. Il avait suivi le conseil de son frère Yves et n'avait pas trouvé d'appuis. « Le cercle des intimes avait commencé à se désagréger, dit son frère. C'est ce qui a tout compromis. »

À Brian Mulroney qui lui conseillait de poursuivre la lutte, Claude Ryan répondit : « Il faut tenir compte de la volonté populaire. » Il se souvenait que M. Mulroney, en 1978, lui avait préparé une liste de quatorze choses à faire et à ne pas faire pendant une campagne au leadership. Tout en appréciant les conseils qu'il lui donnait maintenant, Claude Ryan était trop réaliste pour s'illusionner.

Le lendemain de la réunion fatidique, M. Ryan était à son bureau, là même où, quatre ans plus tôt, les gens avaient défilé pour le supplier presque à genoux de se présenter à la direction du parti.

Il avait probablement pris sa décision, même s'il n'en laissa rien paraître devant John Ciaccia qui lui rendit visite. M. Ryan savait qu'il ne disposait pas des votes de la majorité des délégués. Il dit à M. Ciaccia : « Quand on ne peut pas rallier une bonne majorité, c'est un trop grand risque à prendre. »

Ce soir-là, Claude Ryan rendit visite à sa mère de 82 ans, Blandine, à la Maison Berthiaume-DuTremblay, pour l'informer de sa décision. Puis, il se rendit chez Yves que Gerry Ryan appelait toujours «le petit frère». Dans l'élégant bureau du maire, les trois frères eurent une conversation d'amis et de confidents. «Je peux vous dire tout de suite que j'ai pris ma décision, commença Claude, c'est fini. Je vais démissionner. Ce n'est plus qu'une question de modalités.»

Claude Ryan voulait en informer immédiatement les médias et laisser la députation et le parti se débrouiller. Yves le persuada de démissionner dans les formes, avec élégance, sans montrer d'amertume. «Il faut que tu démissionnes d'une façon courageuse et civilisée», dit-il. Il lui conseilla même de ne pas écarter la possibilité de rester chef intérimaire, si par hasard on le lui demandait.

Le vendredi, M. Ryan informa de sa décision les membres de son comité de défense, ainsi que ses deux secrétaires particulières, Claire Hogue et Josette Poliquin. Les autres membres de son personnel, y compris son organisateur en chef Pierre Bibeau, apprirent sa décision en lisant un article exclusif, dans *La Presse* du samedi. Il ne s'agissait pas de simples rumeurs. L'article, qui avait un accent d'authenticité, était signé par Michel Roy, éditeur adjoint de *La Presse* et ex-rédacteur en chef du *Devoir*, du temps de M. Ryan.

C'était soit un geste de reconnaissance envers Michel Roy, ou ce dernier pouvait avoir téléphoné à Claude Ryan pour causer, le vendredi après-midi. Quoi qu'il en soit, il s'agissait d'une grosse nouvelle et les commentaires allaient bon train, dès le vendredi soir à minuit. Un reporter de la *Gazette* eut la désagréable mission de réveiller Claude Ryan à deux heures et demie du matin pour obtenir confirmation de la nouvelle. Sans nier ni confirmer, M. Ryan lui fit part de sa mauvaise humeur. Pendant toute la fin de semaine, il s'éclipsa. Les journalistes qui connaissaient les habitudes de M. Ryan se rendirent le dimanche matin sur le parvis de l'église Saint-Viateur d'Outremont. Mais avec sa femme, Madeleine, il assista à la messe au couvent des Carmélites, sur Côte-Sainte-Catherine.

Le lundi, il était prêt à recevoir des visiteurs. Ils défilèrent l'un après l'autre. Gérard D. Lévesque, informé qu'il devrait assumer le leadership intérimaire, dut interrompre ses vacances. M. Ryan se dit convaincu que Gérard D. Lévesque ferait son devoir, même si cela pouvait signifier le sacrifice de certaines ambitions. Puis, ce fut au tour de Daniel Johnson, qui rentrait de vacances

dans le Maine et qui ambitionnait également le poste de chef. «Vous n'êtes pas encore prêt», lui dit carrément M. Ryan. Cependant, il lui dit qu'il pourrait lui donner son appui s'il se révélait capable de faire obstacle à M. Bourassa.

«Comment vous sentez-vous?» lui demanda Daniel Johnson.

«C'est fait, c'est fini!» répliqua Claude Ryan.

Il reçut également la visite de Jean Rivard, journaliste et candidat défait en 1981. Le lendemain de la défaite, Rivard et Ryan s'étaient consolés mutuellement. Maintenant, M. Ryan lui confiait qu'il laissait inachevée la réforme du parti. «Il m'aurait fallu une autre année pour transformer le parti», dit-il. C'était peut-être son plus grand regret, plus grand que celui d'avoir perdu les élections.

Même ceux qui étaient devenus ses adversaires, en partie à cause de sa propre attitude, maintenaient qu'il avait été un bon choix, à l'époque, pour diriger la campagne référendaire.

On assistait ainsi à des exercices de rationalisation de la part de gens qui expliquaient pourquoi ils avaient appuyé M. Ryan alors et pas maintenant. Alors, on l'avait choisi pour donner au parti une nouvelle image de rigueur intellectuelle et de probité; parce qu'il représentait aussi une troisième option entre l'indépendance du Québec et le *statu quo*. C'est vrai qu'il représentait tout ça et davantage, mais on ne s'est jamais demandé si la victoire référendaire n'aurait pas pu se remporter sans lui. Tout comme la campagne au leadership avait amplifié ses qualités, la défaite électorale avait amplifié ses erreurs.

C'était en grande partie sa faute : il n'avait pas su faire en sorte que les gens qu'il avait entraînés en politique lui demeurent fidèles. Au moment de sa démission, à l'été de 1982, son organisation originale avait été dispersée aux quatre vents. «Je pense

Le 10 août 1982 : Claude Ryan et sa femme, Madeleine, se rendent à la conférence de presse où il va annoncer qu'il abandonne la direction du Parti libéral. Il savait qu'il était inutile de lutter pour conserver son poste quand un membre aussi influent que Gérard D. Lévesque refusait de confirmer son allégeance au chef. À droite, l'organisateur en chef du parti, Pierre Bibeau.
(Photo par Michael Dugas)

toujours qu'il est le meilleur homme», disait Pierre Mercier alors qu'il luttait lui-même pour sa vie. Trois mois plus tard, il mourait du cancer.

Pour Claude Ryan, vint enfin le difficile moment d'annoncer sa démission aux médias. Dans la salle se trouvaient plusieurs anciens membres de son personnel et des amis. Il y avait son ancien chef de cabinet, Pierre Pettigrew, attaché maintenant au cabinet de Pierre Trudeau; son ancienne attachée de presse, Michèle Bazin, et l'ancienne députée, Solange Chaput-Rolland. Il y avait aussi Jacques Lamoureux, Guy Saint-Pierre et les autres. Tous ces gens tenaient à l'accompagner jusqu'au bout, jusqu'à la porte pour lui dire au revoir.

L'événement se déroula avec dignité, en grande partie à cause de Claude Ryan lui-même. «Je doute, expliqua-t-il, que l'appui sur lequel je peux compter aurait suffi à me confirmer dans mes fonctions au congrès politique de septembre.»

Il se retirait donc avant qu'on ait pu tenter de le déloger.

Il dit qu'il se sentait «libre et serein» et c'est l'impression qu'il donna. Après avoir répondu aux questions des journalistes, il sortit de la salle en embrassant les femmes sur les deux joues, selon son habitude, et en donnant aux hommes des poignées de mains scandées.

Mais il ne faisait plus campagne. Il s'engageait simplement sur une nouvelle route, en un moment qu'il avait choisi.

19
Le retour d'exil

Les soirs d'été, on pouvait entendre les voix qui montaient du bateau d'excursion qui passait sur le Saint-Laurent, devant la maison de campagne de Robert Bourassa, à Sainte-Anne-de-Sorel.

« Quand on annonçait qu'il s'agissait de la résidence d'été du premier ministre, tout le monde chahutait, confiait-il un soir d'août 1979. Maintenant, on dit que c'est la résidence d'été de l'ancien premier ministre, mais personne ne chahute plus. »

Il racontait cette anecdote avec un sens de l'humour qui se manifestait dans ses moments de détente avec sa famille et ses amis, et qui laissait à peine percer un sentiment de satisfaction. Les bruits montant du fleuve lui servaient d'indices de popularité, et lui indiquaient, cet été-là, que la province changeait d'opinion. Moins de trois ans après l'avoir brutalement chassé du pouvoir en 1976, les mêmes électeurs se souvenaient de son administration avec nostalgie. Au lieu de le considérer comme faible et irrésolu, ils commençaient à comprendre combien il est difficile de gouverner le Québec. Même René Lévesque, l'enfant chéri des syndicats, avait dû faire face à de dures négociations qui devaient se terminer par une désastreuse grève dans les hôpitaux en novembre 1979. Et cette même administration de Lévesque, malgré son « préjugé favorable » envers le mouvement syndical, ne pourrait pas empêcher une grève dans les services de transport à Montréal, en plein hiver.

Donc, en cet été de 1979, on recommença à associer le nom de Bourassa à une période de prospérité et au prestigieux projet de la baie James qu'il avait piloté au cours de la première moitié des années 70. Évidemment, il y avait eu des dépassements énormes qui établissaient à 16 milliards le coût des travaux. Et des événements très graves s'étaient produits sur le chantier en mars 1974, quand un nommé Yvon Duhamel avait renversé une génératrice avec un bulldozer. Robert Bourassa avait chargé le juge Robert Cliche de diriger une enquête et, à l'occasion des séances spectaculaires de la commission royale, le public a fait connaissance avec un de ses membres, le jeune avocat de Montréal, Brian

Mulroney.

Les audiences de la Commission Cliche qui se sont poursuivies jusque vers la fin de l'hiver 1975 ont renforcé l'impression que le gouvernement était faible et incapable de diriger la province. Les coûts énormes des Jeux Olympiques en 1976 n'ont pas augmenté les chances de réélection de l'administration Bourassa. Chassé du pouvoir en novembre, défait dans son propre comté montréalais de Mercier, Bourassa semblait bien avisé de vouloir prendre un congé prolongé, sinon permanent, de la vie publique. Il partit pour l'Europe pour y étudier le fonctionnement du fédéralisme économique dans le marché commun. Il alla enseigner à Paris. Cette période de sa vie a été perçue comme un exil, et c'en était un.

Mais il ne s'agissait pas d'une aventure sans but. Cet exil était planifié et devait notamment permettre à Robert Bourassa de prendre ses distances pour intervenir lors du référendum. C'est ce qu'il a dit à sa femme le soir de sa défaite : il serait de retour pour le référendum. Et dans la suite 2100 de l'hôtel Reine-Élisabeth, le premier ministre défait prit une seconde décision : il se mit au lit. De toute manière, Andrée et Robert Bourassa n'auraient pas pu rentrer chez eux ce soir-là. Des voitures défilaient en klaxonnant sans arrêt devant leur maison de l'avenue Maplewood à Outremont, et de temps à autre, on lançait des canettes de bière en direction de l'entrée de garage.

Les semaines qui suivirent furent dures pour Robert Bourassa qui fit de son mieux pour effectuer la passation des pouvoirs à René Lévesque. Dix jours après sa défaite, il se rendit pour une dernière visite de courtoisie chez le lieutenant-gouverneur Hugues Lapointe, puis il quitta la ville de Québec assis sur le siège arrière d'une Pontiac louée. La Cadillac réservée au premier ministre était dans un garage du gouvernement. Bourassa pouvait s'estimer heureux d'être débarrassé des autres attributs du pouvoir : l'avion privé, les gardes du corps et sa suite. Un seul homme l'accompagnait : son ami et chef de cabinet de 35 ans, Jean Prieur, qui se disait en grande partie responsable de la défaite. Un an plus tard,

…Cette fois-ci, Bourassa n'avait pas été choisi par l'establishment libéral. Il s'était hissé jusqu'au sommet par ses propres moyens. Et seule sa défaite aurait pu l'arrêter, mais l'establishment n'a pas osé s'opposer à sa montée.
(Photo d'archives par John Mahoney, The Gazette)

quand des plaies commençaient à se cicatriser, Prieur continuait d'insister : « Je suis le seul à blâmer et je refuse de partager ma responsabilité avec quiconque. »

Mais au début, seul Bourassa semblait coupable : il était blâmé par le parti pour avoir risqué et perdu le pouvoir au cours d'élections inutiles; blâmé par les fédéralistes pour avoir mis le pays en danger et blâmé par des intellectuels comme Claude Ryan.

Il avait accepté le mépris de ses contemporains, mais il craignait d'être rejeté par ses amis et négligé par les historiens.

« C'est curieux, disait-il, quatre semaines après la défaite, mon téléphone ne sonne pas autant qu'avant. »

Il était au restaurant *Chez son Père*, avenue du Parc, dans le même salon qui lui était réservé comme premier ministre, les lundis et vendredis quand il était à Montréal. Après un déjeuner de trois heures et des libations inusitées de vin et de cognac, Robert Bourassa se mit à faire des confidences à ses deux amis présents.

L'un d'entre eux était particulièrement compréhensif. En effet, Brian Mulroney se sentait encore blessé et abandonné après sa défaite comme candidat à la tête du Parti conservateur, subie en février de la même année. Quelques jours après cet événement, il avait reçu un appel de Robert Bourassa l'invitant à déjeuner. Le premier ministre fit de son mieux pour le réconforter en faisant valoir sa bonne performance, et la possibilité qu'il puisse se reprendre un jour. Maintenant, c'était au tour de Mulroney de convaincre Bourassa que, malgré l'euphorie péquiste, l'histoire ne l'oublierait pas. « Il faut du temps, Robert, il faut du temps, répétait Mulroney. Dans quelques années, en comparaison avec ces gars-là, tu auras l'air pas mal bon. »

Cette attitude semblait être le fait d'un optimisme irlandais très gratuit que les amis de Mulroney connaissaient bien. Mais en cet été de 1979, les paroles de réconfort de Mulroney prenaient un sens prophétique. En comparaison de ces gars-là, Bourassa commençait à avoir l'air pas mal bon, et il n'avait pas encore entrepris de réhabiliter son nom. D'abord à son étonnement, puis à sa plus grande satisfaction, il découvrit que les électeurs, en se souvenant de lui, associaient son nom aux années de prospérité plutôt qu'aux revers qui avaient marqué son administration.

Non seulement Robert Bourassa n'était plus chahuté, mais il était acclamé comme il le fut à la baie James, en se présentant sans être annoncé à la cafétéria des travailleurs, le matin du 27 octobre 1979. Il reçu une ovation comme celles dont rêvent tous les politiciens : trépignements, sifflements d'admiration et beaucoup de gens grimpés sur les tables. Son ami Jean Drapeau, qui sait prendre le pouls d'une salle en tant que maire de Montréal depuis près d'un quart de siècle déclarait : « Bien reçu ! Plus que bien reçu ! »

C'était à 600 milles au nord de Montréal, lors de l'inauguration de l'immense barrage LG-2 appelé à produire 5200 mégawatts d'électricité. Bourassa avait été l'initiateur politique de la baie James qu'il qualifiait de « projet du siècle », en 1971. Il avait célébré son quarantième anniversaire de naissance sur l'emplacement des travaux en 1973. On lui avait imputé tout le blâme pour l'agitation ouvrière et pour les dépassements budgétaires quand le projet de la baie James ressemblait à « l'éléphant blanc » du siècle. Il était donc normal qu'on n'oublie pas maintenant l'homme qui avait eu foi en un projet sur le point de réussir.

Mais assez curieusement, le gouvernement du Parti québécois tenta de s'attribuer tout le mérite politique de l'entreprise, dans une des pires opérations de détournement de confiance jamais vues. Cela dépassait les bornes, même pour les nombreux admirateurs du gouvernement dans les médias. On se souvenait que même en 1973, le Parti québécois parlait de projets hydroélectriques comme d'entreprises rendues caduques par l'avènement de l'énergie nucléaire. À l'automne de 1979, les conseillers de René Lévesque ont tenté de relier la baie James au référendum. Inutile de dire que Robert Bourassa n'était pas dans le paysage.

Selon certaines rumeurs, Bourassa ne serait même pas invité à la cérémonie d'inauguration. En fait, il fut placé dans la onzième rangée des personnalités invitées au centre sportif, alors que Lévesque se présentait sur la scène comme une sorte de Ed Sullivan pour ouvrir le grand spectacle. Mais déjà, Bourassa avait fait son coup de théâtre en se pésentant à la presse le matin et à la cafétéria le midi. La veille, les journaux avaient publié des suppléments. La *Gazette* titrait sur huit colonnes : « Le rêve de Bourassa se réalise ». De plus, le journal présentait une pleine page d'articles sur les origines du projet et sur le retour, à la vie politique active, de l'ancien premier ministre.

Mais le retour à quoi ? À l'automne de 1979, il n'avait encore que quarante-six ans, et il était difficile de voir quel rôle utile il pouvait encore jouer dans les affaires du Parti libéral du Québec. En mars, Claude Ryan lui avait suggéré qu'il pourrait songer à revenir dans une dizaine d'années. Cela semblait exclure pour Bourassa toute possibilité de se présenter au cours des prochaines élec-

tions. En ce temps-là, Bourassa déplorait que le Canada n'ait pas, comme en Angleterre, une tradition permettant à un ex-premier ministre de siéger en Chambre, à titre privé, comme le fit Edward Heath. Mais Ryan, qui menait la barque à ce moment-là, aurait plutôt souligné le fait que Heath n'avait pas été appelé à faire partie du cabinet de Margaret Thatcher, lors du retour au pouvoir des conservateurs, en mai 1979.

Cependant, Ryan ne pouvait pas empêcher Bourassa de participer à sa manière au débat sur le référendum, devant des auditoires d'étudiants. Dès le début, Bourassa avait choisi de traiter du problème de la politique monétaire. La plupart des politiciens considéraient ce thème comme trop ardu, et la plupart des fédéralistes craignaient l'hostilité des étudiants.

Quant à Bourassa, il avait décelé dans la question de l'union monétaire l'une des principales faiblesses du programme de la souveraineté-association.

Lévesque réclamait un mandat pour établir une nation souveraine qui ne disposerait cependant pas du contrôle de sa monnaie, comme tout État souverain, à cause de son union monétaire avec le Canada. Il ridiculisait cette propositon de manière à la faire comprendre à des citoyens ordinaires. Durant le débat référendaire, il disait qu'au nom de la fierté nationale, on demandait aux Québécois de créer un pays qui aurait une monnaie à l'effigie de la reine d'Angleterre. Lévesque dut réagir, et avoua que le portrait de la reine apparaîtrait sur leurs précieux dollars pendant quelques années encore. Parizeau réagit également au cours d'un débat avec Bourassa au Collège L'Assomption, dans son propre comté, en janvier 1980.

En arrivant, Jacques Parizeau avait l'air distrait et préoccupé d'un ministre de Finances aux prises avec de lourds problèmes.

Avril 1971 : Au premier anniversaire de son élection, Robert Bourassa présente son projet hydro-électrique de la baie James qui aura des répercussions favorables sur sa seconde carrière politique. Huit ans plus tard, il sera ovationné à l'inauguration de la centrale LG-2. Il est accompagné de Paul Desrochers, son éminence grise pendant tout son premier mandat. (Photo Montreal Star)

Robert Bourassa avait l'air frais et dispos. Depuis trois ans et plus, il se préparait pour un moment semblable. Les caméras enregistraient, les étudiants écoutaient, les protagonistes parlaient et bientôt la sueur se mit à couler sur le front de l'imperturbable Parizeau. À un moment donné, il lança que la souveraineté ne coûterait pas aux électeurs, en moyenne, plus d'une caisse de bière par année.

Il faisait allusion à la péréquation qu'Ottawa ne verserait plus, et s'il tentait de vulgariser le problème, il y réussit. Ce soir-là en tout cas, le spirituel et serein professeur Parizeau ne fut pas à la hauteur du plus intellectuellement rigoureux professeur Bourassa.

Pendant que Parizeau passait ses journées à conférer avec ses fonctionnaires, Bourassa menait la vie du professeur invité, donnant des cours tantôt à Laval, tantôt à l'Université de Montréal, ou bien à Fontainebleau, près de Paris et à Johns Hopkins à Washington. Les étudiants l'ont trouvé étonnamment sympathique, direct et bien informé. À Laval, où il donnait un cours d'économie politique, les étudiants lui ont décerné la plus haute note de popularité de la Faculté. En poursuivant sa tournée, il découvrait que les étudiants s'intéressaient profondément aux questions référendaires et qu'ils ne constituaient pas nécessairement un bloc monolithique en faveur du Oui.

Même si Bourassa s'était créé un style dans les salles de cours, y établissant de chaleureux rapports, il devait s'adapter maintenant à la scène plus vaste de la campagne référendaire. De la part des fédéralistes, il n'y avait guère de compétition pour occuper ces podiums; ils n'étaient disputés ni par les cousins d'Ottawa ni par les gens de Ryan, rue Gilford. Ces deux clans n'étaient pas pressés d'envoyer de leurs porte-parole affronter des types comme Pierre Bourgault, que les années avaient peut-être adouci, mais qui n'avait rien perdu de son éloquence et de son pouvoir de soulever les foules au cri de l'indépendance du Québec.

«J'ai mené une lutte dure et solitaire, avouait plus tard Bourassa dans tous ces endroits considérés comme territoires hostiles.»

Pour lui, il n'y avait pas de cégep trop éloigné ni de club social trop petit. Une nuit, il revenait de Chicoutimi, à quelque 250 milles au nord de Montréal. Il dormit sur le siège arrière de la voiture pendant le trajet de nuit, et quelques heures plus tard il était à un nouveau rendez-vous.

Un après-midi de printemps de 1980, les voyageurs du train de cinq heures — Québec-Montréal — ont aperçu l'ancien premier ministre assis au fond d'un wagon, les pieds sur le fauteuil d'en face, croquant une pomme et corrigeant des feuilles d'examens. C'était le 17 avril, et Bourassa revenait d'une conférence de presse où il avait été accueilli comme un des chefs de la campagne référendaire qui avait repris sa place d'honneur au sein du Parti libéral.

Assis près de Jean Lesage, il avait entendu le chef de l'heure, Claude Ryan, faire l'éloge de son administration passée. Ryan parlait des anciens chefs comme d'exemples vivants de la politique libérale qui avait construit un État moderne, financé généreusement des mesures sociales et assuré une ère de prospérité au Québec, et ce, à l'intérieur du système fédéral canadien qu'ils avaient constamment tenté d'améliorer.

Lesage, qui donnait sa première conférence de presse depuis près de dix ans et la dernière de sa vie, fut la vedette de l'événement. Pour sa part, Bourassa était fier d'être là pour témoigner de la continuité et de la tradition du Parti libéral du Québec. À compter de ce jour, il n'aurait plus à craindre le genre d'accueil qu'on pourrait lui faire dans la campagne référendaire ou dans le parti.

Au cours de ce voyage de trois heures vers Montréal, Bourassa se montra confiant de voir triompher les forces du Non, malgré les vents contraires. « Nous devrions gagner par un bon 58 à 42 p. 100 », dit-il. En parlant des universités, il dit que les étudiants étaient à l'écoute; il leur demandait pourquoi sacrifier un grand Canada pour un Québec plus petit, « alors que la qualité des libertés au Canada, la qualité du progrès social, la qualité de notre niveau de vie en font l'un des meilleurs pays du monde ». Il avait mis les étudiants au défi de lui nommer un meilleur pays, et personne n'avait pu le faire. C'est ce Robert Bourassa qu'on avait si souvent accusé, non sans raisons, de pratiquer un fédéralisme mercantile strictement basé sur les subventions. On rappelait également que René Lévesque et quelques autres personnes s'étaient réunis dans le sous-sol de la maison de Bourassa, à Mont-Royal, en 1967, pour y discuter de la possibilité de rompre avec le parti libéral.

Ce soir-là, Bourassa s'était séparé du groupe, en partie parce que le projet n'avait pas de sens économiquement, et en partie parce qu'il ne correspondait pas à la voie qu'il s'était tracée. Il était demeuré dans le Parti libéral après le départ de Lévesque, et trois ans plus tard, il en devenait le chef et était élu premier ministre du Québec. Il a gagné l'élection en 1970 en parlant de ce que les médias appelaient « le fédéralisme profitable », mais il ne s'est pas gagné de sympathie. Pendant tout son mandat, le clan des fédéralistes l'a considéré comme suspect. Pour le clan opposé, il n'était qu'une marionnette d'Ottawa, surtout après la crise d'octobre en 1970, quand Pierre Trudeau, en principe à la demande de Bourassa, envoya l'armée occuper les rues de Montréal. Pour sa part, Trudeau était évidemment de l'avis des fédéralistes, surtout après la conférence constitutionnelle de Victoria en juin 1971, où Bourassa refusa de signer une entente concernant le rapatriement et le partage des pouvoirs, entente que Trudeau considérait comme une pièce maîtresse de son premier mandat. Ce n'est pas pour une raison importante comme une formule d'amendement que Bourassa a rejeté le document. La formule d'amendement de Victoria — qui donnait un droit de veto à toute province représentant 25 p. 100 de la population canadienne, comme le Québec ou l'Ontario — reconnaissait au Québec un droit de veto, mais non un statut particulier, ce qui devait satisfaire à la fois Trudeau et Bourassa. La mésentente survint au sujet du partage des pouvoirs et du financement des programmes sociaux. Le premier ministre de 37 ans suivit les conseils qu'il recevait, d'une part de Claude Morin, sousministre des Affaires intergouvernementales et d'autre part de Claude Ryan, directeur du *Devoir*. Bourassa, conscient de son image de marionnette suspendue au fil d'Ottawa, décida à la dernière minute de ne pas signer. Ce fut la pire bévue de sa carrière, car s'il est possible d'imposer un veto *de facto*, comme il l'avait fait lui-même, et Jean Lesage avant lui, les événements ont prouvé plus tard qu'il est plus difficile d'obtenir un veto *de jure*, si la Cour suprême du Canada se prononce contre, comme René Lévesque l'apprit à ses dépens en 1982. Ryan et les autres maintenaient qu'il ne pouvait pas y avoir d'entente sur le rapatriement et sur une formule d'amendement, avant de régler la question du partage des pouvoirs.

Mais rétrospectivement, il appert que si Bourassa avait signé les accords de Victoria en 1971, il apparaîtrait aux yeux de l'Histoire comme l'homme qui aurait garanti au Québec un droit de veto. Il aurait au moins pu prétendre que sa décision allait dans le sens du maintien d'un veto, alors que l'attitude de Lévesque lui a fait perdre ce droit. Le pragmatisme de Bourassa concernant les problèmes d'un système fédéral en constante évolution ne semblait satisfaire personne dans les années 70, ni les cousins d'Ottawa ni les nationalistes du Québec. Non plus d'ailleurs que sa loi sur la langue, en 1974, bien que certains anglophones du Québec aient éprouvé une certaine nostalgie pour la loi 22, dont les restrictions étaient moins sévères que celles de la loi 101 de Camille Laurin, en 1977. Il semble que les Québécois anglophones, en majorité, reprochent toujours à Bourassa d'avoir été responsable de leur infortune en les obligeant à vivre l'expérience du gouvernement Lévesque qui avait nécessité le déménagement de leurs voisins et de leurs enfants hors de la province. Peu d'entre eux auraient pu en croire leurs oreilles en entendant Bourassa dans les universités, en 1980, attaquer les contraintes de la loi 101 concernant l'affichage en français seulement, à l'extérieur. Bourassa déclarait qu'il était ridicule d'interdire l'affichage bilingue dans un milieu anglophone. Dès lors, il se peut que les fédéralistes de tout acabit, francophones comme anglophones, aient été surpris d'entendre Bourassa mettre les étudiants au défi de lui nommer un autre pays dans le monde supérieur pour la qualité de ses libertés et de ses possibilités de dissidence. « Il n'y a pas une seule société dans le monde, disait-il, qui ait fait des progrès économiques et sociaux comparables à ceux du Québec, au cours de la dernière génération. »

Cela contrastait avec la prudente politique fédéraliste qui avait marqué son mandat. Au cours de la campagne référendaire, il exprima pour la première fois ses convictions concernant la qualité de la vie canadienne, et la possibilité pour les Québécois de s'y développer. Ce printemps-là, Bourassa découvrait quelque chose et notamment que le sentiment d'appartenance canadienne était partagé par un grand nombre d'étudiants. On pouvait même le déceler chez des partisans « hésitants du Oui ». Car si 59,6 p. 100 des Québécois ont répondu non à la question de René Lévesque, le sondage de Maurice Pinard montrait que 75 p. 100 des personnes interrogées répondaient oui à la question de leur attachement au Canada. Ce sont ces données occultes du vote référendaire qui étaient révélatrices, et partout Bourassa en voyait la confirmation.

Dès le début, Bourassa s'était imposé dans le débat référendaire, mais, en avril 1980, il était l'une des vedettes de l'équipe « B ». Malgré tous ses efforts, Ryan ne pouvait être partout à la fois avec son équipe « A ». Une seule occasion permit à Bourassa de partager la tribune avec le président du comité du Non, ce fut le 6 mai, à la baie James. Au cours d'une conférence de presse conjointe, Bourassa expliqua longuement que l'électricité n'avait pas été inventée par le Parti québécois. Les reporters voulaient plutôt savoir si Claude Ryan encouragerait Robert Bourassa à revenir à la vie politique active. Ryan, embarrassé par cette question, répondit simplement qu'il était trop tôt pour y répondre. Toutefois, il était prêt à reconnaître la participation de Bourassa à la cause référendaire, et à faire appel à ses talents. Et Bourassa était toujours disponible.

Il était particulièrement disponible le soir des résultats du référendum, à Radio-Canada. « C'est votre victoire », lui dit son vis-à-vis Pierre Bourgault. C'était vrai, parce qu'il avait été là.

Un après-midi de septembre de l'année référendaire, Robert Bourassa et Claude Ryan se promenaient ensemble. Il ne s'agissait pas d'une simple promenade du dimanche, mais d'une sérieuse discussion. Une élection complémentaire se préparait dans Outremont, ce comté dont Bourassa aurait dû s'emparer en 1976 et où il voulait se porter candidat. Pourtant, c'est André Raynauld qui s'en était emparé, sa recrue la plus prestigieuse de la défaite de 1976. Raynauld, un homme indépendant d'esprit, acceptait difficilement le style autoritaire de Ryan. Quelques semaines après le référendum, il avait donné sa démission pour retourner enseigner à l'Université de Montréal. Pendant tout l'été, Ryan avait été ennuyé par des spéculations dans les journaux selon lesquelles Bourassa se présenterait dans ce comté historiquement libéral où la montagne rejoint la Côte-Sainte-Catherine, où la bourgeoisie libérale côtoie les professeurs péquistes de l'Université et où Michel Tremblay pourrait trouver des sujets de pièces à la douzaine, simplement en écoutant les conversations, caché derrière les rideaux des grands salons d'Outremont. Il ne s'agissait pas d'un comté pour un député ordinaire, mais pour un ministrable et pour un candidat à l'avenant. Évidemment, Bourassa pourrait accéder au cabinet; pour Ryan, cela faisait problème.

Même si Bourassa l'assurait qu'il n'avait aucune ambition, qu'est-ce que Ryan pourrait faire, dans son caucus, d'un ex-premier ministre de près de dix ans plus jeune que lui et dont l'expérience s'étalait sur deux mandats, à la tête du gouvernement. Bourassa avait tenté de convaincre Ryan qu'il pouvait l'aider comme critique de la finance et de l'énergie et de toutes sortes d'autres manières, et même comme simple député. Ryan y avait pensé, cela l'avait perturbé et il souhaitait simplement que Bourassa disparaîtrait. Ryan admettrait, plus tard, qu'il était comme une belle-mère qui s'agrippe durant une lune de miel.

Enfin, au cours de leur réunion de septembre, Ryan n'y alla pas par quatre chemins : pour qu'il n'y ait ni confusion ni malentendu entre eux, il lui dit : « J'aimerais mieux perdre sans toi, que gagner avec toi. »

Pour Bourassa, de ne pas se présenter à l'élection complémentaire de novembre 1980 et aux élections générales d'avril 1981 fut la grande chance de sa vie.

Il devenait évident que la campagne de 1981 s'amorçait mal et qu'on ne pouvait pas en jeter le blâme sur Bourassa. Au contraire, on le réclamait dans des comtés où les candidats et les organisations locales ne voulaient pas voir Ryan. Et comme durant la campagne du référendum, petit à petit, Robert Bourassa accumulait des appuis. Dans le contexte du Watergate, on l'avait souvent comparé à Richard Nixon, ce qui ne le flattait pas beaucoup. Mais il acceptait cette comparaison dans la mesure où Nixon avait fait campagne pour les Républicains au cours de l'élection présidentielle de 1964 et du Congrès en 1966, pour finalement se retrouver chef du parti en 1968, en vertu des suffrages des délégués.

Bourassa savait qu'il devrait attendre, pour courir sa chance, jusqu'à la fin de l'aventure Ryan. Mais au printemps de 1981, au cours de la campagne électorale, il apparut clairement que Ryan était en train de perdre une élection dont les résultats auraient dû le favoriser. Après son expérience de la défaite et ses voyages à travers la province en 1981, Bourassa savait que le leadership de Ryan serait sérieusement compromis, si les libéraux perdaient l'élection. Le 13 avril, Robert Bourassa n'était pas près d'un studio de télévision. Il était chez lui à regarder les résultats et il communiqua avec quelques amis, par téléphone. L'un d'entre eux était Raymond Garneau qu'on pourrait absoudre, même s'il était mort de rire, étant donné la manière dont Ryan le traita.

A l'époque où Ryan dominait, Bourassa avait demandé à un ami quelles étaient ses chances à lui de revenir en politique. On lui a répondu : peut-être 1 p. 100. Bourassa estimait ses chances à 5 p. 100, mais même le 1 p. 100, il tenterait toujours de l'atteindre. Il était politicien dans l'âme et il ne lui servait à rien de prétendre le contraire.

Même à Rome, durant ses vacances avec sa femme, un mois après les élections, il ne put s'empêcher d'aller assister à un meeting qui couronnait la campagne référendaire sur l'avortement, en Italie. En s'y rendant, il eut l'idée de s'arrêter place Saint-Pierre de Rome pour assister à l'audience publique hebdomadaire du pape. Bourassa était sur la septième rangée derrière les barricades, quand il aperçut le pape et qu'il entendit retentir un coup de feu à quelques pas de lui. Et il vit que Karol Wojtyla était blessé.

Bourassa raconte : « Je n'étais qu'à une dizaine de pieds de l'assaillant. Il était dans la troisième rangée, à quelques pieds sur ma gauche.» Bourassa se demandait s'il était bien vrai que quelqu'un avait tenté d'assassiner le pape. Il vit des pèlerins maîtriser le tueur et la police l'emmener. Arrivé au lieu de la réunion en faveur de l'avortement, Bourassa apprit qu'elle n'aurait pas lieu à cause de l'attentat contre le pape.

Quand Andrée Bourassa apprit la nouvelle, sa première pensée fut que son mari était certainement place Saint-Pierre de Rome, car il se trouvait toujours là où les choses se passent.

20
De Bourassa à Bourassa

Pour arrêter Bourassa, il faudrait qu'il soit défait. C'était comme protégé, sinon comme enfant chéri de l'establishment libéral qu'il avait commencé sa carrière en politique. Mais il avait été abandonné en cours de route. S'il revenait, ce serait grâce à ses propres forces. Il ne pouvait plus compter sur les clans d'Outremont et de Westmount : ils cherchaient quelqu'un d'autre. N'importe qui, sauf Bourassa, et ils étaient prêts à tout pour l'empêcher de reprendre le poste de direction perdu au moment de l'humiliante défaite de 1976.

Le retour de Robert Bourassa n'était pas salué avec grand enthousiasme par les cousins fédéraux, ni par la haute finance de la rue Saint-Jacques, ni par les éléments anglophones importants du parti, ni par les fidèles du groupe Ryan, ni par la grande majorité du caucus. Il lui faudrait avoir raison de leur résistance ou bien faire appel aux militants, par-dessus leurs têtes.

Même avant que Ryan se désiste à l'été de 1982, Bourassa avait pris correctement le pouls des membres du parti : ils étaient prêts à faire eux-mêmes leur choix. La victoire serait remportée dans les comtés et non dans le bar du Ritz-Carlton, ou dans la salle à manger du troisième étage, au club Saint-Denis, ni dans le bar du Hilton de Québec ou dans les salons snobs de la Grande-Allée. Alors que les bonzes libéraux de Montréal et de Québec estimaient savoir ce qui était dans le meilleur intérêt du parti, ils l'avaient déjà perdu, car beaucoup de choses avaient changé.

En premier lieu et surtout, les finances n'étaient plus aux mains de l'establishment qui ne pouvait plus imposer sa volonté à partir de Montréal. Deuxièmement, Ryan avait établi pour le parti de nouvelles structures régionales, avec des organisateurs permanents dans toute la province, et les militants avaient commencé à jouir d'une autonomie relative par rapport à la direction de la rue Gilford. Troisièmement, les militants libéraux, à travers la province, commencèrent à se poser des questions concernant la sagesse des élites du parti qui avaient toujours dominé. On leur avait donné

Bourassa en 1970, quand il était évidemment trop jeune et trop inexpérimenté pour ce poste. Les élites avaient imposé Claude Ryan en 1978 en prétextant que le parti avait besoin d'un homme impartial, sans liens avec le régime discrédité de Bourassa, pour faire la bataille du référendum. Malgré une performance convenable, le régime Ryan s'est révélé une faillite aux élections de 1981. Après la défaite, il s'est formé un consensus parmi les militants en faveur d'un politicien professionnel et expérimenté. Il pouvait être question de Robert Bourassa, de Raymond Garneau ou même de Daniel Johnson, s'il se révélait efficace dans l'opposition.

Mais d'abord, le parti devrait régler la question de la direction de Ryan. Pour Bourassa, c'était une question réglée d'avance. Il connaissait le parti et il savait comment on l'avait traité après 1976, et même comment on avait agi avec Jean Lesage après 1966. « Ils vont le sortir de là », disait Bourassa, en privé, l'après-midi du 13 avril 1981, quelques heures avant la défaite de Ryan.

À mesure que la défaite de Ryan se confirmait, ce soir-là, Bourassa pouvait de nouveau prétendre à la chefferie. Ryan n'était plus en position d'empêcher le retour de son prédécesseur. Mais Bourassa devait éviter toute précipitation. Il devait continuer sur sa lancée : assister aux danses du vendredi soir, à des rencontres du samedi soir et à des *brunches* du dimanche et recueillir de l'argent pour le parti au niveau du comté, comme il le fit à l'automne de 1981.

Cinq ans après sa défaite, Bourassa fut invité à une fête du dimanche soir, au Holiday Inn de Longueuil, dans le comté de René Lévesque sur la rive sud.

Au printemps de 1982, Brian Mulroney présente son vieil ami Robert Bourassa, au cours d'un symposium en relations ouvrières, à Montréal. Un mois après la défaite de 1976, Mulroney lui avait dit : « Il faut du temps. Dans quelques années, en comparaison avec le P.Q., tu auras l'air pas mal bon. » Au moment où cette photo a été prise, ils étaient tous les deux des citoyens ordinaires. Un peu plus d'un an plus tard, ils étaient devenus les chefs de leur parti respectif et se préparaient à être élus comme premier ministre du Canada et premier ministre du Québec.
(Photo d'archives par Bill Grimshaw, Presse canadienne)

Il y avait là une foule de 400 libéraux *bona fide* qui ont ovationné Bourassa quand il a quitté le podium. «Ce n'était pas comme ça il y a cinq ans», murmura-t-il à Nicole Petit, la présidente de l'association locale qui l'avait présenté. La période de récriminations et de critiques acerbes touchait à sa fin. La semaine précédente, la dernière des trois enquêtes déclenchées par Lévesque s'était terminée sans éclabousser Bourassa. Ni l'enquête Malouf concernant le coût des Jeux Olympiques, ni l'enquête Keable au sujet de la Gendarmerie royale, ni l'enquête Deschênes portant sur la crise d'octobre n'avaient pu établir des preuves de méfaits ou de mauvaise foi concernant l'ancien premier ministre.

La réhabilitation était complète. Le retour s'amorçait.

Robert Bourassa n'est pas le champion du charisme et aucun discours mémorable ne marque sa carrière, mais son exil lui avait appris à se connaître lui-même. Ses critiques pouvaient prétendre qu'il parlait comme des cassettes, qu'il était un produit fabriqué, mais, au moins, il faisait son propre marketing. Au cours d'innombrables conférences dans les universités et dans les clubs, il avait finalement appris à parler en ne se servant que de quelques notes ou même sans notes. D'ailleurs, il n'avait jamais pu lire un texte, et maintenant qu'il devait improviser, il s'était rendu compte qu'il ne s'en tirait pas mal. Il avait toujours excellé dans les débats, il avait toujours su réduire à des formules simples des problèmes complexes et il avait toujours possédé cette détermination qui lui avait valu son avancement dans la vie.

Malheureusement, il n'était pas issu d'une grande famille. L'histoire de Bourassa, c'est comme une saga d'Horatio Alger racontée deux fois.

Il est né le jour de la Bastille, un 14 juillet en 1933. Il était le deuxième enfant et le seul fils d'Aubert et Adrienne Bourassa. Cinquante ans plus tard, il admettait avoir été particulièrement choyé par sa mère et ses deux soeurs : Marcelle Morin qui était de cinq ans son aînée et Suzanne Labelle, de deux années plus jeune que lui. «Rien ne m'empêchait d'étudier, disait-il. Je n'étais pas requis dans la cuisine, où j'aurais été le quatrième et le dernier. »

Ils étaient locataires du rez-de-chaussée d'un triplex, en pierre grise, rue Parthenais, au coin du boulevard Saint-Joseph. «Ce n'était pas luxueux, mais ce n'était pas pauvre, dit-il. Je dirais que le voisinage était d'une petite classe moyenne. »

Son père était une espèce de comptable travaillant pour la Commission des Ports nationaux, un petit fonctionnaire fédéral qui avait obtenu son emploi grâce à son père, Toussain Bourassa, ancien capitaine du Port de Montréal.

Son petit-fils Robert fréquentait l'école Saint-Pierre-Claver, à quelques rues de là, au coin du boulevard Saint-Joseph et de l'avenue de Lorimier. Alors qu'il était encore à l'école primaire, à l'âge de onze ans, il se souvient d'avoir assisté à sa première assemblée politique, au cours de l'élection de 1944 qui marqua la défaite des libéraux d'Adélard Godbout, le retour triomphal de Maurice Duplessis et de l'Union nationale, ainsi que l'émergence comme force politique et nationaliste du Bloc populaire.

Pour Robert Bourassa, le Bloc populaire «c'était les péquistes d'alors». Il se souvient d'avoir assisté à une assemblée, près de chez lui, où le principal orateur était André Laurendeau, candidat dans le comté voisin de Laurier, et futur rédacteur en chef du *Devoir*. Sur la tribune se trouvaient d'autres orateurs de la même pensée politique. «C'était d'excellents orateurs, avoua Bourassa, et ça nous changeait de ceux de l'Union nationale qui n'étaient que des comédiens.»

L'intérêt de Bourassa pour la politique ne lui vient pas de ses parents qui n'en parlaient pas à table, mais qui n'interdisaient pas, non plus, les discussions sur le sujet, sans s'y intéresser pour autant. Il ne sait pas d'où lui est venue cette passion. Il allait entendre les discours, «car, à cette époque, on se rendait aux assemblées, mais j'y allais de ma propre initiative».

C'est à l'automne de 1945 que le jeune Bourassa, alors âgé de 12 ans, fut inscrit comme étudiant externe au collège Brébeuf, cette pépinière des élites que les Pères jésuites avaient installée aux abords d'Outremont. La clientèle était d'Outremont; le collège était fréquenté par les fils de bourgeois ou par ceux qui le deviendraient. Robert Bourassa n'était pas d'Outremont, mais ses parents avaient pu l'inscrire comme étudiant parce qu'il n'en coûtait pas plus que quelques centaines de dollars par année pour un externe. Et comme Pierre Trudeau, dix ans auparavant, il fut rompu à la discipline intellectuelle et aux astuces de la logique pour lesquelles les Jésuites étaient justement célèbres.

Mais en mai 1950, au moment où il terminait sa première année de baccalauréat, son père mourut d'une crise cardiaque, subitement, à l'âge de 57 ans.

De nombreuses années plus tard, Robert Bourassa évoquait avec affliction cette mort subite après une première attaque cardiaque: «Ce fut un choc. C'est une des choses qui m'ont le plus marqué dans la vie. On n'oublie pas ça.»

Le Robert adolescent n'avait jamais connu ses grands-parents, ni du côté paternel ni du côté maternel dont la famille s'appelait Courville.

La disparition soudaine de son père « a pu créer une certaine insécurité » se rappelle Bourassa, mais ses études ne furent pas interrompues. Il s'est peut-être davantage rapproché de sa famille qui était très unie, même si les rencontres n'étaient pas nécessairement fréquentes. Plus tard, sa mère habitait la maison pour vieillards, appelée Maison Berthiaume-Du Tremblay, boulevard Gouin, et quand il allait la voir, il s'entretenait avec elle pendant des heures. Tant qu'elle put voyager, il l'emmenait en Floride avec sa famille et une de ses soeurs, passer deux semaines à son appartement de Bal Harbour.

Pour payer son collège, et plus tard, ses études de droit, Bourassa a occupé une dizaine d'emplois durant l'été. Une année, il fut surveillant de nuit au poste de péage du pont Jacques-Cartier. À cette époque, le péage se calculait au nombre de passagers. Le travail était très relaxe, « car il n'y avait presque personne la nuit, dit-il, et on aurait pu dormir pendant des heures ». Une autre année, il a travaillé dans l'industrie textile, dans une de ces manufactures aux cadences infernales qui subsistaient encore à Montréal un quart de siècle plus tard. Et pour donner raison à ceux qui lui trouvent l'air d'un commis de banque, il a effectivement travaillé comme commis, dans une banque, pendant deux ou trois étés.

Quand il est entré à la faculté de droit de l'Université de Montréal, en 1953, il se classa immédiatement au premier rang, tout en s'occupant de politique étudiante. La faculté comptait pourtant des étudiants comme Antonio Lamer, qui fut nommé à la Cour suprême du Canada quand il était encore dans la quarantaine. Il y avait aussi Jacques Mongeau, qui est devenu plus tard un administrateur émérite dans le domaine de l'éducation, à Montréal, et toute une brochette de futurs hommes d'affaires et juristes importants du Québec. Chaque année, Bourassa était le premier de sa classe et à la fin de son cours, il reçut la médaille du gouverneur général. Sa participation à la vie étudiante comprenait la rédaction d'articles pour le *Quartier Latin*, la représentation des étudiants auprès de l'Association France-Canada et une activité intense parmi les jeunes libéraux.

En 1956, au moment où il terminait ses études de droit, il participa à tel point à la campagne provinciale qu'on le désigna pour affronter Paul Sauvé, l'élégant ministre de la Jeunesse et dauphin de Duplessis, qui devint premier ministre après la mort du

Chef, en 1959, et mourut quatre mois plus tard.

« L'assemblée contradictoire » avait lieu à Sainte-Scolastique, dans Deux-Montagnes, le propre comté de Sauvé. La réunion promettait, comme d'habitude, de retentir des cris de nombreux chauffeurs de camions contre l'infortuné candidat libéral, qui ne se présenta d'ailleurs pas, prétextant une mystérieuse maladie diplomatique. On demanda à Bourassa de le remplacer. Une troisième personne désirait prendre la parole au nom de la section provinciale du parti CCF. Il s'agissait d'un nommé Pierre Trudeau. « Qu'est-ce que nous faisons concernant ce gars du CCF ? » demanda Paul Sauvé à son jeune adversaire libéral. « Nous n'avons pas de temps à perdre à écouter ces penseurs. » Des années plus tard, Bourassa avouait : « Nous avons conclu une entente pour empêcher Trudeau de parler. Il était furieux et il écrivit un long article dans *Le Devoir* à ce sujet. » C'était un mauvais présage concernant leurs futures relations.

C'est au Conseil des étudiants de l'université que Bourassa a rencontré sa future femme. Elle y représentait la « pédagogie familiale », une faculté qui fut abolie plus tard. Elle venait d'un milieu très différent du sien, puisqu'elle était la fille aînée d'Édouard et Orise Simard de Sorel, dont le frère Joseph avait fait du chantier naval de Marine Industries une industrie d'importance nationale. Les frères Simard étaient déjà prospères avant la Seconde Guerre mondiale, et durant la guerre ils étaient devenus très riches en construisant des navires et des armements pour le gouvernement fédéral. Ils se complétaient : Joe, l'âme dirigeante, était aussi reclus que son frère était sociable ; il détestait la politique autant que son frère y prenait plaisir ; il fuyait les politiciens autant que son frère recherchait leur compagnie. Le mariage d'un enfant des Simard — Joe en avait sept et Édouard quatre — était un grand événement au Québec. Des centaines d'invités étaient rassemblés sur l'immense pelouse de la propriété d'Édouard, près du fleuve à Sorel, pour assister au mariage d'Andrée Simard et d'un étudiant diplômé de 25 ans, Robert Bourassa, de Montréal.

Après leur mariage, le 23 août 1958, ils partirent pour l'Angleterre où Bourassa allait poursuivre des études en économie et en sciences politiques à Oxford. Il s'est tiré d'affaire lui-même, avec une bourse de 5000 $ de la Société royale et une subvention de la fondation Mackenzie-King ; l'année suivante, il obtenait une maîtrise. Cette année-là, le couple a vécu une vie de bohème dans un logement de Victoria Road, chauffé au gaz, à l'électricité et au charbon. Après Oxford, ce fut Cambridge au Massachusetts, où l'Université Harvard lui avait obtenu une subvention de la Fondation Ford pour étudier la fiscalité et le droit des compagnies, en vue d'une seconde maîtrise. Au cours de l'hiver et du printemps de 1960, ils vécurent dans un petit appartement de Robinson Street, près de l'université.

Ensuite, les Bourassa ont habité pendant quatre ans à Ottawa, où Robert était conseiller en fiscalité au ministère du Revenu national, et où il enseignait l'économie et la fiscalité à l'Université d'Ottawa, non loin de leur maison sur Rideau River Drive.

Il se souvient que cette période marqua le déclin et la chute du gouvernement de John Diefenbaker. Chaque mois, le jour où les chiffres concernant le chômage étaient révélés, Bourassa s'arrangeait pour être en Chambre afin d'assister aux débats. « Les libéraux, dit-il, avaient quatre as, soit Lester Pearson, Jack Pickersgill, Lionel Chevrier et Paul Martin. Quand un finissait de parler, un autre se levait et poursuivait l'attaque. C'est la preuve qu'il n'est pas nécessaire d'avoir cinquante députés pour défaire un gouvernement, quand les débats parlementaires ont cette qualité. »

En 1963, Bourassa qui arrivait à la trentaine commençait à s'ennuyer à Ottawa et cherchait un moyen de revenir au Québec et à la politique. « À ce moment-là, dit-il, il n'était plus question de si, mais de comment et quand. Autrement, j'aurais peut-être pu devenir un grand commis de l'État. »

À ces deux questions, comment et quand, ce furent Marcel Bélanger et Jean Lesage qui répondirent.

Bourassa avait fait certains travaux pour la Commission Carter du gouvernement fédéral sur la fiscalité. À Québec, Lesage était sur le point de lancer sa propre enquête sur la politique fiscale, sous la direction de Marcel Bélanger, et ils étaient en quête d'un secrétaire général et directeur de la recherche pour la commission. Or, Bourassa avait connu à Ottawa le fameux avocat et constitutionnaliste Carl Goldenberg, qui avait beaucoup de relations. Il avait eu l'occasion de régler quelques différends ouvriers pour Jean Lesage et il lui recommanda Bourassa comme secrétaire pour la commission. Bélanger étant d'accord, l'engagement fut conclu.

Le travail de la Commission Bélanger n'a pas fait beaucoup de bruit, car les préoccupations d'alors concernaient surtout les matières constitutionnelles et culturelles. Robert Bourassa est le premier à admettre qu'une grande partie de son travail était « ennuyeux comme la pluie ». Mais il découvrit que cette enquête touchait à tous les niveaux de la politique fiscale au Québec, de la taxe scolaire aux taxes municipales, de l'impôt personnel aux impôts des sociétés. «Cela m'a permis d'approfondir mes connaissances», avouait-il vingt ans plus tard. Il eut également l'occasion de visiter tous les coins de la province pendant les audiences publiques de la commission et d'établir partout des liens avec le parti libéral.

Quand son travail fut terminé, en 1965, le jeune secrétaire de la commission alla lui-même livrer un exemplaire du rapport au directeur du *Devoir*, rue Garnier. C'était la première conversation prolongée de Bourassa avec Claude Ryan, mais ce ne serait pas la dernière. «Deux jours plus tard, il avait lu le rapport et publié le seul éditorial intelligent sur le sujet. Il l'avait 'ryanisé'», ajoute Bourassa avec une certaine admiration.

Tout comme Ryan, le premier ministre Lesage avait sans doute lu le rapport Bélanger. À ce moment-là, il était entendu que Bourassa serait candidat aux prochaines élections que Lesage voulait déclencher le plus tôt possible, avec Expo 67. Au printemps de 1966, soit seulement trois ans et demi après les élections précédentes, il réunissait son cabinet au Surf Club, à Miami Beach. Les élections furent fixées au dimanche 5 juin, les libéraux étaient confiants de remporter une grande victoire.

Pour Bourassa vint le temps de choisir entre deux comtés: Saint-Laurent, dans l'ouest de Montréal, et Mercier dans l'est. Saint-Laurent était certainement le comté le plus sûr, mais, avec sa population à majorité anglophone, ce n'était pas une bonne base d'opération pour un politicien ambitieux. C'est René Lévesque qui lui a déconseillé de se présenter dans ce comté s'il espérait un jour devenir chef du parti. «Lévesque était une grande vedette», dit-il, expliquant que Lesage l'avait choisi, mais que Lévesque avait approuvé ce choix. Il ne fallait donc pas prendre à la légère un conseil du ministre le plus populaire du cabinet. «Mais si Lesage m'avait demandé de me présenter dans Saint-Laurent, je l'aurais fait, dit Bourassa. Il avait demandé à ses organisateurs de me réserver un bon comté, et Mercier, à cette époque, était un comté relativement sûr.»

Pour Bourassa, le comté était assez sûr parce que les libéraux maintenaient leur popularité dans les villes, même si la campagne leur échappait. Le chef de l'Union nationale, Daniel Johnson, visitait tous les villages depuis des années, son charme irlandais contrastait heureusement avec la prétention gaulliste de Lesage. En outre, le rythme de la Révolution tranquille avait été un peu trop rapide au gré des électeurs des comtés ruraux.

Donc, le 5 juin, les électeurs ont voté pour Lesage, tout en rejetant son gouvernement. Il avait la majorité du vote en pourcentages, et Johnson la majorité des sièges. Le nouveau premier ministre soulignait avec ironie que tout le monde devrait être content.

La dynastie libérale que Jean Lesage avait commencé à établir au cours de ses deux mandats était maintenant en exil. Pour Lesage commençaient trois années difficiles, pendant lesquelles, comme il le confiait plus tard à un ami, il était constamment contre le mur pour être certain qu'on ne lui planterait pas un couteau dans le dos. Mais quand les membres du caucus se réunissaient autour d'une table pour parler de sa succession, personne ne semblait intéressé. Personne ne pensait à Bourassa, sauf Lévesque. «Vous avez oublié un gars», dit Lévesque à ses collègues, en leur montrant un journal avec la photo de Bourassa. Pour Lévesque, Bourassa en crevait d'envie. Pour Bourassa, sa grande préoccupation, au cours de la première année après la défaite libérale, fut de retenir Lévesque au sein du parti. «J'ai tenté d'établir des ponts entre Lesage et Lévesque, déclarait Bourassa en 1984. Pour moi, René était un peu comme Nye Bevan dans le parti travailliste britannique, un peu à gauche, mais une bonne protection contre la faction bourgeoise.»

Bourassa qui se considérait, à l'époque, comme un social-démocrate est allé jusqu'à discuter, à l'été de 1967, avec Lévesque et quelques amis de la possibilité de former un nouveau parti, un peu comme le mouvement Souveraineté-Association que Lévesque allait fonder après avoir quitté le Parti libéral au congrès de l'automne suivant. Bourassa a toujours prétendu qu'il voulait seulement garder Lévesque au sein de la famille libérale, «parce qu'il valait mieux qu'il soit à l'intérieur qu'à l'extérieur». De toute façon, Bourassa disait à Lévesque que son idée de souveraineté-association ne marcherait pas, et que sa proposition d'union monétaire n'était qu'un rêve. Pour Lévesque, il ne s'agirait toujours que d'une question de «plomberie», soit le genre de choses qu'on met en place le temps venu. Un autre participant à ces discussions, Jean-Roch Boivin, avait quitté le parti avec Lévesque; il est devenu le chef de cabinet du premier ministre après 1976.

Avec le départ de Lévesque, les libéraux perdaient un héritier potentiel, ou du moins, un candidat sérieux dans un congrès à la direction s'il avait pu régler avec le parti la question des liens avec le fédéral.

Quant à l'ancien ministre de l'Éducation, Paul Gérin-Lajoie, il se fatigua d'attendre la démission de Lesage et quitta la scène provinciale pour accepter une nomination du nouveau gouvernement Trudeau, à Ottawa. En 1969, au moment où Lesage décidait d'abandonner son poste, le parti n'avait pas de candidat. Paul Desrochers, que Lesage avait chargé de reconstruire l'organisation du parti après la défaite de 1966, avait commandé un sondage pour savoir ce que désiraient les électeurs pour l'année 1970. La réponse était claire : des emplois. Le parti devait donc présenter l'image de l'efficacité économique, et Bourassa, avec sa formation socio-technocratique, reflétait cette image. Il n'avait ni l'expérience de deux mandats, comme Pierre Laporte, ni l'éloquence d'un Claude Wagner, mais en ce 17 janvier 1970, il avait quelque chose de plus important : des votes.

Comme jeune député et comme critique financier, il avait fait bonne impression; il avait également parcouru la province comme représentant du parti et certains se souvenaient de lui avec plaisir, comme secrétaire de la Commission Bélanger. Quand l'heure de vérité a sonné, ce sont les délégués ordinaires qui ont donné à Bourassa la victoire avec une majorité des voix de 53 p. 100. Pourtant, il disait plus tard : « C'est Lesage qui avait décidé que ce serait moi. »

Entre-temps, le premier ministre Johnson était mort et son successeur, Jean-Jacques Bertrand, avait présenté un budget en mars et décidé que des élections auraient lieu le 29 avril. Bourassa remporta la victoire avec 45 p. 100 des suffrages, alors que l'Union nationale en recevait 19 p. 100 et le Parti québécois 23 p. 100, ce qui donnait aux libéraux 72 sièges dans une Assemblée nationale de 108 membres. L'Union nationale devenait l'opposition officielle avec 16 députés; les créditistes en avaient 12 et le Parti québécois 7.

Bourassa avait triomphé avec son slogan : « Création de 100 000 emplois ». Mais au début de la campagne, les dirigeants libéraux étaient inquiets. « Nous ne pouvions pas mesurer l'impact du P.Q. », dira Bourassa plusieurs années plus tard.

Un regain économique et des crises successives ont marqué le premier mandat de Bourassa. Au cours de la première année, le jeune premier ministre de 37 ans dut faire face à la crise d'octobre; la deuxième année, ce fut l'imbroglio constitutionnel de Victoria et la troisième année, le Front commun des employés du secteur public.

En 1973, qui fut une année de grande prospérité, il décida

de retourner devant le peuple le 29 octobre, juste avant la hausse des prix du pétrole provoquée par les pays arabes. Au début de la campagne, les sondages donnaient à Bourassa une marge de 55 à 30, et c'est ce qu'il obtint le jour des élections. Pour lui, c'était un triomphe personnel, car son conseiller spécial, Paul Desrochers, souffrait d'une dépression cet automne-là, et il n'avait pas dirigé la campagne au jour le jour. L'organisation fut assurée par Jean Prieur secondé par le trésorier du parti, Claude Desrosiers et par le jeune avocat du ministère des Affaires sociales, Richard Mongeau.

Ce fut une splendide victoire, et le commencement de la fin.

Dix ans plus tard, le 15 août 1983, Robert Bourassa entreprenait sa seconde campagne pour s'assurer la direction du Parti libéral du Québec. Le communiqué de ses organisateurs ne consacrait que deux lignes à la défaite et à son exil. On y lisait : « Après dix ans de politique active, le 15 novembre 1976 Robert Bourassa entreprit une période d'étude et de réflexion. » En fait, il préparait son retour. À l'été de 1983, on aurait pu dire que le congrès lui était acquis avant même que les premiers délégués aient été désignés dans les comtés, ce qui apparaissait comme un véritable tour de force. C'était le résultat d'un travail acharné qui lui avait permis de tellement distancer ses adversaires potentiels que ceux-ci n'étaient jamais entrés dans la course.

Sa stratégie, c'était de les encourager «à rester chez eux».

Il fut d'abord question de Raymond Garneau pendant un certain temps, puis de Gérard D. Lévesque, puis d'un candidat fédéral acceptable pour les libéraux du Québec, un Francis Fox ou un Yvon Pinard, des ministres qui ne s'étaient pas trop compromis dans des débats constitutionnels ou qui n'avaient pas fait preuve d'un trop grand paternalisme à l'égard du Québec.

Chacun de ces candidats aurait pu compter sur un préjugé anti-Bourassa, sur un appui du caucus, sur les votes des comtés anglophones et sur les cousins d'Ottawa.

Après s'être laissé tenter, Garneau avait dit non à l'été de 1982, non en mai 1983 et non encore en juin. Il aurait pu compter sur un appui important du caucus et sur celui des fédéraux. Trudeau avait invité Raymond et Pauline Garneau à déjeuner au début de juin, à Sussex Drive, pour le convaincre de se présenter. Devant cette insistance, Garneau décida de reconsidérer sa décision. Mais deux semaines plus tard, il recevait les résultats d'un sondage réalisé pour lui auprès des membres du parti, et qui montrait Bourassa en tête avec 34 p. 100, alors que lui-même était à 25 p. 100,

Gérard D. Lévesque à 10 p. 100 et Daniel Johnson à 8 p. 100. Garneau était particulièrement fort dans la ville de Québec et dans l'ouest de Montréal, mais Bourassa avait une bonne avance parmi les francophones et les jeunes. Même avec un second tour de scrutin, Garneau n'était pas assuré de la victoire. C'était un gros risque pour un homme qui était président de la Banque d'Épargne de la Cité et du District de Montréal, qui avait son chauffeur à sa porte tous les matins, qui était membre du sélect Mount Bruno Country Club, qui avait une maison sur Edgehill Road, au sommet de Westmount, avec vue sur Montréal.

Garneau avait 48 ans. Il était donc encore assez jeune pour avoir un avenir en politique provinciale ou fédérale, en temps opportun et quand il aurait assuré sa sécurité financière.

Après la Saint-Jean-Baptiste, il dit non pour la dernière fois. Ses partisans ont alors commencé à rallier le camp Bourassa. Le très efficace Marc-Yvan Côté, de Québec, qui venait de se faire élire comme député pour le comté de Charlesbourg, devint l'organisateur en chef de Bourassa. En moins d'une semaine, il eut l'appui du clan de la Grande-Allée et la résistance s'effondra au sein du caucus. Garneau remit les résultats de son sondage à Bourassa et lui promit son appui. Quand Garneau a dit oui à John Turner, pour les élections fédérales de 1984, il a dû le regretter.

C'était fini. Les caïds de l'establishment s'étaient bien réunis quelques fois, et c'est Philippe Casgrain qui en fit l'aveu à Bourassa au cours de l'été de 1983. Il existait toujours un mouvement anti-Bourassa, mais cette fois, personne n'osait le dire en public. Bourassa avait atteint son but : « Répliquer aux gars de l'establishment qui se réunissent au Ritz. En constatant ma force, ils ont dû reculer. »

Même les gens du fédéral ont changé d'attitude. Trudeau, qui était à Montréal à la mi-juin déjeunait au University Club le jour où Bourassa s'y trouvait en compagnie de l'avocat Jim Robb, qui le conseillait depuis longtemps au sujet de la communauté anglophone. Trudeau s'approcha de la table de Bourassa avec qui il échangea des propos anodins. Mais Trudeau, dans une interview au *Devoir*, ne cacha pas son manque d'enthousiasme à la perspective du retour de Bourassa, même s'il le préférait à René Lévesque. Après avoir lu l'article, Bourassa s'exclama avec colère : « Entre le cancer et la peste, il veut choisir le moindre. »

C'était la différence entre le Bourassa qui revenait à la direction du parti et celui qui l'avait abandonnée. Il se souvenait, et il avait décidé que personne ne se moquerait impunément de lui.

En ce qui concerne les fédéraux, il déclarait plus tard : « Ils ont été un peu trop loin dans leurs manoeuvres pour me barrer la route. » Il savait que le nouveau chef conservateur, Brian Mulroney, avait demandé à Trudeau, par l'intermédiaire d'un ami commun, de mettre fin à ses obstructions, car il était convaincu que Bourassa allait gagner et il était même prêt à lui donner un coup de main.

D'autres rumeurs circulaient à Ottawa au mois de juillet, concernant Marc Lalonde à qui certains reprochaient de ne pas avoir tenté sa chance. Mais il était le ministre fédéral des Finances et l'homme le plus puissant dans la capitale nationale, après le premier ministre. Il n'avait donc aucune raison de se lancer dans une aventure provinciale, sans même l'assurance de gagner. La candidature de Lalonde aurait fait éclater une querelle familiale entre les libéraux du Québec et leurs cousins, querelle qui aurait déchiré le parti. D'ailleurs, Lalonde avait assez de sens politique pour ne pas faire en public de stupides déclarations au sujet de Bourassa, contrairement à André Ouellet et à Jean Chrétien.

Au cours d'une réunion du caucus libéral, Lalonde leur fit remarquer avec colère qu'ils avaient perdu de bonnes occasions de se taire. Ouellet avait été jusqu'à dire que Bourassa n'avait pas su profiter de sa chance. À la grande joie de plusieurs collègues de Ouellet, Bourassa lui décerna un diplôme d'insignifiance en politique. Mais avec Chrétien, il fit la paix au cours d'un dîner chez Paul Desmarais. Chrétien songeait à succéder à Trudeau, et il se disait que ce n'était pas le moment de se faire un ennemi de l'homme qui deviendrait le chef du parti au Québec.

Au congrès à la direction, en 1983, Bourassa avait deux adversaires, mais pas de véritable opposition.

Daniel Johnson fut le premier à poser sa candidature à la mi-juillet. C'était évidemment le candidat de l'establishment et du clan Ryan, ou de ce qui restait de l'un et de l'autre. Il ne comptait pas gagner, mais il espérait se classer deuxième.

Pierre Paradis, qui venait d'avoir 33 ans, avait tout à gagner et rien à perdre en se présentant. Il était avocat à Bedford, en Estrie, et il avait été candidat à l'élection complémentaire de Brome-Missisquoi, en 1980. Rien ne lui permettait d'aspirer à la direction du parti, sauf un réseau d'amis dans les Cantons de l'Est, ses études de droit à l'Université d'Ottawa et les intérêts des éleveurs de porcs qu'il représentait comme avocat.

Mais il ne manquait pas de culot. Le 9 août, l'avocat de campagne arrive en ville pour annoncer sa candidature, dans le Salon

Oval du Ritz rempli de partisans enthousiastes décorés de maca-
rons rouges et gris. Au sortir de l'hôtel, quand ils se répandirent
dans la rue Sherbrooke, ils avaient l'air de congressistes de Métro-
Richelieu retournant à leurs magasins.

Paradis agrémentait sa campagne d'une mélodie entraînante
et du slogan «Enfin», comme si toute la province avait attendu
sa venue. Il donnait un très bon spectacle et répétait constamment
les trois mêmes thèmes chers au coeur des libéraux : les libertés
individuelles; la relance économique et le fédéralisme. Dans la
foule, ce jour-là, quelqu'un fit remarquer que le bouillant et confiant Paradis lui faisait penser à un mélange de Ronald Reagan
et de Camil Samson.

Il y avait une différence essentielle entre Paradis et Johnson.
Paradis avait du flair, mais sans raffinement. Johnson avait du raffinement, mais pas de flair. Avec le temps, Paradis pourrait se
raffiner. Mais le flair, c'est quelque chose d'inné, et Johnson n'a
pas montré qu'il en avait beaucoup au cours de l'été 1983. Depuis
le début, sa campagne était mal organisée, ses thèmes confus et
il semblait naïvement croire que l'establishment pouvait encore
l'aider à se tirer d'affaire. Johnson et son équipe, qui partaient
en deuxième place, ont réussi à finir en troisième place. À l'ouverture de son quartier général, rue Sherbrooke, il a fait hisser une
immense affiche où l'on pouvait lire, sous son nom, le slogan suivant : « Un nouveau chef libéral ». Pour que tout le monde com-
prenne, il se lança dans une violente attaque contre Bourassa qu'il
accusa d'avoir mené le parti à la faillite.

Bourassa, qui avait la partie belle, répliqua que Johnson était
dans le parti de son père en 1976, et que les vieux militants libéraux n'avaient pas de leçon à recevoir de lui.

À l'ouverture de sa campagne, au Holiday Inn du centre-ville
à Montréal, le 15 août, Bourassa montra aux reporters qu'il pouvait être prompt à la réplique. À Jean Larin, de Radio-Canada,
qui lui demandait ce qu'il avait à répondre à ceux qui l'accusaient
d'être toujours entouré des mêmes gens, il riposta du tac au tac :
«En effet, je vois que nous sommes encore tous ensemble.» L'auditoire éclata de rire. À une autre question, cette fois en anglais,
d'un journaliste qui demandait si, le soir du 15 novembre, il avait
rêvé à la possibilité d'un retour, il a répondu simplement : «Oui».

Il promettait de faire une campagne «sans zigzags et sans gadgets» et les photographes pouvaient prendre sa photo sous tous
les angles. «Je commence à avoir des bajoues comme Joe Clark»,
disait Bourassa au cours d'un dîner intime, une semaine avant son

cinquantième anniversaire, en juillet 1983. «C'est curieux, disait-il, je n'ai pas l'impression d'avoir cinquante ans. Quand j'avais vingt ans, je croyais qu'à cinquante ans, je serais dans ma tombe.»

Depuis la période où il était premier ministre, Robert Bourassa a vieilli, mais il n'est pas devenu vieux. Il a un peu grossi et ses vêtements ne font plus l'effet de pendre sur un cintre, Il a même abandonné certains de ses complets croisés pour adopter des tenues plus décontractées. Il peut même se présenter à des réunions du parti vêtu d'un blouson et d'un pull à col roulé ou d'une chemise sans cravate.

Il n'a donc plus cet aspect d'homme sous-alimenté qui attirait la pitié des dames bien en chair. Il surveille quand même sa forme en nageant, chaque jour, l'équivalent d'un quart ou d'un tiers de mille. Il surveille son régime en mangeant généralement du poisson le midi et un steak le soir. Pour se faire plaisir, il peut prendre un verre de Chablis au déjeuner ou de Cabernet Sauvignon le soir. S'il est avec des amis, il pourra prendre un cognac après le dîner.

Ce qu'il a appris en sept ans, c'est l'expérience contraignante de la défaite. «Tu sais ce qu'est le pouvoir quand tu l'as perdu, répète-t-il, et tu sais comment tu aurais dû agir autrement.»

Il avait également bénéficié d'un temps de réflexion, ce qui est exclu pour ceux qui exercent le pouvoir.

En lisant un texte, Bourassa déclarait: «Je serai candidat à la direction du Parti libéral du Québec le 14 et le 15 octobre.» Cette déclaration cadrait bien avec le slogan qu'on pouvait lire au Holiday Inn: «Aucune surprise».

Le programme de Bourassa avait deux volets: les priorités économiques de son parti et les attaques contre le parti au pouvoir.

Son programme en cinq points insistait sur la technologie de pointe, sur l'ouverture du Québec aux nouveaux investissements, sur la réduction de l'ingérence de l'État, sur de meilleures relations avec Ottawa et sur des rapports plus civilisés entre les fonctionnaires et les citoyens.

C'était là sa plate-forme globale dont il se proposait d'expliciter chaque point en détail au cours des semaines suivantes. Il ne permettait donc pas aux médias d'établir pour lui sa marche à suivre. Puis il s'en prit à l'administration Lévesque avec une vigueur et une ironie surprenantes. Il parlait de «marchands de rêves» qui prétendaient récemment avoir «toutes les réponses et qui n'avaient plus maintenant que des problèmes. Leur idéologie s'est effondrée au contact de la réalité politique... Le gouvernement du Québec, qui fut un jour un sujet d'orgueil et de confiance, a été discrédité; la plupart des grands projets sont en panne, ou presque; les taxes sont plus élevées qu'ailleurs; le trésor public est presque vide; c'est un système de régimentation et les jeunes ne savent plus vers quoi se tourner.»

Andrée Bourassa, à une semaine de ses noces d'argent, observait son mari avec un air mêlé d'orgueil et de résignation. Son fils François, maintenant âgé de 23 ans et qui étudiait au Conservatoire de musique de McGill, aurait pu éprouver des sentiments d'inquiétude. Sa soeur Mimi, âgée de 17 ans, était plus à l'aise, car elle était trop jeune pour avoir éprouvé comme François les injures et le mépris de ses camarades de classe quand son père était au pouvoir. C'était une adolescente parfaitement normale, sociable, aimant les garçons plus que les études et que son père adorait.

Ils savaient tous que ce jour viendrait, et ils y étaient préparés. Andrée Bourassa, qui s'intéressait surtout à l'histoire de l'art et à la musique classique, n'avait jamais été heureuse dans son rôle de femme du premier ministre et elle n'ambitionnait pas de jouer de nouveau ce rôle. Elle était prête à s'y plier quand ce serait nécessaire, et pendant les deux mois de la campagne à la direction, elle a parfois insisté pour être aux côtés de son mari, comme en ce jour du mois d'août. Elle accepta même d'être élue comme déléguée, avec son mari et ses deux enfants, dans le comté de Mercier.

Le 6 septembre, le choix des délégués était commencé depuis une semaine et la machine de Bourassa était en marche. En trois semaines, il fallait choisir 24 délégués, soit 12 hommes et 12 femmes, y compris 8 jeunes, dans chacun des 122 comtés, ce qui faisait un total de 2928 délégués. Dans chaque comté, c'était la liste de l'équipe Bourassa contre les autres. Malgré leurs alliances, les deux autres candidats ne pouvaient pas l'arrêter. Quand tout fut terminé, le 18 septembre, même Johnson dut admettre que Bourassa avait une avance énorme de 1500 voix sur son plus proche adversaire. «J'ai encore confiance de pouvoir renverser la situation», déclara Johnson au cours d'une conférence de presse, le 19 septembre. Mais c'est le reporter de CBC, Don MacPherson, qui résuma le mieux cette journée en se demandant si Johnson ne venait pas d'admettre sa défaite.

Après la semaine du jour d'Action de grâces, la seule question que l'on se posait au Québec était de savoir qui arriverait deuxième. Le samedi 15 octobre, Pierre Paradis était en deuxième

place avec 353 voix, contre Johnson avec 343. Le candidat victorieux alla saluer ses deux adversaires et quand il fut de retour à
son poste, il entendit proclamer les résultats. Pour Robert Bourassa, 2138 voix, soit 75 p. 100 et le plus haut pourcentage jamais
obtenu dans l'histoire du Parti libéral. C'était même plus que les
71 p. 100 obtenus par Lesage en 1958.

Pour Bourassa, c'était la fin d'un long itinéraire qui l'avait
conduit à travers tous les comtés de la province. Même quand il
était en avance, au cours de l'hiver 1983, il avait contremandé
un voyage en Floride pour aller recueillir des fonds dans la Gaspésie enneigée. Même le 14 décembre, au moment d'une panne
générale d'électricité dans la province, Bourassa avait insisté pour
se rendre à Rivière-du-Loup où 350 personnes l'attendaient depuis
quatre heures. Tout le monde a donc soupé à la chandelle et Bourassa disait, quelques années plus tard, qu'il vécut là les moments
les plus émouvants de sa vie politique. Au cours de l'été et de
l'automne, il avait fait la même sorte de campagne que son ami
Mulroney au printemps au niveau national, dans tous les villages
et sans la publicité des médias. « À la Brian », disait Bourassa à
l'été, et jusqu'au bout.

Maintenant, c'était l'heure de la victoire et Bourassa, sous
les flashes des photographes, parmi les gardes et les délégués, se
frayait un chemin vers la tribune. Oui à un Québec canadien, avait-
il dit dans son discours au cours de la journée. Ce discours était
toutefois le plus important, parce qu'il afffirmait son retour à la
tête du parti. Dans le centre sportif, beaucoup de gens percevaient
le contraste qu'il faisait avec Ryan et Garneau.

Ils n'avaient pas à s'inquiéter. Les affaires du parti étaient
de nouveau entre les mains d'un politicien professionnel. En outre,
ce genre de lutte n'avait pas ouvert de plaies incurables, et les
vaincus étaient aussi indulgents que le vainqueur était magnanime.
Johnson utilisa le terme « mon chef » en parlant de Bourrassa, et
Paradis se répandit en éloges envers un parti assez généreux pour
permettre à un de ses humbles membres d'aspirer à sa direction.
Bourassa fit l'éloge des deux candidats, et il affirma sa foi fédéraliste en disant : « nous devons combattre pour le Canada », car
c'est ainsi que nous construirons un Québec plus fort. Enfin, il
fit l'éloge de sa femme et de ses deux enfants pour avoir accepté
« son retour en politique ». Puis, les haut-parleurs ont résonné au
rythme de la mélodie de sa campagne : *Flashdance-What a Fee-
ling*. Il n'avait peut-être pas vu le film à succès de cet été, mais
il était certainement d'accord avec le refrain : *Take your passion*

and make it happen*.

C'est exactement ce qu'il avait fait, malgré d'énormes difficultés. Maintenant, les électeurs lui faisaient de nouveau confiance. Un sondage de Sorecom, publié le jour du congrès, donnait 61 p. 100 aux libéraux, contre 29 pour le Parti québécois. Un mois plus tard, un autre sondage de Sorecom établissait un écart de 40 points, ce qui donnait 67 à 27. « Cela me fait un peu peur », disait Robert Bourassa en février 1984. Il savait que ce n'était pas réaliste, mais il était déterminé à travailler pour se maintenir au-dessus de 50 p. 100, afin de gagner. Un sondage de CROP réalisé à la fin de février et publié dans *La Presse* le 11 mars ramenait la marge à 30 points avec les chiffres 61 à 31. Toutefois, Bourassa maintenait son score à 61, alors que Lévesque obtenait 35.

Mais en juin, un autre sondage de Sorecom donnait à Bourassa une incroyable avance de 69 à 23 sur le Parti québécois. Même parmi les jeunes électeurs, les libéraux l'emportaient à 3 contre 1. En comparant ces résultats, Bourassa ne pouvait que hocher la tête d'étonnement.

Quant à lui, il n'était pas pressé d'entrer à l'Asssemblée nationale avant la session d'automne de 1984, et s'il le pouvait, il s'en tiendrait éloigné jusqu'aux élections prévues pour 1985. Il n'avait pas à démontrer ses capacités de parlementaire, car il en avait fait la preuve. En outre, l'Assemblée nationale ne siégeait guère plus que quatre mois par année. Bourassa pourrait mettre cette période à profit pour retourner dans certains coins de la province, ou pour organiser son caucus pour en faire une opposition systématique, et c'est à cela qu'il se consacrait un soir d'octobre, à Québec, en lançant des attaques à bout portant contre le gouvernement.

Puis il accorda une série d'interviews télévisées, et plus tard il assistait à un party au Hilton, puis à un autre au Château Frontenac. Un peu après minuit, il se retira au Motel Universel, un endroit plutôt neutre situé près de l'université Laval, à Sainte-Foy, dont les propriétaires avaient été gentils à son égard pendant son exil, et où personne ne tenterait de le relancer. C'est là qu'il a convoqué son premier caucus, comme si la montagne venait à Mahomet.

Le lendemain matin, Bourassa se présenta dans la pièce d'à coté avec une petite bouteille de jus d'orange FBI et demanda à quelqu'un de l'ouvrir. Il n'avait pas changé de comportement,

---

* Que votre passion devienne réalité. (n.d.t.)

c'était le même Bourassa avec un peu de savon à barbe sous un favori et la queue de chemise pendante. Pour son petit déjeuner, on lui avait servi des oeufs et du bacon dans une assiette de carton et du café dans un verre de plastique. Bourassa avala le tout et se dirigea vers une voiture où il y avait comme toujours une paire de caoutchoucs à l'arrière. Un jour, sur une piste d'aéroport, quelqu'un lui avait signalé qu'il portait deux paires de caoutchoucs. Il se débarrassa rapidement d'une des paires et la laissa sur la piste.

Quelqu'un lui dit : « Toi et tes maudits caoutchoucs. »

« On ne sait jamais quand on peut en avoir besoin », répliqua-t-il, tout en s'excusant.

Bourassa se rendait au Château Frontenac pour une conférence de presse triomphale, et sur la Grande-Allée, il aperçut le « bunker ». « Un endroit sinistre », fit-il remarquer au sujet de cette forteresse où se trouvaient les bureaux du premier ministre, comme s'il avait décidé de ne plus jamais y remettre les pieds.

Mais s'il continuait d'être favorisé par les sondages et par sa détermination, il serait de nouveau premier ministre, ce que seul Maurice Duplessis avait réussi avant lui. Déjà, il avait reconquis la direction de son parti, ce que personne au Québec ou au Canada n'avait fait avant lui. « Je suis le dixième chef du parti et le douzième, fit-il remarquer un mois plus tard. J'ai remplacé mon successeur. »

Et quoi qu'il advienne, il a obtenu ce que peu de gens obtiennent dans la vie ou en politique : une deuxième chance.

Le 15 octobre 1983 : Le gagnant, avec 75,6 p. 100 des voix au premier tour de scrutin, Robert Bourassa, est l'ancien et nouveau chef des libéraux du Québec. Il avait deux adversaires, Daniel Johnson et Pierre Paradis, mais pas d'opposition...
(Photo d'archives par John Mahoney, The Gazette)

21
Le second départ

Un soir de l'été 1985, Robert Bourassa se préparait à quitter sa résidence de l'avenue Maplewood, à Outremont, pour aller dîner avec quelques vieux amis de la famille.

« Êtes-vous le père de François Bourassa ? » lui cria l'un d'eux du pied de l'escalier tandis qu'il finissait de s'habiller.

« Eh oui ! » répondit-il en riant, avec une pointe de fierté pour le dernier exploit de son fils musicien. Le trio François Bourassa avait surpris tout le monde, y compris lui-même, en remportant la semaine précédente le grand prix du Festival international de jazz de Montréal.

Robert Bourassa ne pouvait distinguer la musique de Thelonious Monk de celle de Cole Porter, mais il appréciait et admirait la détermination et la discipline de son fils. François Bourassa appliquait à la musique les qualités que son père appliquait à la politique.

Robert Bourassa avait fêté son cinquante-deuxième anniversaire de naissance la veille et il avait toutes les raisons d'être fier de ce qu'il avait accompli au cours de l'année. Il avait aussi toutels les raisons de croire qu'avant son prochain anniversaire il serait de nouveau premier ministre du Québec.

« J'ai hâte que les élections soient passées », dit-il en sortant dans la pluie fine de l'été, sans ses couvre-chaussures pour une fois. Après deux ans de campagne presque ininterrompue sur toutes les arrière-routes de la province, même lui commençait à se lasser. Il ne voulait quand même rien négliger pour rétablir son parti et se rétablir lui-même au pouvoir.

Tout juste le mois précédent, il avait complété la deuxième phase du processus de restauration en remportant la victoire par une forte marge dans la forteresse péquiste jusque-là invincible de Bertrand, circonscription découpée par et pour le Parti québécois sur la rive sud de Montréal. À peine eut-il le temps de prendre place dans son fauteuil de chef de l'opposition à l'Assemblée nationale que le premier ministre René Lévesque annonçait sa démission le lendemain de la clôture de la session d'été.

Le chef libéral était en route pour Montréal lorsqu'il entendit la nouvelle à la radio, le soir du 20 juin. Il n'y aurait donc pas de quatrième et dernière bataille électorale entre ces amis d'autrefois devenus des ennemis jurés.

La première pensée qui surgit à l'esprit de Robert Bourassa fut que René Lévesque avait été invité à partir. Il crut son intuition confirmée deux jours plus tard, lorsque M. Lévesque s'abstint d'assister à la réunion du conseil national du Parti québécois qui eût certainement contesté son leadership s'il n'avait choisi de démissionner.

« On l'a chassé, c'est mon opinion », dit-il un mois plus tard. Il n'écartait pas non plus la possibilité d'un putsch des membres de l'entourage de M. Lévesque. Le premier ministre était de trop bonne humeur l'après-midi du dernier jour, tandis qu'il recevait les hommages de l'Assemblée à l'occasion du vingt-cinquième anniversaire de son entrée en politique, pour démissionner quelques heures plus tard.

Dans l'intervalle, selon le bruit qui courait sur la Grande-Allée, le premier ministre était passé à son bureau pour recevoir la preuve irréfutable — sous forme de lettres provenant des associations de comtés — qu'il avait perdu la confiance de son parti. Les derniers sondages étaient impitoyables pour le fondateur du Parti québécois qui, pendant si longtemps, avait joui d'une sorte d'état de grâces aux yeux de l'électorat. Ils indiquaient que, sous sa direction, le Parti québécois ne pouvait compter recueillir que 20 p. 100 des suffrages, sans compter les indécis. Cela se traduisait, suivant l'humour noir des militants péquistes, par une victoire par recomptage dans le comté de Saguenay, représenté par Marc-André Bédard.

Voilà où en était le parti après tous les tourments que M. Lévesque lui avait fait subir durant l'automne 1984 et l'hiver 1985. Il renonçait à l'indépendance en faveur de la « corde raide » du fédéralisme et se résignait à présenter au nouveau gouvernement conservateur de M. Mulroney un dossier de revendications constitutionnelles minimales.

Comme résultat, le Parti québécois était profondément et peut-être irrémédiablement divisé. Sept ministres, y compris Jacques Parizeau et Camille Laurin, avaient quitté le cabinet et certains avaient même quitté la vie publique en guise de protestation. En mettant de côté les orthodoxes du parti, M. Lévesque avait espéré attirer suffisamment de votes flottants — nationalistes modérés, bleus, libéraux mécontents — pour donner au Parti québécois une chance honnête de conserver le pouvoir à la prochaine élection.

Bref, il espérait au moins sauver les meubles. Il y eut un léger regain d'intérêt pour le Parti québécois dans les jours qui précédèrent et suivirent le congrès spécial au Palais des congrès de Montréal, le 19 janvier 1985. Mais, le même jour, *La Presse* publia en manchette les résultats d'un sondage de CROP qui donnait au Parti libéral du Québec une avance de 52 à 39 sur le Parti québécois dirigé par René Lévesque. Selon le même sondage, l'écart se refermait sensiblement, 46 à 43, si Pierre-Marc Johnson prenait la tête du Parti québécois.

À la fin, tout ce que réussit M. Lévesque fut de promouvoir la candidature de M. Johnson à sa succession. Quant à lui, les électeurs continuaient de l'aimer, mais ils lui faisaient savoir clairement qu'ils voulaient le voir rentrer chez lui.

M. Bourassa le savait déjà par ses propres sondages du mois de juin. Une enquête menée par les militants du parti, sous la surveillance d'un cadre supérieur de Sorecom, dans 30 comtés sélectionnés donnait des résultats à peu près identiques. Plus de 80 p. 100 des répondants favorisaient un changement.

Pour le plaisir, les libéraux inclurent dans le sondage la circonscription d'Anjou, dans l'est de Montréal, représentée par Pierre-Marc Johnson. Les résultats furent étonnants. Si M. Lévesque restait à la direction du parti, même M. Johnson ne survivrait pas à la déroute. En juin, les libéraux l'auraient défait par la marge incroyable de 26 points, 45 à 19. Pas étonnant dans les circonstances que la base du Parti québécois veuille un changement, même si la façon d'y procéder eut quelque chose d'indécent. M. Bourassa pensa en retirer du capital politique. « Ils ont écarté leur fondateur, dit-il, feignant de se formaliser. Ils ont écarté un premier ministre en poste. »

Soudain, avec le départ de M. Lévesque, les jeux étaient changés. M. Bourassa ne put rien faire d'autre durant l'été que d'attendre l'issue de la campagne du Parti québécois pour la direction. Il supposa que Johnson l'emporterait et que le Parti québécois ferait une remontée dans les sondages, comme le démontra effectivement en juillet un sondage restreint de l'I.Q.O.P. qui ne lui donnait plus qu'une avance de 32 à 31 sur Johnson et de 32 à 29 sur Pauline Marois.

M. Bourassa n'y attacha guère de valeur, en disant qu'il s'agissait d'un sondage de supermarché qui proposait au public un vaste assortiment de chefs. « La question est hypothétique, dit-il. On ne demande même pas aux répondants d'exprimer une préférence de parti. »

Ses renseignements à lui étaient d'un autre ordre. Ils indiquaient que la population avait envie de changement et que ses préoccupations étaient de nature économique. M. Bourassa entendait couvrir les deux points dans la campagne à venir. « La seule chose qui m'inquiète, dit-il à propos de ces sondages éclairs, c'est qu'ils rendent les troupes nerveuses. »

M. Bourassa en avait d'ailleurs eu tout son soûl l'automne et l'hiver précédents.

Sa détermination et ses nerfs avaient été mis à rude épreuve. Son absence de l'Assemblée nationale, au moment où M. Lévesque renonçait à son option souverainiste, commençait à inquiéter bien des gens.

Le chroniqueur Gilles Lesage se faisait sans doute l'écho d'une bonne partie de l'électorat, lorsqu'il écrivit dans *Le Devoir* que la place d'un général était à la tête de ses troupes. Durant la session d'automne, l'absence de M. Bourassa avait pesé lourd.

La raison qu'il avait invoquée pour ne pas briguer les suffrages, à savoir qu'il lui fallait du temps pour remettre le parti sur pied, ne valait plus guère. Il y avait déjà plus d'un an qu'il avait repris la direction. En vérité, M. Bourassa ne voulait rien avoir à faire avec l'Assemblée, s'il pouvait l'éviter, avant la prochaine élection.

Il avait siégé dans l'opposition et il savait comment fonctionnait le parlement. « Le premier ministre a toujours le dernier mot, dit-il. On n'y peut rien. »

En outre, l'Assemblée ne siégeait à l'automne qu'environ 10 semaines, donc 35 jours. Les libéraux n'auraient qu'à faire front aux critiques. S'il n'y avait pas d'élection au printemps, M. Bourassa savait qu'il lui faudrait revoir sa stratégie et peut-être se faire élire, même s'il ne devait siéger que quelques jours, pour faire taire ceux qui disaient qu'il avait peur d'affronter l'adversaire en chambre.

Il avait déjà subi un torrent de critiques en novembre parce qu'il n'avait pas daigné se présenter dans Saint-Jacques, l'ancienne circonscription de Claude Charron. Lorsqu'il était allé féliciter le candidat victorieux, Jean-François Viau, un travailleur communautaire de 26 ans, on ne s'était pas gêné pour dire qu'on avait gagné malgré lui plutôt qu'avec lui.

Lorsque M. Bourassa se résigna finalement à se présenter, il eut l'embarras du choix grâce aux défections massives des rangs péquistes.

Denis Vaugeois, dans Trois-Rivières, Jacques Parizeau, dans

L'Assomption, Camille Laurin, dans Bourget, et Denis Lazure, dans Bertrand, avaient démissionné.

En temps ordinaire, aucune de ces circonscriptions n'aurait figuré parmi les premiers choix d'un chef libéral, particulièrement d'un chef comme M. Bourassa qui, étant donné sa mésaventure dans le comté marginal de Mercier, aurait recherché un comté sûr. Mais le printemps 1985 n'était pas une période ordinaire. Premièrement, il était impératif que M. Bourassa siège à l'Assemblée, ne serait-ce que pour faire taire les critiques. Deuxièmement, le gouvernement était si impopulaire qu'il n'y avait nulle part dans la province de siège péquiste imprenable.

Les sondages préliminaires révélaient que Trois-Rivières offrait la meilleure perspective et Bertrand la moins bonne pour M. Bourassa. Il voulait cependant rester près de Montréal et de chez lui. La circonscription de Bertrand était située sur la route de la résidence d'été de la famille, à Sainte-Anne-de-Sorel. Le comté n'était pas gagné d'avance. Les sondages libéraux donnaient à M. Bourassa une avance de 10 points et l'assurance que M. Lévesque utiliserait contre lui toutes ses batteries et promettrait au besoin de paver le Saint-Laurent.

Au plus fort de la lutte à la mi-mai, le Parti québécois abandonna pratiquement ses deux autres comtés de Montréal et concentra tous ses effectifs dans Bertrand. Dans le comté de L'Assomption, l'ancien ministre des Finances avait apparemment entraîné toutes ses troupes avec lui et les militants qui restaient n'avaient pas le coeur au combat. « Ils ne vont pas du tout sur le terrain, dit M. Bourassa avant le scrutin du 4 juin, et pour cause. Ils se font engueuler comme du poisson pourri. »

La circonscription de Bertrand cependant en était une qui s'était formée à même les retailles d'une région qui avait voté Oui au référendum, lors du redécoupage de 1981. Toute la rive sud de Montréal était d'ailleurs réputée forteresse péquiste depuis longtemps. On disait que M. Lévesque lui-même s'était étonné que M. Bourassa choisisse d'y poser sa candidature. La perspective d'échec n'était pas au-delà de la marge d'erreur des sondages. Et M. Lévesque, cela se comprend, mit tout en oeuvre pour l'emporter.

Il désigna un candidat de poids, Francine Lalonde, qu'il venait de nommer ministre responsable du statut de la femme, quelques mois auparavant. Ancien cadre de la C.S.N., elle vint renforcée de son propre réseau d'amis et d'organisateurs du mouvement syndical. Le gouvernement mit ainsi le paquet, il promettait soixante millions de dollars d'octrois et de travaux. Finalement le Parti québécois réunit toutes les ressources dont il pouvait disposer pour sauver ce qui était en somme le dernier bastion de résistance de René Lévesque.

« Ils ont misé le paquet dans Bertrand », dit Pierre Bibeau, qui avait survécu à la période de transition du régime Ryan et était devenu l'organisateur en chef de Robert Bourassa.

Mais M. Bourassa n'était pas non plus dépourvu d'atouts. Il se présentait comme le futur premier ministre. Pour les électeurs du comté, il y a là davantage qu'une source de fierté une source de développement industriel et d'emplois.

À mi-chemin de la campagne, M. Bourassa avait porté son avance à 15 points et, le jour du scrutin, à 20 points. Sa crédibilité en matière économique avait rapporté des dividendes et il avait réussi à faire oublier son passif, à savoir qu'il n'avait pas changé, qu'il n'était pas fiable ni très aimable. Il y arriva simplement en se montrant, pour la première fois de sa carrière, tel qu'il était, c'est-à-dire un homme simple avec un excellent sens de l'humour.

Durant l'heure qui suivit la fermeture des bureaux de scrutin le 4 juin, le vote sembla beaucoup plus serré qu'il aurait dû l'être et beaucoup plus serré qu'il le fut en réalité. M. Bourassa soupçonna les officiers rapporteurs de publier d'abord les résultats des bureaux où le Parti québécois était fort et de retenir les résultats défavorables au gouvernement pour l'empêcher de crier victoire au cours du spécial d'une demi-heure commençant à 21 heures sur les ondes de Radio-Canada.

Quelle qu'ait été la raison de la lenteur du dépouillement des boîtes de scrutin des bureaux libéraux, M. Bourassa savait par ses représentants à l'élection qu'il l'emporterait haut la main et il n'entendait pas être privé de son instant de gloire à la télévision. « Voilà, allons-y ! » commanda-t-il un peu avant 21 heures aux gens qui lui tenaient compagnie dans sa suite de l'hôtel Sheraton-Saint-Laurent, sur l'île Charron.

À leur arrivée au centre communautaire vers 21 h 15, la marge de 3 à 2 par laquelle il l'emporta émergeait clairement. Il recueillit finalement 57 p. 100 des suffrages et Mme Lalonde 37 p. 100. Comme s'empressèrent de faire observer certains commentateurs et quelques libéraux mécontents, ce ne fut quand même pas la majorité la plus importante des quatre victoires libérales de la journée qui portèrent à 26 la série de défaites consécutives du Parti québécois dans les élections complémentaires. M. Bourassa n'y pouvait rien. On continuerait toujours de dire dans certains milieux qu'il se faisait traîner par le parti.

La vérité, c'est que certains électeurs ne lui font pas et ne lui feront jamais confiance et que d'autres ne l'aiment pas et ne l'aimeront jamais.

Le sentiment anti-Bourassa se manifesta avec éclat dans un sondage de septembre 1984 qui révélait que l'Union nationale, au lendemain de la victoire de Brian Mulroney, était passée de 0 à 17 p. 100. Il existe de toute évidence une clientèle qui est lasse du Parti québécois, qui ne veut pas de Bourassa et qui cherche un refuge.

Le sondage suffit à relancer un parti progressiste conservateur provincial, sous la direction d'un certain André Asselin, qui se classa bon deuxième, derrière le libéral et loin devant le péquiste, dans le comté de L'Assomption. Ex-président de l'Union des municipalités du Québec, Asselin est un avocat de la région de Joliette. Au début de 1985, il avait réussi à se faire une certaine clientèle. Mais il ne tarda pas à se rendre compte que l'organisation et l'argent sont indispensables en politique et que le premier ministre Brian Mulroney n'entend pas lui faire de cadeau.

«Je puis vous dire qu'il n'y aura pas de parti conservateur au Québec sans l'approbation de la direction du parti, précisa le premier ministre à Montréal à la mi-janvier. Nous n'avons pas été consultés et nous ne connaissons pas ces gens-là.»

Son ami Robert Bourassa était à ses côtés lorsqu'il fit cette déclaration et il eut du mal à cacher sa satisfaction. Tous deux rencontraient les journalistes dans un salon du Ritz-Carlton au sortir d'un brunch de 90 minutes. Lorsqu'un reporter demanda à M. Mulroney pourquoi, premier ministre du Canada, il rencontrait le chef d'un parti provincial d'opposition, il répondit que M. Bourassa était un économiste de bonne réputation. «Nous n'aurions pu en demander davantage», dit Pierre Bibeau.

M. Bourassa attachait de l'importance à cette rencontre parce qu'il lui semblait qu'elle constituait un bon point de départ d'année électorale. Après la longue pause de Noël, se dit-il, la rencontre sera le signal de départ de la saison politique au Québec.

M. Bourassa reconnaissait toutefois que le premier ministre fédéral devait maintenir une apparence de neutralité en politique québécoise et qu'un bon nombre de ses 58 députés du Québec étaient en relation avec le Parti québécois. De façon générale, l'organisation péquiste avait appuyé les candidats conservateurs dans l'est du Québec et de nombreux libéraux québécois avaient soutenu les conservateurs dans l'ouest de la province. M. Bourassa avait personnellement autorisé ses organisateurs de la Côte-Nord à travailler pour M. Mulroney dans Manicouagan et il en avait informé John Turner.

En portant un toast — l'un avec un Chablis, l'autre avec une eau minérale — ce matin-là, MM. Bourassa et Mulroney durent évoquer le chemin qu'ils avaient parcouru depuis leur triste déjeuner de 1976 au restaurant *Chez son père*. À l'époque, il n'y avait pas, comme aujourd'hui au Ritz, une meute de reporters qui les attendaient dans le hall, curieux de savoir ce qu'ils avaient mangé.

Durant plus d'une heure et demie, ils causèrent politique, des misères de l'opposition, des caprices des sondages et de leur effet sur les troupes et, surtout, de la nécessité de rester maître du débat et de ne pas se laisser distraire des thèmes qu'on a choisis.

M. Bourassa était résolu, quant à lui, à forcer l'adversaire à se battre sur son terrain.

Le dernier jour de ses vacances d'hiver, Robert Bourassa s'assit sur le balcon de son appartement, au huitième étage du Sheraton-Bal Harbour, il cherchait à emmagasiner le plus possible du soleil de la Floride. L'après-midi du lendemain, dernier jour de février, il allait rentrer à Montréal de Miami avec sa femme Andrée pour assister au congrès politique du Parti libéral.

La réunion du 1er au 3 mars, à l'hôtel Reine-Élisabeth, devait être la dernière rencontre importante du parti avant l'élection. Bourassa avait passé près d'une semaine en Floride à se reposer et à prendre du soleil en vue du congrès.

Il était important, pensait-il, qu'il soit en pleine forme puisque le congrès était le premier événement majeur auquel il assistait depuis son retour à la direction, en 1983. Depuis, il avait passé tellement de temps dans l'arrière-pays que certains militants commençaient à se demander ce qui lui arrivait, d'autant qu'il ne siégeait pas à l'Assemblée nationale.

En outre, le congrès devait ratifier le programme électoral de 110 pages, publié au début du mois. La plupart des points du programme étaient de nature économique, mais c'est la position constitutionnelle du parti qui avait suscité le plus d'intérêt dans les médias.

Les propositions constitutionnelles de M. Bourassa obéissaient à la politique traditionnelle du parti. Il voulait qu'on reconnaisse le Québec comme une société distincte. Il voulait que le Québec soit consulté sur la nomination des juges et puisse opposer un veto aux nominations à la Cour suprême du Canada. Il voulait enfin qu'on reconnaisse officiellement l'autorité des provinces en matière d'éducation et de santé.

Il voulait aussi revenir à la formule d'amendement de Victoria, ce qui ne serait pas facile puisqu'il faudrait l'assentiment unanime d'Ottawa et des provinces. M. Bourassa savait que ce ne serait pas facile, mais il voulait au moins que la demande fasse partie de la négociation. Il voulait aussi rappeler au Parti québécois ce qu'il avait perdu en renonçant au droit de veto du Québec dans l'accord du 16 avril 1981 des provinces dissidentes. M. Bourassa ne brûlait pas d'entamer la négociation constitutionnelle avec M. Mulroney. Il aurait tout le temps de le faire. Mais, dans l'intervalle, le parti devait afficher une position constitutionnelle, ne serait-ce que pour satisfaire les médias et les amener à considérer ses propositions économiques.

Là, croyait fermement M. Bourassa, se trouvait la force des libéraux. Il savait par les tournées qu'il avait faites en province que les étudiants des cégeps n'avaient qu'une chose en tête : des emplois. «Jobs, jobs, jobs», dit-il, reprenant le slogan de la campagne de M. Mulroney.

Il le savait aussi par les sondages tout récents qu'il dépouillait sur le balcon de sa chambre d'hôtel de Bal Harbour. Il venait de recevoir les résultats d'une étude exhaustive faite par Grégoire Gollin, de Montréal, qui lui avait été hautement recommandé par Allan Gregg, de Decima Research, qui comptait parmi ses clients M. Mulroney et les conservateurs d'Ottawa.

L'étude révélait qu'on percevait le Parti québécois comme le meilleur défenseur des intérêts constitutionnels du Québec mais que cette question ne préoccupait pas les électeurs qui la situaient en douzième place dans l'ordre de leurs intérêts. Les onze premiers sujets de préoccupation étaient tous d'ordre économique et social et, dans l'ensemble, on faisait davantage confiance aux libéraux pour les traiter. Ce qui rendait le sondage encore plus significatif, c'est qu'il avait été mené auprès des influençables, des électeurs de bascule qui avaient appuyé en majorité le Parti québécois en 1981. Le niveau d'insatisfaction du gouvernement se situait à 55 p. 100. Les intentions de vote favorisaient les libéraux par 34 à 21. Et ces chiffres n'étaient pas pondérés, puisque Gollin ne s'était même pas donné la peine de sonder les blocs d'électeurs libéraux de l'Outaouais et de l'ouest de l'île de Montréal.

Ces chiffres signifiaient que M. Bourassa et les libéraux étaient bien en selle, de quoi les rassurer après les sursauts d'affection péquiste résultant du congrès du Parti québécois et des conjectures sur le remplacement de M. Lévesque par M. Johnson avant l'élection. De retour à Montréal ce week-end, M. Bourassa fit voir juste assez du sondage aux députés et aux dirigeants du parti pour calmer leurs appréhensions à propos d'une reprise du Parti québécois.

La fougue et la nervosité de ses troupes l'inquiétaient bien plus que tout le reste, y compris son absence de l'Assemblée, question qu'il comptait maintenant régler au printemps. Il savait à la lecture des chiffres de Gollin qu'il n'avait qu'à rester sur ses positions et à ne pas permettre au Parti québécois ni aux médias de le détourner de ses objectifs.

Il savait qu'existait dans l'esprit de l'électorat une association d'idées le concernant : baie James, hydro-électricité et emplois. Un ouvrage de sa main allait paraître en avril qui renforcerait cette association d'idées et dégagerait encore plus nettement le profil électoral du chef libéral.

L'Énergie du nord était destinée à deux publics : les électeurs du Québec et les consommateurs du nord-est des États-Unis. M. Bourassa proposait d'investir 25 milliards de dollars dans de nouveaux méga-projets hydro-électriques en vue de la production de 12 000 mégawatts dans le bassin de la baie James et le long de la Côte-Nord.

Pour poser en homme d'État d'envergure internationale aux yeux de l'électorat québécois, M. Bourassa procéda d'abord au lancement de l'édition en langue anglaise, à Washington. Il faisait ainsi d'une pierre deux coups. Puisqu'il comptait sur les Américains pour financer le projet et consommer le surcroît d'électricité, il en profita pour en toucher mot aux législateurs et aux grands courtiers du capital américain. Ce n'est qu'à son retour des États-Unis que l'édition en langue française fut lancée à l'auditorium de l'École polytechnique de l'Université de Montréal.

« Est-ce que ça va se vendre comme des petits pains chauds ? » lui demanda-t-on tandis qu'il était occupé à autographier son ouvrage. À sa grande surprise, le livre se vendit fort bien : 10 000 exemplaires en français et 4000 en anglais. « Mais qui peut bien acheter ça ? s'étonna M. Bourassa du succès de librairie. C'est un fleuve de chiffres. »

Il n'y avait pourtant pas de mystère. Les Québécois veulent des emplois. Les Américains veulent de l'énergie et, à l'été de 1985, ils voulaient aussi de l'eau.

Toutes les émissions de nouvelles, depuis CBS News jusqu'au Téléjournal de Radio-Canada, en ont parlé. New York était en proie à la sécheresse. Ses réservoirs étaient pratiquement à sec. M. Bourassa a des idées sur la question. Pourquoi ne pas vendre aux Américains nos surplus d'eau. « Avec beaucoup moins de 1 p. 100 de la population mondiale, dit-il dans le dernier chapitre de son ouvrage, nous ne possédons pas moins que 27 p. 100 des réserves globales d'eau fraîche et utilisable.»

Presque en post-scriptum, M. Bourassa inclut un chapitre sur nos richesses en eau et, reprenant un projet de l'ingénieur montréalais Thomas Kierans, il propose la construction d'un grand canal par lequel les eaux recyclées du bassin de la baie James pourraient s'écouler vers le nord-est des États-Unis.

Il savait que le Parti québécois jugerait le projet hautement fantaisiste, mais que les Américains y manifesteraient au moins de l'intérêt. Il savait aussi que les caricaturistes et les critiques le qualifieraient de porteur d'eau. « Ils peuvent bien m'appeler ce qu'ils veulent, dit-il un soir de la mi-juillet 1985. Moi, j'appelle ça créer des emplois.»

Sans qu'on le remarque ou presque, M. Bourassa s'assit à une table du *Chrysanthème*, le nouveau restaurant chinois de la rue Crescent qui a vite acquis la réputation d'offrir la meilleure cuisine du Szu-ch'uan à Montréal.

Il avoua qu'il était particulièrement détendu à ce dîner de cinquante-deuxième anniversaire, si détendu en fait qu'il pigea dans les assiettes de tout le monde, signe certain qu'il ne craignait pas de se laisser aller en compagnie de ses amis. Il arrive aussi qu'il adore la cuisine chinoise et que le patron George Lau, qui est l'un de ses admirateurs, lui avait préparé une assiette spéciale.

On était le 15 juillet, bientôt un mois depuis que René Lévesque avait annoncé son intention de démissionner et deux candidats étaient en lice pour lui succéder. Le ministre des Affaires intergouvernementales Bernard Landry qui faisait déjà campagne depuis des mois, sinon des années, fut le premier à poser sa candidature. Pierre-Marc Johnson entra dans la course la deuxième semaine de juillet. Le ministre de la Main-d'oeuvre Pauline Marois s'y inscrivit le 22 juillet et le ministre de l'Agriculture Jean Garon devait se joindre au groupe la semaine suivante. Dès le départ, Johnson était le grand favori. Avant de quitter M. Lévesque, Michel Lepage avait fait un sondage qui confirmait la tendance. M. Johnson était le favori de 75 p. 100 des membres du Parti québécois. À moins que les autres candidats ne recrutent des milliers et des milliers de membres au cours de la campagne d'adhésion de 45 jours, Pierre-Marc Johnson allait vraisemblablement l'emporter au premier tour.

M. Bourassa ne s'inquiétait que de deux choses. D'une part, c'était l'été et les gens ont tendance à vouloir se reposer de la politique durant la belle saison. D'autre part, les gens semblaient aimer M. Johnson, même s'ils le connaissaient peu et peut-être parce qu'ils le connaissaient peu. Sur presque tous les sujets, M. Johnson était le champion de la nuance et de l'ambivalence. S'il devenait premier ministre au début d'octobre, il lui faudrait prendre sur-le-champ la décision de convoquer une élection ou de continuer à gouverner tout l'hiver.

Ni l'une ni l'autre des deux options n'était plus désirable pour Pierre-Marc Johnson qu'elles ne l'avaient été pour John Turner à l'été 1984. Comme M. Turner, M. Johnson hériterait d'un gouvernement impopulaire touchant à la fin de son mandat, d'un gouvernement qui avait le droit constitutionnel de rester en place mais pas l'autorité morale. L'avance de M. Turner au début de la campagne fédérale de 1984 s'était effritée rapidement dès que M. Mulroney avait exploité l'appétit de changement de l'électorat. Une différence cependant : M. Johnson n'est pas du type à trébucher et à dissiper tous les atouts qu'il a en main, comme l'a fait M. Turner.

Si M. Johnson choisissait d'affronter l'Assemblée, il lui faudrait veiller à préserver la faible majorité du Parti québécois, ordonner au moins une élection complémentaire, déposer un budget et se défendre de l'accusation de s'accrocher au pouvoir durant la cinquième année du mandat de M. Lévesque. Ses seuls avantages seraient de gagner du temps et de s'établir comme premier ministre aux yeux de l'électorat.

Tout compte fait, les libéraux se préparaient à une élection en novembre. Et jamais ils n'auront été aussi prêts à la faire que durant l'été et l'automne 1985. Ils comptaient 250 000 adhérents et cinq millions en caisse. La plupart de leurs candidats étaient choisis et leur chef brûlait de se mettre en selle. Mais quelle que soit la date de l'élection, M. Bourassa ne se fait pas d'illusions sur ce qui l'attend s'il reprend le pouvoir.

« Je sais qu'au bout d'un mois, la lune de miel sera terminée, dit-il. Et, au bout d'un an, les gens rediront encore les mêmes choses à mon sujet.

« Mais je ne m'en fais plus. Je vais laisser ma marque au cours des cinq prochaines années et nous verrons bien ce que les gens diront dans dix ans. »

Il sait qu'on le jugera sur quatre points : la création d'emplois et la gestion de l'économie; sa capacité de préserver la paix sociale et linguistique; le règlement de la question constitutionnelle avec Ottawa et, finalement, comment il aura changé et mûri après presque dix ans d'exil.

« Quand vous êtes défait, avait-il dit avant d'être réélu chef, vous pensez que, parce que vous vivez en démocratie, vous avez tort. En 76, j'avais tort. Si M. Lesage a été défait en 1966, c'est qu'il avait tort. Cela, c'est une chose. Et il n'y a pas de doute que les années de réflexion, d'étude et d'expérience en affaires, les rencontres que j'ai faites à travers le monde, aux États-Unis, au Canada et en Europe, m'ont été extrêmement précieuses. Dans ce sens, je ne suis plus l'homme que j'étais. »

L'expérience de la défaite l'a-t-il endurci ? Serait-il capable de prendre les décisions qui sont moralement justes mais politiquement dures ?

« Il n'y a pas de doute que je serais plus dur, dit-il. Je ne gouvernerais pas en fonction des répercussions électorales. Je pense que le Québec ne peut pas se permettre d'avoir un premier ministre qui gouvernerait en fonction de l'électorat. Il y aura des décisions difficiles, quelles que soient les conséquences politiques à court terme. »

Le grand défi économique, il le sait, c'est la création d'emplois. Cela veut dire ménager un climat favorable aux investissements. Puis, il faut rationaliser les secteurs industriels défaillants, particulièrement ceux de la chaussure et des textiles dans les Cantons de l'Est. Cela fait aussi partie du dossier de libéralisation des échanges avec les États-Unis.

M. Bourassa souhaitait qu'il puisse y avoir un débat logique sur ces questions. La logique était l'une des vertus qu'il avait apprises il y a longtemps chez ses professeurs jésuites. Il admirait, par exemple, la logique de son fils François qui, prié d'expliquer pourquoi il avait choisi le jazz, au cours d'une conférence de presse suivant la remise des prix du Festival de jazz, répondait : « J'ai choisi le jazz parce que l'improvisation m'offrait la plus grande mesure de liberté. » Cette logique plaisait à Robert Bourassa : il avait toujours approuvé le choix de son fils, mais cette explication lui permettait enfin de le comprendre.

L'une des qualités qu'il pense avoir inculquées à son fils François, c'est la discipline inlassable qu'il faut pour maîtriser la forme. Même s'il était près de onze heures ce soir de juillet, Robert Bourassa obéissait encore à cette discipline. Il n'avait pas encore fait ses exercices de natation cette journée-là, mais il n'allait pas passer outre à son rituel quotidien. La piscine de l'Université de Montréal, à quelques pas de chez lui, était encore ouverte. Au retour, il ferait encore quelques heures de lecture.

En route vers la piscine, il s'arrêta chez lui pour chausser ses souliers de course et enfiler un blouson. Puis, il accepta de se faire conduire le reste du chemin. Sur son insistance, son chauffeur avait pris congé, mais seulement après s'être assuré qu'on le raccompagnerait à la maison.

« Soyez prudent, lui dit le chauffeur. Vous êtes notre seule garantie contre un autre mandat du Parti québécois. »

Robert Bourassa raconta l'histoire en riant. Il était évident qu'au fond de lui-même il comptait bien rire le dernier.

Liste
des personnes interviewées

Lina Allard
Alycia Ambroziak
Jean Bazin
Michèle Bazin
Pierre Bibeau
George Boudreault
Andrée Bourassa
Robert Bourassa
Albert Breton
Claude Bruneau
André Burelle
Robert Burns
Philippe Casgrain
Thérèse Casgrain
Réal Charbonneau
Jean Chrétien
John Ciaccia
Dominique Clift
Michel Cogger
Yvan Corbeil
Tim Creery
Paul Desrochers
Richard Dicerni
Jean-V. Dufresne
Evelyn Dumas
Claude Dupras
Gérard Filion
Claude Forget
Diane Fortier
Michel Fournel
Jean-Pierre Fournier
Bill Fox

Louis de G. Giguère
Louise Gilbert
Carl Goldenberg
Eddie Goldenberg
Patrick Gossage
Gilles Hébert
Daniel Johnson
Pierre Juneau
Marc Lalonde
Jacques Lamoureux
Bernard Langevin
Thérèse Lavoie-Roux
Gérald Leblanc
Jean-Claude Leclerc
Pierre Lefebvre
Claude Lemelin
Gérard D. Lévesque
Reford MacDougall
Marcel Masse
Jean Masson
Jim McCann
Robert McConnell
Robert McCoy
Robert McKenzie
Léonce Mercier
Pierre Mercier
Jean-Pierre Mongeau
Claude Morin (Ottawa)
Jason Moscovitz
Brian Mulroney
Ross Munro
Jean-Pierre Nadeau

Francis Fox
Jacques Francoeur
Soucy Gagné
Raymond Garneau
Jean-Pierre Ouellet
John Parisella
Denys Pelletier
Gérard Pelletier
Pierre Pettigrew
Laurent Picard
Maurice Pinard
Guy Potvin
André Raynauld
Louis Rémillard
Jean Rivard
Jean-Claude Rivest
Michel Robert
Louise Robic

Peter C. Newman
Pierre C. O'Neil
Pierre O'Neill
André Ouellet
Guy Rocher
Michel Roy
Claude Ryan
Gérald Ryan
Madeleine Ryan
Yves Ryan
Lucette Saint-Amant
Bernard Saint-Laurent
Guy Saint-Pierre
Jeanne Sauvé
Maurice Sauvé
George Springate
Larry Wilson

Achevé   Imprimerie
d'imprimer Gagné Ltée
au Canada Louiseville